코로나19
데카메론

iMH 경희대학교 인문학연구원
HK+통합의료인문학연구단
통합의료인문학 교양총서 01

코로나19 데카메론

코로나19가 묻고, 의료인문학이 답하다

경희대학교 인문학연구원 HK+통합의료인문학연구단 지음

모시는사람들

금년 1월 말 미국 뉴욕을 방문할 기회가 있었습니다. 출발을 위해 인천공항에 도착했을 때가 기억납니다. 공항을 오가는 10명 중 7, 8명이 마스크를 쓰고 있었습니다. 국내에서 확진자가 나온 지 며칠 지나지 않을 때였습니다. 31번 확진자가 나올 때까지 3주 이상의 간격이 있을 때였습니다. 더 놀라운 광경은 돌아오는 길의 뉴욕 존에프케네디공항에서 목격했습니다. 며칠 머물렀던 미국은 코로나와 무관한 세상으로 보였습니다. 뉴스에서 관련 소식을 전하기는 했지만, 매년 발생하는 독감이 더 걱정이라는 평가가 나오고 있었습니다. 하지만 공항의 모습은 달랐습니다. 한국행 비행기에 탑승하려는 거의 모든 승객들이 마스크를 쓰고 있었습니다. 코로나는 그렇게 세상을 바꾸고 있었습니다.

코로나는 한편으로 세상을 정지시키고 있었습니다. 저희 연구단은 연구활동 이외에 대중화사업을 진행하고 있었습니다. HK+사업의 중요 부분입니다. 금년에는 핵심 의제인 의료인문학에 걸맞게 사업 영역을 병원과 건강센터 등으로 넓힐 예정이었습니다. 하지만 코로나는 그 계획들을 정지시켰습니다. 각자의 활동 반경은 집으로 좁아졌고 그곳에서 다소 무기력한 나날을 보내고 있었습니다. 그때 내부에서 자성의 목소리가 들려왔습니다. "코로나19 사태를 맞이하여 가장 활발하게 움직여야 할 우리 통합의료인문학 연구단이 움직이지 않는다는 것은 아이러니가 아닌가"라는 목소리였습니다. 나아가 진격의 목소리가 들렸습니다. "우리 홈페이지 등에 각종 게시물이 링크되고 논의점들이 거론되고 대안들이 검토되어야 한다"는 목소리였습니다. 이 책은 자성과 진격의 결과입니다.

연구단의 모든 성원이 책 출간에 찬성한 것은 아닙니다. 인문학이 시세에 성급하게 발맞춰 설익은 주장을 내놓아서는 안 된다는 반대 의견이 있었습니다. 인문학의 의미는 무게에 있지 속도에 있지 않다는 의견이었습니다. 하지만 서둘러 발언을 해야 한다는 의견이 더 많았습니다. 우리 연구단의 설립 배경 중 하나는 기성의 인문학에 대한 반성입니다. 우리는 인문학이 '사회와 거리두기'라는 명분 아래 자신을 소위 상아탑 안에 가두어 안주하고 있지 않은지 반성했습니다. 인문학의 현실적 효용성을 지나치게 요구해서는 안 되지만, 현실과 소통하지 못하는 인문학은 '사회가 거리두기'를 할 가능성이 높다고 판단했습니다. 책 출간을 결정한 후 저희는 무게 못지않게 속도에 주목했습니다.

이 책의 제목인 '데카메론'은 '10일간의 이야기'를 뜻합니다. 14세기에 창궐한 페스트를 피해 교외 별장에 모인 사람들의 이야기입니다. 하지만 데카메론이 그렇듯이 이 책은 단순한 이야기가 아닙니다. 지금을 '코로나19 시대'라고 부른다면 그 시공간을 살고 있는 인문학자들의 고민이고 질문입니다. 그리고 잠정적인 대답입니다. 그 고민이, 질문이, 나아가 대답이 설익은 것일 수 있지만, 그 시공간을 그대로 증언하고 있기에 생생하다는 특징이 있습니다. 이 생생함을 간직한 채 우리는 이제 더 멀리, 더 깊이 보는 계획을 준비하겠습니다. 코로나가 인문학에 던진 질문들은 적지도 않고 작지도 않기 때문입니다.

대학은 학기가 시작되면 늘 바빠집니다. 연구에 강의가 더해지기 때문입니다. 이번 학기는 예상하지 못한 비대면 강의로 수업 준비에 더 많은 시간이 필요했습니다. 그 바쁜 시간을 쪼개 글을 써 주신 연구단의 여러 선생님들께 감사드립니다. 이 책의 출판을 위해 특히 연구단의 최성민, 조태구, 이상덕 선생님이 수고해 주셨습니다. 감사드립니다. 속도에 주목하다보니 출판을 재촉하게 되었습니다. 무리한 요구를 기꺼이 들어주신 도서출판 모시는사람들의 박길수 대표님과 출판사 식구들께도 감사를 드립니다.

이 책은 경희대 HK+통합의료인문학연구단의 첫 작품입니다. 통합의료인문학은 완성된 학문이 아닙니다. 형성되고 있고 만들고 있는 학문입니다. 자신의 전공 영역 속에서 현실의 가장 첨예한 문제를 다룬 글들은 통합의료인문학의 자양분이 될 것이라 믿어 의심하지 않습니다. 시시각각 변화하는 상황을 감안하여 글 제목 아래 각 원고의 탈고 날짜를 표기하였습니다.

이 책이 코로나19 시대를 고민하는 독자 여러분에게 조그만 도움이 되기를 바랍니다. 감사합니다.

2020년 5월
경희대 HK+통합의료인문학연구단 단장 박윤재

제1부

코로나19,
너를 말한다

코로나19, 우리는 무엇을 경험했는가

최성민 2020.3.15+5.13

코로나19. 세계보건기구 WHO의 공식 명칭은 COVID-19이다. CO는 코로나corona, VI는 바이러스virus, D는 질병disease, 19는 처음 발생이 보고된 연도2019를 뜻한다. 한·중·일 언론에서 발생 초기에 '우한 폐렴'이라고 부르다가 병명에 지역 이름을 넣지 않도록 하라는 2015년 WHO 권고에 따라 '신종 코로나'라고도 불렀다. 2020년 2월 11일 WHO는 공식 명칭을 COVID-19로 확정했다. 한국 질병관리본부는 COVID-19의 국내 명칭으로 '코로나바이러스감염증19', 약칭 '코로나19'를 사용하기로 했다.

참고로 '전염'과 '감염'은 조금 다른 의미로 쓰인다. 세균이나 바이러스, 곰팡이 등 작은 병원체가 우리 몸에 들어온 뒤, 그 수가 늘어나게 되는 것을 '감염'이라고 한다. '전염'은 감염된 사람 간의 접촉이나 물, 공기 등을 통해 감염이 확산되는 것을 의미한다. 학교 급식 등에서 오염된 음식물을 다중이 섭취하여 식중독균에 노출된 후 설사나 구토가 나는 경우 '집단감염'이 일어난 것이지만 '전염병'으로 보지는 않는다. 반면 감기는 대표적인 '전염병'

이지만 위험성은 그다지 높지 않다. 감염병 중에서는 전염이 되지 않거나, 전염 가능성이 매우 낮고 위험성도 높지 않은 경우가 많다. '전염병'이라는 표현이 과도한 공포심을 불러일으킨다는 지적이 있어서, 2010년 이후 보건복지부는 전염병 대신 '감염병'이라는 표현을 사용하고 있다.

2020년 3월 11일^{현지시간}, 세계보건기구^{WHO}는 코로나19 팬데믹, 즉 감염병의 '세계적 유행' 선언을 했다. WHO가 생긴 이후 1968년 홍콩독감과 2009년 신종플루 이후, 세 번째 팬데믹 선언이다.

이 글에서는 코로나19 발병 전후 지금까지 벌어진 일들을, 우리나라의 경우를 중심으로 되짚어 보기로 한다.*

먼저, 유행 이전 단계. 무엇이 달라졌나

2009년 신종플루와 2015년 메르스 유행 이후, 그리고 코로나19 이전까지, 우리나라에서는 감염병 관련 대응 태세 및 환경에 몇 가지 변화가 있었다. 첫째는 마스크의 생산과 공급이 과거보다 크게 확대되었다. 2009년 신종플루 유행 당시에는 어땠을까. 신종플루는 2009년 3월 멕시코에서 시작된 것으로 알려져 있는데, 우리나라에 본격적으로 영향을 미친 것은 그해 8월부터였다. 멕시코에서 처음 발생한 1년 뒤쯤인 2010년 4월까지, 전 세계 신종

---

* 참고로 이 글은 팬데믹 선언 직후인 3월 13~15일 3일 간에 걸쳐 페이스북에 처음 올렸던 글인데, 추후 사태의 진전에 따라 일부 추가하고 보완하였다.

플루 감염자*는 160만 명, 사망자는 1만 7천여 명이었다. 신종플루 유행 당시에도 마스크 품귀 현상은 있었고, 전국적 혼란도 만만치 않았다. 왜 아니었겠는가. 한여름부터 확산된 신종 인플루엔자 바이러스가 국내에만 70여만 명의 감염자, 270여 명의 사망자를 냈다. 당시에는 KF94니 KF80이니 하는 보건 마스크 유효성 논쟁은 거의 없었다. KF^{Korea Filter}94 인증 마스크가 처음 등장한 것이 바로 신종플루 유행 시작 이후인 2009년 8월이었다. 2010년 이후로 국내에서 미세먼지에 대한 사회적 관심이 고조되었고, 그에 따라 마스크 착용이 일상화되었으며, 이번 정부 들어 마스크 생산 업체에 대한 지원도 확대되었다. 코로나19의 확산이 본격화될 무렵, 국내 마스크 생산량은 일일 최대 1천만 장 이상의 수준이었다. 미세먼지 이슈가 컸던 국내에서 KF 보건 마스크는 '위험물질로부터 나를 보호해 준다'는 인식이 널리 퍼져 있어, '의료진과 환자만 쓰면 된다.'고 생각했던 다른 나라들에 비해, 마스크에 대한 개인적 의존과 기대가 큰 상황이었다. 그러다보니, 상당한 수준의 생산량을 확보하고 있었음에도 불구하고, 2월과 3월에는 마스크 공급이 수요를 따라가지 못했다. 코로나19 사태 초기 '마스크 대란'은 이익을 좇아 대량 수출이나 매점매석, 가격 인상을 추구했던 일부 업체 탓도 있었고, 다소간의 정책상 혼선 탓도 있었다. 그래도 미세먼지 관련 대책으로 마스크 생산 라인이 크게 늘어난 상황이 아니었다면, 마스크 공급이 이만큼도 이루어

---

* 감염자 수는 최종 합산 집계가 아니라, 더 이상의 집계가 무의미하다고 한 시점의 누계이다.

지기는 어려웠을 것이라는 점은 분명해 보인다.

둘째, 2015년 메르스 유행 이후 얻은 경험, 특히 관련 정보와 정책의 투명성 부분에서의 변화다. 메르스 때 우리는 뼈아픈 경험을 통해 큰 교훈을 얻었다. 방역에 있어 경험은 그만큼 중요하다. 현재 질병관리본부의 정은경 본부장은 메르스 사태 당시 국장급인 질병관리본부 질병예방센터장이었다. 당시도 최일선에 있었기에 쏟아진 비난의 대상이 되기도 했고, 결국 감봉 징계를 받기도 했었다. 하지만 그 경험을 간직한 채, 현 정부 초기 차관급으로 격상된 질병관리본부장으로 임명되었다. 정은경 본부장은 지금도 최일선에서 코로나19와 싸우고 있다. 이번 국면에서, 질병관리본부가 국민들에게 가장 높은 신뢰를 받고 있는 것*은 무엇보다 경험에서 비롯된 대응이 믿음을 주었기 때문일 것이다. 메르스 때의 불투명한 정보 관리는 감염병과의 싸움의 최전선이 되어야 할 병원과 의료진의 감염이라는 최악의 상황으로 이어졌다. 이번 사태 초기부터 당국의 가장 중요한 목표 중 하나는 의료진의 감염으로 의료 시설이 마비되고, 결국 의료 붕괴로 이어지는 것을 막는 것이었다. 이번에 심각한 피해를 입은 다른 국가의 사례를 살펴보면, 이 목표를 달성하는 것이 얼마나 중요한지를 다시 확인할 수 있다. 무기는 경

---

* 유명순 서울대학교 보건대학원 교수(한국헬스커뮤니케이션 학회장) 연구팀의 연구결과, 2020년 3월초 기준으로 각 기관에 대한 신뢰도 조사에서 질병관리본부가 81.1%로 공공의료기관, 지방자치단체, 청와대 등에 비해 가장 높은 신뢰도를 보였다. 권준영 기자, 「'코로나19' 한달… 국민 57%, 문재인 정부 대응 '긍정 평가'」,《아이뉴스》, 2020.3.4. https://news.v.daum.net/v/20200304134536681

험이었고, 전략은 투명성이었다. 감염 확진자의 발생 현황과 이동 경로, 환자가 입원한 병원을 공개하는 것은 물론, 사태 초기부터 확진자를 최대한 능동적으로 찾아냈다. 바이러스는 눈에 보이지 않지만, 감염된 확진자를 공개하면 눈에 보이는 대상이 된다. 막연한 공포심으로 무작위 봉쇄를 하는 것보다 어쩌면 더 힘들지만, 더 확실한 방법을 취한 셈이다. 여기에는 질병관리본부와 역학조사 담당 기관들, 그리고 의료진과 보건 관련 공무원들의 헌신과 희생, 그리고 시민^{감염자}들의 협조가 있었다. 감염병 전문 병원의 설립도 지지부진하고, 여전히 역학조사관과 공공의료시설이 양적으로 부족하다. 물리적 여건은 만족스럽지 않지만, 정보의 투명성이 증가했고, 국민들이 방역 당국의 정보를 신뢰하게 되었다는 점만큼은 메르스 때와의 가장 큰 차이점이라 할 수 있다.

우리가 이러한 변화를 겪는 중에, 세계적으로도 어떤 조짐이 있었다. 2018년 WHO는 가장 위험한 감염병 중 하나로, '질병X'를 지목했다. '질병X'란 현재^{당시}는 알 수 없지만, 머지않은 장래에 대유행이 일어날 감염병을 말한다. 사스나 메르스처럼 갑작스럽게 등장할 수 있는 '질병X'에 대비해야 한다고 지적한 것이다. 특히 WHO는 인수공통감염병에 대한 연구와 정보 공유를 강조했다. 사스와 메르스는 모두 박쥐로부터 기원한 바이러스가 퍼져나간 것으로 밝혀져 있으며, 각기 사향고양이와 낙타가 중간 숙주 역할을 한 것으로 알려져 있다. 그러나 사스와 메르스가 치명률이 높은 반면에, 비교적 국지적인 지역에서 발생했기 때문이었을까, 지금 와서 돌이켜보면 '질병X'에 대한 대비는 대부분의 국가에서, 특히 서구 선진국들에서 매우 취약했던 것으로 보인다.

이번엔 코로나19 발생 초기 단계

코로나19는 작년 12월 중국 우한에서 시작된 것으로 알려져 있다. 화난 수산시장 야생 동물로부터 최초 감염이 되었을 거라는 설이 가장 유력하지만, 실험실 유출설 외에도 여러 가설들이 존재한다.[*] 12월 말 우한 안과의사 리원량의 경고는 묵살, 은폐되었고, 중국의 초기 대응은 아쉽기만 했다. 불과 몇 달 전 일이지만, 지금 생각하면 어처구니가 없는 일인데, '괴질'이 급속도로 퍼져나가고 있었음에도 사람 간 전염이 안 된다는 주장으로 초기 대응 시기를 놓치게 만들었다. 결국 사람 간 전염을 공식 확인한 것이 올해 1월 21일이다.[**] 약 한 달 사이, 소위 '골든타임'은 속절없이 지나갔다. 감염병 방역의 기본은 발원지로부터의 확산 차단이다. 그 효과가 확실하게 있으려면, 조치는 1월 초에 했어야 했지만, 중국 당국이 사람 간 전염을 인정하고 우한을 봉쇄한 것은 1월 23일이었다.

왜 더 일찍 중국으로부터 확산 위협을 차단하지 않았냐는 주장들이 있었

---

[*] 최근 코로나19 최초 발병 시기와 지역에 대한 새로운 보고와 사례 발표가 나오고 있으므로, 최종적으로 이 내용은 수정될 수 있다.

[**] 정인환, 「중국, 우한 폐렴 '사람간 전염' 확인 … 사스급 전염병 지정」,《한겨레》, 2020.1.21. https://news.naver.com/main/read.nhn?mode=LSD&mid=sec&sid1=104&oid=028&aid=0002482380

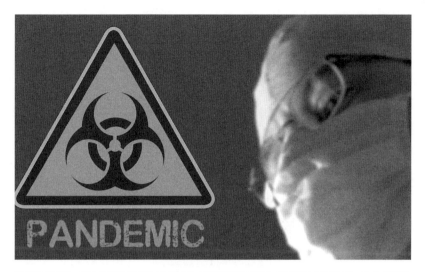

2018년 WHO는 가장 위험한 감염병 중 하나로, '질병X'를 지목했다. '질병X'란 현재당시는 알 수 없지만, 머지않은 장래에 대유행이 일어날 감염병을 말한다.
출처: https://pixabay.com
https://cdn.pixabay.com/photo/2020/02/01/00/19/pandemic-4809257_960_72

지만, 현실적으로 1월 23일 이전에는 그 어떤 나라도 강력한 봉쇄 정책을 펴기 어려웠다. 1월 23일 봉쇄 이전, 중국 우한에서 타지로 빠져나간 사람은 중국인과 외국인을 포함하여 무려 500여 만 명으로 추정된다. 이들 중에는 중국 다른 도시가 아니라 해외로 간 사람도 있다. 봉쇄 직전 우한에서의 직항 편으로 해외로 이동한 중국인의 행선지는 태국, 싱가포르, 일본, 한국 순으로 많았다.* 물론, 유럽행도 적지 않았을 것이다. 아마도 짐작컨대, 지금의

---

* 윤완준, 「우한 500만 명 이미 세계 각지로 떠났다」,《동아일보》, 2020. 1. 27.
   https://news.v.daum.net/v/20200127190147358

팬데믹은 그때 이미 예정된 셈이다. 한국은 중국에서 들어오는 항공기의 승객에 대한 특별 검역 조치를 1월 28일부터 실시했고, 2월 4일부터 우한을 방문한 외국인의 입국을 금지했으며, 제주 지역에서 시행하던 무비자 입국을 중단했다. 중국에 대한 우리의 초기 조치가 미흡하고 부적절했다는 지적도 많이 있었다. 그러나 팬데믹의 현재 시점에서 살펴보면, 각국의 봉쇄 강도와 바이러스 감염 확산 추이가 반비례하지만은 않은 것이 사실이다. 전 세계적으로 감염병 확산이 심각해진 4월말 현재, 각국의 감염병 사태의 심각성은 중국과의 교류 정도나 국경 봉쇄의 시기보다는, 각국 내부에서의 방역과 의료적 대처 수준에 더 큰 영향을 받았던 것으로 보인다.

적어도 드러난 상황만 고려할 때, 올해 2월 중순까지의 국내 방역은 대체로 성공적이었다는 평가다. 실제로 소위 31번 확진자 등장 이전까지 대응 성과는 당시까지의 결과로도 입증된다. 1번~30번 환자, 총 30명 중 중국인은 6명이었다. 그중 두 명은 중국이 아니라 일본에서 감염되어 들어온 중국인이다. 또 한 명은 마카오를 거쳐 입국한 중국인인데, 한국인 남편의 아내였다. '중국에서 들어온 중국인 확진자'는 단 3명에 불과했고, 그중 한 명은 공항 검역에서 곧바로 발견된 1번 환자인데, 1월 19일 입국해서 20일에 확진 판정을 받았다. 다른 한 명은 우한을 봉쇄하던 1월 23일 우한에서 입국한 사람으로, 우한 경유 입국자 전수조사를 통해 찾아낸 사례이다. 마지막 한 명인 28번 환자는 우한 봉쇄 전, 한국인 3번 환자가 1월 20일에 우한에서 입국할 때 함께 입국했던 지인으로, 뒤늦게 2월 11일 확진 판정을 받았다. 잠복 기간을 고려하면, 중국 우한에서 3번 한국인 환자가 먼저 감염되었고, 28

번 환자는 3번 환자로부터 2차 감염된 것으로 추정된다. 이렇게 보면, 우한 봉쇄 시기 이후, 중국에서 감염되어 곧바로 국내로 들어온 중국인은 적어도 30번 환자까지는 한 명도 없었다고 볼 수 있다. 한국이 중국에 대한 원천적 봉쇄 조치를 하지는 않았지만, 그에 못지않은 방역 성과를 냈다고 볼 수 있는 대목이다.

이 시기의 우리의 대처 중 한 가지 주목할 만한 것은 1월 27일 서울역에서 열렸던 긴급회의였다. 이 회의 개최 사실은 로이터 통신의 보도*로, 뒤늦게야 알려졌다. 1월 27일은 음력설 연휴의 끝 무렵이었고, 국내에 확진자가 네 명째 확인된 날이었다. 그날 방역당국은 전국 20개 이상의 의료 관련 민간 기업 대표자들을 불러 모으고, 신종 코로나 바이러스를 탐지하기 위한 진단키트 개발을 독려하였다. 실제로 나흘 뒤 한 회사가 진단키트 시제품을 제출했고, 2월 4일 질병관리본부는 긴급 사용승인을 내렸다. 긴급 승인 이후에도 진단키트 개발과 보완은 이어졌다. 발 빠른 진단키트 개발과 대량 생산은 매우 공격적인 방식으로 확진자를 찾아내는 데에 결정적 기여를 한 셈이었다.

---

* "Special Report: How Korea trounced U.S. in race to test people for coronavirus", Reuters, Mar 19, 2020.
  https://www.reuters.com/article/us-health-coronavirus-testing-specialrep/special-report-how-korea-trounced-u-s-in-race-to-test-people-for-coronavirus-idUSKBN2153BW

다음은 확진자 급증세 이후 팬데믹까지

28번 환자가 확진된 것이 2월 11일이었다. 그 이후 5일간 한 명의 확진자도 발생하지 않았다. 그리고 29번 환자가 확인된 2월 16일과 31번 환자가 등장한 18일 이후, 사태는 새로운 변곡점을 맞게 되었다.

5일간 확진자가 없다가 2월 16일 29번 환자가, 17일에 그 배우자인 30번 환자가 확진되었다. 그리고 2월 18일 31번 환자가 확진되었다. 29번, 30번 환자의 경우 초기에는 감염 경로가 확인되지 않아 최초의 지역사회 감염으로 보아야 할 것인지 논란이 됐다. 추후 확인된 바에 따르면, 우한에서 귀국한 3번 환자가 6번 환자와 함께 식사를 하였고, 추후 확진된 83번 환자가 6번 환자와 같은 시간대에 종로의 한 교회에 머물렀으며, 83번 환자가 노인종합복지관에서 29번, 56번, 136번 환자와 접촉했다. 그 무렵 지역 사회 감염이 서울의 한 교회에서 이루지고 있었던 것이다.

그보다 엄청난 규모의 감염은 31번 환자와 연관된 신천지 대구교회에서 진행되었다. 31번 환자가 처음 확인된 2월 18일 이후, 전체 누적 확진자 수는 31 → 51 → 104 → 204 → 433 → 602 → 833 → 977 → 1,261 → 1,766 → 2,022 → 2,931 → 3,526 → 4,212명으로 나날이 폭증했다. 2월 29일에는 일 확진자 증가수가 909명에 달했다. 3월 14일 0시 현재 누적 확진자 수는 8,086명이고 그중 대구 5,990명, 경북 1,153명을 기록했다. 당시 기준으로, 대구 경북이 전체 확진자의 88% 이상을 차지한다. 성별로는 여성이 61.7%로 남성보다 많고, 연령대별로는 20대가 2,287명[28.3%]으로 가장 많다. 이어

50대가 1,551명, 40대가 1,133명으로 나타났다. 대구 경북의 확진자가 많은 것은 익히 잘 알려진 일이지만, 20대의 비중이 높다는 것도 유의할 대목인데, 남녀 비율이 엇비슷한 20대와는 달리, 40~60대의 경우에는 여성 비율이 압도적으로 높다는 것도 주목되는 일이다.* 3월 14일 질병관리본부의 오후 정례 브리핑에 따르면 전체 확진자의 81%가 몇 가지 유형의 집단감염 발생과 연관이 있고, 신천지 관련 감염 비중은 62%를 차지하고 있다.

그 시기 대구·경북 지역에서 확진자가 급속도로 늘어난 가장 주된 요인은 신천지 교회 내에서의 확산이다. 다만 신천지 대구교회의 최초 감염원에 대해서는 아직 명확히 밝혀지지 않았다. 신천지가 중국 우한 진출을 꾀하고 있었던 사실, 이만희 총회장의 고향이 경북 청도라는 사실, 1월 31일~2월 2일에 경북 청도 대남병원에서 이만희 총회장의 친형 장례식이 있었다는 사실, 이만희 총회장 친형이 1월 31일 사망 전 대남병원 응급실을 거쳐 5일간 입원하고 있었다는 사실 정도는 밝혀진 바 있고, 이것을 근거로 몇 가지 추론들이 존재한다.

초기 환자가 대량으로 발생하고 사망자도 속출했던 청도 대남병원의 상황은 여러 가지 의문과 아쉬움이 남는다. 대구시의 초기 대응에도 아쉬움이 있다. 그러나 다행히도, 3월 15일 현재, 대구 경북을 비롯한 국내 확진자 급증세가 다소 꺾이고 있다. 3월 13일 0시를 기준으로 전일 대비 확진자는 110

---

* 김영은, 「코로나19 확진자 추이」,《연합뉴스》, 2020.3.14.
  https://www.yna.co.kr/view/GYH20200314000300044?input=1363m

명 늘었고, 보통 완치자로 부르는 격리 해제자는 177명 늘었다. 일일 대비 확진자 수보다 완치자 수가 많아지기 시작한 것이다. 3월 15일 0시 기준으로는 전일 대비 확진자 수가 76명 늘었다. 2월 21일 이후 처음으로 일일 확진자 수가 100명 이하로 떨어진 것이다.

몇 차례 위기가 있었다. 대구 경북 지역에서 2월 27일부터 3월 9일 사이, 8명의 코로나19 환자가 병원 문턱을 넘기 전에 목숨을 잃었다. 대부분 고령의 기저질환자였던 이들은 입원을 기다리거나 병원으로 옮겨지던 도중 목숨을 잃었다. 의료 붕괴나 다름없는 상황에 내몰렸던 것이다. 대기업과 공무원 연수시설들과 일부 민간 숙박시설들이 경증환자를 위한 생활치료센터로 활용되고, 드라이브 스루 방식 도입으로 진단 절차를 간소화하는 동시에 의료진의 부담을 줄여주었고, 서울을 비롯한 타 지역에서 대구·경북 지역의 중증 환자를 분산하여 치료함으로써, 위기를 막아낼 수 있었다. 물론 대구·경북 지역으로 자발적으로 찾아간 의료진과 봉사자들, 소방관, 요양보호사 등의 헌신과 희생도 빼놓을 수 없다.

대구 경북 지역의 일부 정신병원, 요양병원, 요양원 등에서 일어난 집단감염은 고위험시설에서 발생한 것이어서 다수의 사망자 발생으로 이어졌다. 서울 구로구 에이스손해보험 콜센터와 부산 온천교회에서의 집단감염도 위태로움을 증폭시켰다.

2020년 4월 30일 질병관리본부는 전일 하루 전국의 추가 확진자는 4명이고, 그 모두는 해외유입자로 입국 과정의 검역에서 발견되었다고 밝혔다. 국내에서 새로 발생한 확진자가 0명이 된 것이다. 그에 앞서 4월 15일에는 코로나19 팬데믹 이후 전 세계 주요국가로는 처음으로 전국 단위 선거를 치렀다. 28년 만에 가장 높은 투표율을 보일 정도로 높은 열기 속에 2900만 명 이상이 참여한 선거를 치르고도 2주가 지났지만, 선거 관련한 감염자는 발견되지 않았다. 그러나 역시 방심은 금물이었다. 5월 6일 이태원을 중심으로 지역 사회 감염이 확인되었고, 그 여파는 계속 번지고 있다.

　해외의 경우는 팬데믹 선언 이후 점점 심각한 상황으로 치닫고 있다. 4월 30일 현재 전 세계 확진자는 330만 명을 넘어섰고, 사망자는 23만 명에 달한다. 미국에서만 100만 명이 넘는 확진자와 6만 명이 넘는 사망자가 나왔다. 스페인, 이탈리아, 영국, 프랑스에서도 각각 2만 명이 넘는 사망자가 나왔다. 브라질을 비롯한 남반구 국가에서 감염병 확산은 좀 늦게 본격화되었지만, 현재 급속히 심화되고 있다.

코로나19로 본 팬데믹의 생활사와 인간의 대응

박지영 2020.4.30

2019년 12월 말, 중국 후베이성湖北省 우한시武汉市에서는 2003년 유행한 사스와 비슷한 증상을 보이는 환자 7명이 보고됐다. 이 환자들은 처음에 열이 나고 기침을 하며, 목이 아프고 몸살 기운이 있어서 심한 감기에 걸렸다고 생각했다. 그래서 약을 먹고 몸조리를 하며 낫기를 기다렸다. 하지만 증상은 점점 더 심해졌고 급기야 숨 쉬기 어려운 지경에 이르렀다. 그제서야 환자들은 병원을 찾았다. 의사들은 원인 불명의 폐렴으로 진단하고 그들을 입원시켜 치료하기로 했다. 그런데 입원 직후 몇몇 환자들은 갑자기 중태에 빠졌다. 급성호흡곤란증후군ARDS, Acute Resepiratory Distress Syndrome이 발생한 것이었다. 저산소증을 완화하기 위해 인공호흡기가 사용되었고, 폐렴의 원인을 제거하고자 각종 항생제와 항바이러스제가 투여되었다. 하지만 상태는 그다지 호전되지 않았다. 혈액검사 결과 중증 환자들에서는 면역세포가 감소하고 혈액이 응고되는 소견이 보였다. 그리고 폐뿐 아니라 심장, 간, 신장 등 각종 장기에 손상이 왔다는 것이 밝혀졌다. 중요한 신체 장기의 기능부전으로 인해 환자들은 부정맥, 쇼크에 빠졌고, 끝내는 사망에 이르는 경우도 생겼다. 우한시의 의사와 환자들이 생과 사의 갈림길에서 분투하는 사이, 원인 불명의 이 질환은 급속도로 퍼져나갔다. 이 환자들을 돌보던 의료진을 비롯하여 환자와 접촉한 다른 사람들을 통해 우한시 전역으로 확산되었으며, 곧 국경을 넘어 한국, 홍콩, 싱가포르, 일본 등 인근 국가로 전파되었고, 약 3개월이 지나자 전 세계 거의 모든 나라에서 환자가 발생했다. 세계보건기구의 집계에 따르면 2020년 4월 30일 현재 감염자는 3,059,642명, 사망자는 211,028명에 육박한다.

처음에 사스로 의심되었던 이 질병은 신종 바이러스에 의한 감염병으로 판명되었다. 2020년 1월 중국 연구진들은 이 신종 바이러스가 코로나 바이러스의 일종이며, 그때까지 인간에게 주로 감염되던 종류의 코로나 바이러스들 중에서는 비슷한 것을 찾을 수 없지만, 박쥐에서 발견된 코로나 바이러스와 유전자 서열이 거의 일치한다고 발표했다. 그 원인 바이러스로 인한 감염병은 세계보건기구에 의해 코로나19$^{COVID-19}$로 명명되었으며, 바이러스의 명칭은 SARS-CoV-2이다. 신종 바이러스에 의한 팬데믹^{pandemic}의 발생은 사실 역사적으로 어느 정도 예견된 일이었다. 20세기 이래 과학의 발달로 항생제와 백신이 개발됨에 따라 사람들은 감염병의 위협으로부터 벗어나게 되었다고 믿게 되었다. 이런 낙관주의는 1980년 세계보건기구가 천연두 바이러스의 근절을 선포하면서 정점에 달했다. 하지만 그 당시에도 세계 각지에서는 신종 바이러스로 인한 감염증들의 출현이 속속 보고되고 있었다.

1960년대부터 지금까지 발견된 신종 바이러스는 약 40여 종에 이른다. 그

중 대표적인 몇 가지 바이러스와 발견 연도를 보면, 1968년 홍콩 독감을 일으킨 H3N2 아형 인플루엔자 바이러스, 1969년 B형 간염 바이러스, 1973년 A형 간염 바이러스, 1976년 에볼라 바이러스가 발견되었다. 1978년에는 한국에서 유행성 출혈열을 일으키는 한타 바이러스, 1983년에는 에이즈의 원인이 되는 인간 면역 결핍 바이러스, 1997년 조류독감의 원인이 되는 H5N1 아형 인플루엔자바이러스, 2003년 사스 바이러스, 2009년 신종플루의 원인이 되는 H1N1 인플루엔자 바이러스, 2013년 메르스 바이러스가 발견되었다. 나아가 바이러스의 세계적 유행은 최근으로 올수록 점점 더 빈번해지는 경향을 보인다. 1918년 세계적으로 약 4,000만 명의 사망자를 낸 스페인독감 이후, 1956년 아시아독감, 1968년 홍콩독감이 발생했으며, 1977년에는 러시아독감, 1997년에는 조류독감, 2003년에는 사스, 2009년에는 신종플루가 출현했다. 20세기 초까지만 해도 약 40년 주기로 나타난 바이러스의 대유행은 20세기 후반이 되면 약 10년 주기로 찾아오고 있으며, 2020년의 코로나19도 신종플루가 유행한 지 11년 만에 대유행했다.

이 같은 바이러스의 세계적 대유행은 왜 일어나는 것일까? 대유행이 발생하는 요건은 무엇일까? 바이러스가 팬데믹에 버금가는 대유행을 일으키려면 이전에 사람들에게 감염된 적이 없는 '신종' 바이러스여야 한다. 다시 말해 코로나19처럼 바이러스가 먼저 동물에서 인간으로 감염되어야 한다는 뜻이다. 동물에게 감염되던 바이러스가 인간으로 넘어오는 것은 쉽지 않은 일이다. 그 이유는 바이러스의 구조와 관련이 있다. 바이러스는 DNA나 RNA처럼 유전 정보를 담고 있는 핵산과 그것을 둘러싸고 보호하는 단백질

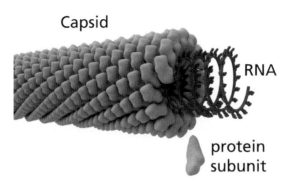

인간 사회가 야생동물에게 노출되는 경우가 빈번해짐에 따라, 야생동물을 숙주로 하던 바이러스가 인간을 감염시킬 기회가 확대되었다.
바이러스의 나선형 캡시드 구조 3D 모델

의 껍질, 즉 캡시드^{capsid}로 되어 있다. 일반적인 생명체들이 그 기본단위인 세포 안에 DNA와 RNA를 모두 가지고 있는 것과 달리 바이러스는 둘 중 하나만을 가진다. 그리고 경우에 따라, 캡시드 바깥쪽에 지질로 이루어진 외막을 지닌 형태도 있다. 코로나 바이러스의 경우 RNA와 캡시드, 외막으로 이루어져 있으며, 외막의 표면에는 곤봉 모양의 단백질 돌기들이 많이 붙어 있다. 전체 크기는 80~160㎚로 대장균을 비롯한 세균들의 10분의 1 크기에 불과하며, 평균 지름이 20㎛인 일반 세포들과 비교하면 250~400분의 1 정도이다. 바이러스는 생물의 세포 안에 침입해서, 그 기능과 재료를 빌려 자신의 핵산과 다른 구성요소들을 복제한 뒤, 10만 개 정도에 이르면 세포를 터뜨리고 빠져나와 다른 세포에 들어간다. 이 과정에서 바이러스가 아무 세포에나 들어가는 것은 아니다. 바이러스 표면의 일부 구조와 세포 표면의 일부 구조가 서로 들어맞는 경우에만 들어갈 수 있다. 열쇠와 열쇠구멍의 관계 같은 셈이다. 이로 인해 바이러스는 모든 생물이 아닌, 그것이 통과할 수 있는 세포 구조를 가진 종에게만 감염이 된다. 이것이 동물에 주로 감염되는 바이러스가 인간에게 거의 감염되지 않는 이유이다.

야생동물에게만 존재하던 코로나19가 사람에게 전파되었다는 것은, 바이러스가 인체에 감염될 수 있게끔 스스로 표면 단백질의 형태를 변화시켰음을 의미한다. 돌연변이의 기전은 아직 밝혀지지 않았다. 하지만 한 가지 확실한 사실은 야생동물에 대한 인간의 접근이 돌연변이가 일어날 환경을 제공했다는 점이다. 도시화, 산업화로 인한 자연 파괴가 진행되고, 따라서 인간이 야생동물의 서식지로 들어가는 경우, 또는 인간 사회가 야생동물에게 노출되는 경우가 빈번해짐에 따라, 야생동물을 숙주로 하던 바이러스가 인간을 감염시킬 기회가 확대되었다. 코로나19의 경우 우한 시장에서 거래된 박쥐가 바이러스를 인간에게 전파했다고 알려져 있다.

코로나19는 박쥐에서는 그다지 큰 위해를 끼치지 않지만, 사람에게 감염되면 상당히 심한 고통을 초래하고 심하면 사망에 이르게 한다. 그것은 면역력의 차이 때문이다. 박쥐는 오랫동안 코로나19에 노출되어 있었기 때문에 이미 적응되어 별로 해를 입지 않는다. 반면 사람은 코로나19에 감염된 적이 없기 때문에 코로나19가 세포에 인체에 침투하는 것을 제대로 막지 못하고, 침입한 바이러스와 격렬한 전투를 벌이게 된다. 한 번도 마주한 적이 없는 병원체에 대항하여 인체의 면역체계는 격렬하게 반응한다. 면역세포인 NK 세포가 병든 세포를 파괴하고, B세포가 만든 항체가 코로나19의 표면 단백질과 결합하여 그것이 세포 안으로 들어가지 못하게 차단한다. 병든 세포가 파괴되는 과정에서 열이 나고 오한, 근육통이 오며, 폐에 염증이 생기고, 심하면 폐에 물이 차거나 출혈이 일어난다. 이 증상을 극복하지 못하면 환자는 결국 호흡 곤란에 빠지고 신체의 주요 장기에 산소를 공급하는데 실패하여 쇼크와 사망에 이르게 된다.

이와 같이 사람들은 처음 만난 바이러스를 제대로 퇴치하지 못하고, 그 결과 바이러스는 인구집단 내에서 빠르게 확산된다. 세계적 대유행이 시작되는 것이다. 코로나19의 급속한 확산은 이런 기전에 의해 이루어졌다. 코로나19의 재생산 지수^{R0}, 즉 어떤 의학적 수단도 개입되지 않았을 경우 환자 한 명이 병을 옮길 수 있는 사람 수는 2.5~5.7 사이로 추정된다. 이 수치는 매년 발생하는 인플루엔자의 재생산 지수가 1.3인 것과 비교하면 그 2배에서 4배에 이르는 강한 전염력을 나타낸다.

이토록 높은 확산력을 지닌 코로나19의 유행은 언제 종식될 것인가. 그것은 바로 일정한 수준 이상의 집단면역이 형성될 때이다. 코로나19에서 살아남은 환자는 그에 대한 특이 면역을 갖게 된다. 감염된 사람의 수만큼 면역력이 있는 사람의 수도 늘어난다. 일정 숫자 이상의 인구에 특이 면역이 생기는 것을 집단면역이라고 한다. 대유행이 진행되면 감염에서 회복되어 항체를 가진 사람들이 증가한다. 인구집단 중 면역 항체를 지닌 사람이 일정 수준 이상으로 늘어나 집단면역이 형성되면, 그때부터 질병의 유행 속도가 느려지고 그 영향력도 축소된다. 바이러스의 확산은 축소되다가 점차 소강 상태에 이르게 된다. 이것이 대유행의 종결이다. 이렇게 집단면역이 형성되면 그 뒤에는 코로나19가 다시 유행하더라도 처음과 같은 파괴력을 가지지는 못하며, 항체가 없는 일부 사람들에게서 소규모 확산을 야기하는 정도로 영향력이 축소된다.

얼마나 많은 인구가 감염되어야 대유행이 멈추는지는 바이러스의 종류에 따라 다르다. 홍역의 경우 인구의 95%가 감염되어야 역치가 생긴다. 거의 모든 사람이 다 걸려야 한다는 이야기이다. 인플루엔자의 경우는 40~60%의 인구가 독감에 걸려야 집단면역이 생긴다고 추산된다. 코로나19의 경우 인구의 최소 60%는 감염되어야 집단면역을 획득할 수 있다고 예상된다. 결국 전 세계 인구의 절반 이상이 코로나19에 감염되고 나서야 대유행이 끝난다는 뜻이다. 그렇다면 지금 한국 사회처럼 대부분의 국민들이 바이러스 전파를 막기 위해 기울이는 예방 노력들, 예를 들어 마스크를 쓰고, 손을 소독하고, 외출을 자제하는 등의 행동이 코로나19의 종식에 도움이 안 되는 것일까. 스웨덴처럼 집단면역을 형성하기 위해 사람들의 접촉을 제한하지 않고 놓아두어야 한다는 말인가. 꼭 그렇지는 않다. 폭발적으로 증가하는 코로나19 환자들을 치료할 만한 충분한 치료제와 시설이 마련되지 않은 경우, 코로나19의 확산을 내버려 두는 것은 여러 사람들을 위험에 빠뜨릴 수 있다.

현재까지 코로나19에 효과가 있다고 알려진 치료제는 원래 에볼라 치료제인 렘데시비르Remdesivir, 에이즈 치료제인 칼레트라Kaletra, 말라리아 치료제인 클로로퀸Chloroquine 등이 있다. 하지만 이 치료제들 모두 아직 코로나19에 대한 효과와 안전성이 과학적으로 충분히 입증된 상태는 아니고, 세계 각국의 여러 실험실에서 그에 대한 정보를 획득하기 위해 임상실험을 진행 중이다. 4월 1일자 기준으로 코로나19 관련 백신과 치료제 개발을 위해 세계적으로는 총 148건의 임상시험이 시행되고 있고, 국내에서는 6건의 임상시험이 진행 중이다. 그중 렘데시비르에 대한 연구 결과는 코로나19 치료에 대한 전망을 밝혀주었다. 그 약을 투여한 환자의 회복 속도가 그렇지 않은 환자보다 31% 정도 빨라졌음이 밝혀져, 4월 29일 현재 미국 FDA의 승인을 앞두고 있다는 소식이 전해졌다.

치료제가 코로나19를 극복하는 데 중요한 기능을 수행함은 두말할 나위가 없다. 그럼에도 불구하고 바이러스 질환은 치료제에 크게 의존할 수 없는 성격을 가지고 있다. 세균을 죽이는 항생제와 달리 항바이러스제는 바이러스의 증식을 억제하는 작용을 한다. 항바이러스제의 작용 기전은 대체로 인체에 침입한 바이러스가 RNA를 복제하지 못하도록 방해하는 것이다. 바꾸어 말하면, 이것은 항바이러스제가 인체에 들어온 바이러스를 죽이지는 못하고 질병의 진행을 완화하는 역할에 그친다는 뜻이다. 게다가 치료제가 개발되더라도 바이러스의 RNA에 변이가 일어난다면 효과를 잃고 무용지물이 되는 경우도 빈번하다. 특히 코로나19처럼 RNA 형태의 핵산을 가진 바이러스는 다른 바이러스에 비해 돌연변이 발생률이 높아서 그럴 위험이 더 높다. 그러므로 바이러스 질환의 경우 치료보다는 예방이 더 효과적인 대응 수단이다. 이런 의미에서 백신 개발이 코로나19의 극복에 가장 중대한 관건이라고 할 수 있다.

백신은 바이러스에 대한 인체의 면역력을 인공적으로 높여준다. 백신은 독성을 약하게 한 병원체 혹은 병원체를 파괴해서 얻은 일부 성분을 담고 있다. 백신을 접종하면 인체에서는 백신의 성분을 적으로 인식해서 면역세포가 그것을 공격한다. 이 공격에 참여한 면역세포의 일부는 싸움이 끝나도 '기억세포'로서 몸속에 남는다. 그리고 다음에 같은 바이러스가 다시 인체에 침투하면 대기하고 있던 기억세포가 재빨리 공격을 시작해서, 질병의 증상을 가볍게 하거나 질병에 걸리는 것을 방지할 수 있다. 이 기억세포를 만드는 일이 백신의 목적이다. 백신은 실제 질병에 걸리는 것보다 훨씬 더 안전한 방식으로 개인의 특이 면역 형성을 돕고, 나아가 집단면역이 획득되는 시기를 앞당길 수 있다. 이것이 바로 과학자들이 불철주야 코로나19의 백신 개발에 매달리는 이유이다. 코로나19 백신 개발에 많은 연구자들이 참여하고 있으며, 그 중 7건이 임상시험 단계에 도달했다.

지금까지의 상황으로 보아 코로나19 유행 종결의 관건은 백신 개발이다. 하지만 그렇다고 해서 코로나19 백신이 나타날 때까지 전문가들의 손만 바라보며 마냥 기다리는 수밖에 없다는 이야기는 아니다. 팬데믹을 극복하기 위해서는 실험실 안뿐 아니라 밖에서의 대응 또한 중요하다. 그 대응책 중하나는 세계적인 차원의 감염병 출현에 대한 감시이다. 물론 세계보건기구를 중심으로 각국 정부로부터 감염병 정보들이 수집되고 있기는 하지만, 국가 차원의 대응은 정확한 대신 속도가 느리다는 한계가 있다. 따라서 이를 보완하기 위한 민간 차원의 활동이 강화될 필요가 있다. 세계 각지의 자원봉사자들이 감염병의 동향에 관한 정보를 교환하는 비영리 조직 프로메드 ProMED 같은 네트워크의 활동이 그에 해당한다.

이런 점에서 질병은 단순히 자연적, 의학적 현상인 것만이 아니라 사회적 현상이기도 하다. 그에 대한 대응은 전문가와 정부만이 아니라 일반 대중들 차원에서도 이루어져야 한다. 코로나19는 신체적인 질병 차원을 넘어서, 사람들의 삶 전반에 영향을 끼치고 있다. 갑작스러운 재난과도 같은 질병으로 인해, 사회 전반의 활동이 위축되고, 취약계층은 생계의 위기를 겪고 있으며, 국민에 대한 정부의 통제 영역은 그 어느 때보다도 확대되었다. 서구의 일부 국가에서는 중국인을 비롯한 아시아인들에 대한 인종차별이 심해지기도 했다. 이처럼 코로나19에 의해 야기된 사회적, 경제적, 문화적 변화는 현재도 진행 중이고 코로나19가 종식된 뒤에도 완전히 이전 모습으로 돌아가지 않을 것임은 거의 확실하다. 따라서 그런 변화에 적응하고, 또 그 변화들을 좀 더 바람직한 방향으로 유도하기 위한 여러 고민들이 필요하다. 이런 성찰은 코로나19의 극복을 위해서만이 아니라, 앞으로 더 자주 찾아올 것으로 예상되는 팬데믹들을 위한 준비이기도 하다.

감염병 확산의 이중경로
─ 모빌리티와 감금공간

이향아 · 이동헌 2020.4.29

감염병은 대체로 '이동성 mobility'과 대면접촉에 의해 확산된다. 이 자명해 보이는 명제는 '자가격리', '사회적 거리두기', '봉쇄 lock down', '입국 금지' 등의 정책의 근거가 된다. 그러나 감염병의 전파는 모빌리티에 의한 접촉뿐만 아니라 비이동적 공간구조에 의해 심화되기도 하는 이중적 경로를 걷는다. 감염병은 생명체 특히 사람들의 모빌리티가 이루어지는 곳에서 전파되고, 그 모빌리티가 멈추어 서는 공간인 고인 공간 혹은 '감금공간 carceral spaces'에서 증폭한다. 그리하여 여러 스케일에서의 모빌리티와 사회에 촘촘히 산재한 감금공간의 모순적 접합에 의해 감염병은 지역사회에 전파되고 전 지구적으로 확산된다.

국내의 경우, 2020년 1월 20일 코로나19의 첫 확진자가 발생한 이후 방역의 핵심은 모빌리티의 통제에 맞춰져 있었고 어느 정도 성공한 듯 보였다. 그러나 2월 중순, 대구를 중심으로 몇몇 감금공간들에서 폭발적인 집단 발병이 드러나면서 국내 코로나19 상황은 새로운 위기 국면으로 진입했다. 코로나19의 기폭제가 된 감금공간들-요양병원, 폐쇄 정신병동, 비제도권 종교 예배당, 외주 콜센터 등-은 감시와 통제, 치료와 갱생의 근대적 통치 공간들이거나 영리 혹은 유사종교적 목적의 추구를 위해 근대적 감금의 기술을 재편하여 고도로 발전시킨 공간이었고, 이 공간에서 감염병은 위세를 떨쳤다. 이 글에서는 모빌리티와 함께 감염병 발병의 또 다른 주요 경로인 감금공간에 주목하고자 한다.

모빌리티와 감염병

2018년 한 해 동안 전 세계에서 3,780만 대의 비행기가 이착륙하고, 43억 명의 승객이 이동했다.* 세계사적으로 모빌리티는 종종 역사를 만들거나 바꾸는 원동력이 되기도 했지만, 특히나 오늘날의 모빌리티는 가히 미덕으로까지 여겨진다. 고도화된 이동성은 현대 네트워크 사회의 특징이다. 그것은 바우만 Zygmunt Bauman 으로 하여금 우리 시대를 '액체 근대 liquid modernity'의 시대로 성찰하게 했으며, 어리 John Urry 역시 현대 사회를 인식하고 경험하는 '새로운 모빌리티 패러다임'으로의 전환을 주창했다.** 여기서 모빌리티

---

* 《동아일보》, 2020년 4월 10일, '초연결시대, 바이러스와의 전쟁-공생 함께 대비해야'.
** 지그문트 바우만, 이일수 옮김, 『액체근대』, 강, 2009; 존 어리, 강현수, 이희상 옮김, 『모빌리티』, 아카넷, 2014.

란 시공간적 개념으로 사람, 사물, 물질, 정보, 가치 등이 어느 장소에서 다른 장소로 움직이는 방식에만 관여하는 것을 넘어서서 그로부터 파생되는 공동체, 도시, 풍광, 자연 등이 세워지고 사용되며 인식되는 방식의 전환을 포괄한다. 그리고 인류가 21세기에 들어선 이후 지속적으로 터져 나오는 신종 바이러스에 의한 감염병의 창궐-2002년 사스SARS, 2009년 신종플루, 2012년 메르스MERS, 그리고 현재진행중인 코로나19 사태 등-은 우리가 이 새로운 모빌리티 시대에 살고 있음을 방증하는 반갑지 않은 사례이다. 감염병의 확산이 팬데믹Pandemic, 새로운 질병의 세계적 유행에 이른 것은 현대사회 모빌리티의 초국가성을 가장 극단적으로 보여준다.

코로나19의 팬데믹 사태가 보여주듯, 감염력이 강하고 치사율이 높은 고병원성 병원체가 인간에게 침투할 경우 감염병의 파급력은 가히 파괴적이다. 세계보건기구WHO는 과거 인플루엔자 감염병의 전파 단계를 6단계로 구분한 적이 있었다. 이에 따르면 감염병의 발전 단계는 동물에게만 한정되는 1단계에서, 동물에게서 소수의 사람이 전염되는 2단계, 그리고 사람들 사이에서 전염되는 정도에 따라 3~6단계로 나뉜다. 그중 다른 대륙의 국가에까지 감염병이 발생하여 말 그대로 전 세계적 유행을 하는 단계가 6단계인 팬데믹 단계이다.* 전 세계 인구의 3분의 1이 감염되어 약 5,000만 명의 사망자

---

* https://www.who.int/csr/disease/swineflu/frequently_asked_questions/levels_pandemic_alert/en/ 하지만, 최근 WHO는 2009년 H1N1 신종플루 팬데믹 선언 이후 인플루엔자 팬데믹에 적용했던 6단계 접근법을 현재는 더 이상 사용하지 않음을 밝혔다.

를 낸 1918년 스페인 독감, 1957년~1958년 100만 명의 목숨을 앗아간 아시아독감, 1968년에 약 100만 명의 사망자를 낸 홍콩독감, 10만~50만 명의 사망자를 낸 2009년 신종플루, 그리고 2020년 3월 11일 팬데믹으로 인정된 코로나19 등이 20세기 이후 팬데믹 상황을 만들어낸 대표적인 감염병들이다.

감염병의 발발 원인과 경로, 발생 양상을 분석하기 위한 역학조사나 감염병 관련 학술연구에서 모빌리티는 핵심 분석 대상이다. 많은 연구들이 기본적인 인구통계나 교통 통계를 이용해 국가 또는 지역단위에서의 인구의 이동경로, 이동동기, 이동수단, 이동규모 등의 통계자료에 대한 정보 분석을 통해 모빌리티와 감염병 전파의 상관관계를 밝혀 왔다. 코로나19같이 급속도로 전파되는 감염병의 경우에는 개인 일상의 모빌리티를 담은 휴대폰 위치 정보가 미시적 감염 확산을 이해하는 핵심 자료원이 된다. 도시 내 혹은 도시 간 출퇴근과 일상의 사회 연결망 접촉을 통해 확산되며, 전 지구적 차원에서는 지난 사스와 신종플루 사례에서 드러나듯이 항공이동이 그 주범이 된다.

따라서 모빌리티로 인한 감염병의 확산은 인간 병원소감염자의 모빌리티를 제한함으로써 억제할 수 있다. 세계 인구의 전반적인 모빌리티는 10년 전보다 급증했고, 코로나19의 감염력은 신종플루보다 커서, 훨씬 빠른 확산세를 보인다. 국내에 신종플루 첫 환자가 발생한 2009년 5월 2일에서 81일 만에 확진자 수가 1천 명을 넘어선 반면, 코로나19는 발생 38일 만에 환자수가 1천 명을 넘었다. 더욱이 2009년 타미플루라는 치료제가 있었던 신종플루 발발 당시와 달리, 현재 코로나19는 백신 및 치료제가 존재하지 않는다. 따라서 감염 확산을 차단하는 방법은 사회적 거리두기, 격리, 이동제한, 봉쇄, 입국차단 등 모빌리티를 통제하고 다중 이용 공간에서의 물리적 접촉을 막는 것들이다. 실제로 초기에 시행된 다양한 이동제한과 접촉제한 조치들은 방역에서 필수적인 것처럼 보이기도 했다.

감금 상태에 놓인 사람들

그러나 역설적으로 이번 코로나19의 확산 과정에서 가장 심각한 전염사례는 바로 감염병 발발 이전부터 봉쇄, 통제, 차단, 격리가 항시적으로 일어나던 공간들이었다. 예컨대, 한국의 경우 요양원, 폐쇄 정신병동, 비제도권 종교 예배당, 콜센터 등의 공간에서 확산이 가장 빨랐고 그 피해가 컸다. 유럽과 미국의 경우에서도 요양원에서 사망자가 무더기로 나오고, 방역 모범국가였던 싱가포르에서는 총 확진자의 5분의 4가 이주노동자 기숙사에서 발생했다. 프랑스와 미국의 항공모함에서도 다수의 확진자가 발생했다.[*] 이들 공간은 사람들의 본성인 이동성을 다양한 장치를 통해 제한하고 차단해 왔던 공간이라는 특징을 갖는다. 이동성을 제한하는 공간에는 권력관계가 개재한다. 이러한 권력관계가 작용하는 폐쇄공간을 '감금지리^{Carceral geography}'의 관점에서 주목해볼 수 있다.

---

* 물론, 일본과 미국 등지에 정박한 호화유람선에서의 전염과 확산도 심각한 수준임에는 틀림없지만, 이 글에서는 다른 공간과의 폐쇄성의 결을 달리하므로 논외로 한다.

푸코Michel Foucault에 따르면, '감금carceral'은 가부장적 가정, 수도원, 고아원, 구빈원, 자선병원, 감옥, 학교, 군대, 노동자 공동 기숙사 등의 기관에서 훈육과 감시, 처벌로 수용자들의 이동성을 통제하는 상태를 말한다. 그는 현대 사회가 이러한 상태를 제도화하고 발전시켜 거대한 '감금체계'를 만들어왔다고 주장했다.* 고프먼Erving Goffman은 『수용소Asylum』1961에서 일종의 감금공간에 해당하는 '총체적 기관total institutions'의 미시적 특성을 분석했다. 그는 정신병원 현장연구를 통해 폐쇄 공간 내에서 개인성을 탈각하고 다수를 통제하려는 권력과 그러한 권력의 규정에 저항하면서도 훈육되어 가는 재소자들과의 상호작용을 통해 어떻게 감금기관 내에서 '감금성'이 만들어지는지를 세밀하게 기술하였다.** 거시적 제도와 구조로서의 푸코의 '감금체계'와 '총체적 기관'을 둘러싼 여러 사회 주체들 간의 상호작용에 대한 고프먼의 미시적 접근은 감금을 바라보는 주요한 이론적 틀을 제공한다. 이러한 전통 위에서 '감금지리'는 감금 상태의 경험을 통해 개인의 주체성이 어떻게 형성·변형되는지를 살펴보고, 감금을 만들어 가는 사회·경제·정치·지리적 과정에 주목하는 시각이다. 우리는 감금 지리를 통해서 감금공간의 속성과 감금공간의 경계, 감금공간 내외부에서 벌어지는 상호작용과 권력관계 등을 포착할 수 있다.***

---

*   미셸 푸코, 오생근 역, 『감시와 처벌』, 나남, 1994.

** 어빙 고프먼, 심보선 역, 『수용소』, 문학과지성사, 2018(1961).

*** Dominique Moran, Jennifer Gurner, Anna Schliehe, (2018). Conceptualising the carceral in carceral geography, Progress in Human Geography, Vol. 42(5), pp.666-686.

일일 신규 확진·격리 해제자 현황

그림1: 코로나19 국내발생 현황(2020년 4월 29일 0시 기준)
출처: 질병관리본부, 코로나바이러스감염증-19 국내 발생 현황(4월 29일, 0시 기준), http://www.cdc.go.kr

　　문제는 현대사회의 발전-그것은 모빌리티 혁명을 포함한다-은 그와 더불어 아감벤Giorgio Agamben이 말한 '포함적 배제inclusive exclusion'의 공간적 기술로서 다양한 감금공간을 양산해 왔다는 데 있다. 이러한 감금공간은 모빌리티와 '모순적인 접합contradictory articulation'을 이루며 감염병 발발의 이중적 경로를 담당한다. 국내의 경우, 코로나19의 확산세가 주춤해 가던 2월 18일을 기점으로, 비제도권 교회로 볼 수 있는 신천지의 대구교회와 청도의 한 지방병원의 정신과 폐쇄병동, 경북 봉화와 경산의 요양원 등에서 폭발적인 집단 발병이 발생하여 지역 감염의 기폭제가 되었다. 서울에서도 3월 10일 한 보험회사의 위탁 콜센터에서 집단감염이 발생해 수도권을 긴장시키기도 했다그림1. 요양병원이나 폐쇄 정신병동은 수용자들에 대한 감금을 담보로 외부 사회의 안녕과 질서를 유지해 온 공간이다. 신천지 교회의 예배당은 제도권 교회와 사회의 주변부에 머물러 있던 상처받은 이들을 주로 포섭

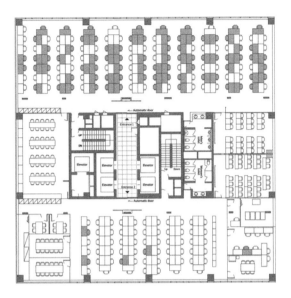

그림2: 콜센터 11층의 확진자 자리.
폐쇄적이고 사무공간이 밀집된 콜센터의 공간배치는 집단감염이 발생할 수밖에 없는 공간적 상황을 여실히 드러낸다.
출처: Shin Young Park et al. (2020), Coronavirus Disease Outbreak in Call Center, South Korea, Emerging Infectious Diseases, Vol 26(8).

한 후, 내부적으로 강고한 결속 장치들을 통해 폐쇄적이고 은밀하게 운용되어 온 종교공동체 공간이었다. 외주 콜센터는 원청인 대기업의 원활한 경영지원 혹은 비용 절감을 위해 기업 활동의 일부를 조직적·공간적으로 격리하고 최소한의 안전장치와 개인 공간을 확보하지 못한 상태에서 운영되어 온 비정규직 감정노동자emotional laborer들의 집단 노동 공간이었다.

국내뿐만 아니라 해외에서도 주목하는 'K-방역'의 주인공 중 한 사람인 정은경 질병관리본부장과 그의 연구팀이 저술한 논문이 미국 질병통제예방센터에서 발간하는 학술지 『신종 감염병 Emerging Infectious Diseases 』에 게재됐다. 정본부장 팀은 서울시 콜센터의 집단감염 사례를 분석했는데, 주목할 만한 내용이 바로 콜센터 내부 확진자의 자리 배치이다 그림 2.* 폐쇄적이고 사무공간이 밀집된 콜센터의 공간배치는 집단감염이 발생할 수밖에 없는 공간적 상황을 여실히 드러낸다.

'잊혀진 계급 The Forgotten'에 주목하자

미국의 진보적인 공공정책 전문가인 로버트 라이시 Robert Reich 교수는 4월 26일 영국의 일간지 《가디언 The Guardian》에 기고한 글에서 코로나19가 만들어낸 계급을 넷으로 구분하고 감염병이 어떻게 계급 간 분리와 불평등을 심화시키는지를 논의했다.** 그에 따르면, 코로나 시대의 네 계급은, 사회적 거리두기와 봉쇄 기간에 재택근무를 하며 생활을 유지할 수 있는 '재택 가능 계급 The Remotes', 감염병 발발 상황임에도 불구하고 혹은 감염병 시기이기 때문에 더욱 일터를 지켜야 하는 '필수 노동 계급 The Essentials', 감염병으로 직장을 잃거나 무급휴가를 권고 받아 준準 해직 상태에 놓인 '임금을

---

* Shin Young Park et al. (2020), Coronavirus Disease Outbreak in Call Center, South Korea, *Emerging Infectious Diseases*, Vol 26(8). https://wwwnc.cdc.gov/eid/article/26/8/20-1274_article
** *The Guardian*, Robert Reich, 'Covid-19 pandemic shines a light on a new kind of class divide and its inequalities', https://www.theguardian.com/commentisfree/2020/apr/25/covid-19-pandemic-shines-a-lighton-a-new-kind-of-class-divide-and-its-inequalities

44 ——— 코로나19 데카메론

받지 못하는 계급The Unpaid', 그리고 마지막으로 '잊혀진 계급The Forgotten'이 있다. 재택 가능 계급은 자율적으로 이동성을 일시적으로 제한함으로써 감염병으로부터 스스로 안전과 웰빙well-being을 확보할 수 있지만, 나머지 세 계급은 코로나 시기 더욱 취약한 상황에 놓이게 된다.

'잊혀진 계급'을 포함하여 라이시 교수가 말한 나머지 세 계급은 앞에서 논의한 '감금 상태'에 놓인 사람들과 상당히 겹친다. 이들은 감염병 창궐 전부터 이미 사회로부터 격리되었으나 내부적으로는 밀집 공간에 살거나 노동하기 때문에 물리적 거리두기가 불가능한 사람들이다. 특히, '잊혀진 계급'은 감염병 확산 전에 그나마 격리와 이동성 제한에 대한 대가로서 생존에 필요한 최소한의 복지급여를 사회로부터 지급받고 다른 두 열위 계급의 도움 서비스를 받을 수 있었다. 하지만 감염병은 이들을 완전히 잊혀진 존재로 만들었다. 이들이 거주하거나 노동하던 장소는 사회의 관심이 소홀해지고 사회로부터 잊혀지는 순간부터 바이러스 배양소가 된다. 그리고 부지불식간에 감염병 확산의 중심지epicenter 혹은 열점hotspot으로 드러난다. 그 참혹한 결과는 우리가 이미 우리나라와 전 세계 곳곳에서 목격한 바와 같다.

감염병 확산을 막기 위해 이동성과 접촉을 제한하는 것은 필수적이다. 하지만, 그것에만 주목할 때 우리는 감염병 확산에 필요한 또 다른 중요 경로와 기제를 놓칠 수 있다. 사회적 서열과 권력 관계에서 약자일 수밖에 없는 이들의 집단 거주지, 집단 수용소, 혹은 집단 노동지로서의 감금공간에 대한 고려가 반드시 필요한 이유이다.

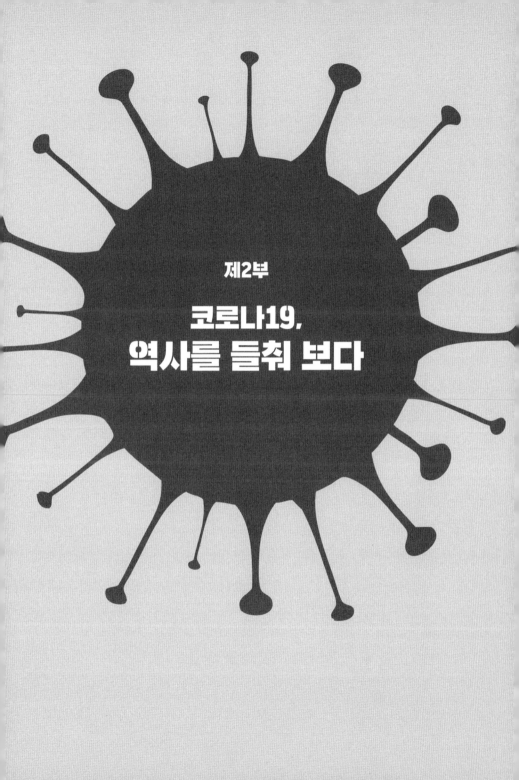

제2부

코로나19,
역사를 들춰 보다

감염병과 도시봉쇄·이동통제

조정은 2020.4.26

　역사적으로 인류는 항상 감염병과 싸워 왔다. 감염병이야 인류와 싸운다고 생각하지 않을 테지만, 인류에게 있어 감염병은 항상 둘 중 하나는 죽어야 하는 원수나 다름없었다.[*] 인류는 두창천연두, 콜레라, 페스트, 인플루엔자와 같은 감염병과 싸워 왔고, 많은 희생을 치르면서 여기까지 왔다. 다행히 백신의 개발과 같은 의료기술의 발전, 감염병의 원인을 제공한 비위생적인 환경의 개선, 교육 수준의 향상 덕분에 이전에 비하면 감염병의 위협은 많이 줄어들었다. 그러나 인류는 감염병을 완전히 정복하지는 못했다. 2020년 봄, 전 세계는 새로운 감염병의 도전에 직면했다. 중국 우한에서 퍼지기 시작한 신종 코로나바이러스 감염증코로나19이다.

---

[*]　이 글을 작성하는데 다음과 같은 기존 발표와 논문을 이용했다. 조정은, 「일본점령기 상하이의 콜레라 백신 강제접종과 중국인의 저항」, 2019년 11월 8일 대한의사학회 가을철 학술대회; 조정은, 「위생이냐, 이윤이냐: 근대 상하이 도시위생과 상수도」, 『역사비평』126, 2019.

대부분의 한국 사람은 이전까지 우한武漢이라는 도시 이름을 들어본 적이 없을 것이다. 우한은 1949년 신중국 건국 후 한양漢陽·우창武昌·한커우漢口 세 도시를 합쳐서 만들었으며, 중국의 배꼽에 해당하는 교통의 요지이다. 삼국지를 읽어 본 사람이라면, 위·촉·오 세 나라가 서로 차지하기 위해 다투었던 요충지가 바로 지금의 우한 지역임을 쉽게 알 수 있다. 중국 근대사에 관심 있는 사람이라면 청나라를 무너뜨리고 동아시아 최초의 공화국인 중화민국이 세워지는 계기가 되었던 1911년 10월 10일 우창봉기를 떠올릴 것이다. 안타깝게도 지금 우한이라는 이름은 코로나19 바이러스의 진앙지로 더 잘 알려졌다. 코로나19는 우한에서 전 중국으로, 전 세계로 급속히 퍼져나갔다. '아홉 성을 연결하는 네거리'라 부를 정도로 많은 철로와 고속도로가 통과하는 교통의 요지라는 그 편리함은 역으로 감염병의 확산을 가속화하는 조건이 되었다. 게다가 중국 당국의 늦장 대응으로 대규모의 인구가 설날을 고향에서 보내기 위해, 혹은 연휴 기간 동안 여행과 휴식을 즐기기 위해 국내외로 이동하면서 코로나19의 확산을 부추겼다.

문제는 이 바이러스의 백신이나 치료제가 아직 개발되지 않았다는 점이다. 한때 매년 수많은 목숨을 앗아간 두창은 백신 접종 덕분에 1970년경 역사 속으로 사라졌다. 그렇다면 백신이 없는 상황에서 병의 확산을 막기 위해서는 어떻게 해야 할까. 중국 정부는 아예 도시를 봉쇄했다. 2020년 1월 23일 10시를 기점으로 우한 내 모든 교통수단을 통제하고, 우한 시내 이동은 물론 외부에서 우한 시내로의 출입도 금지했다. 인구 약 1100만에 이르는 대도시를 봉쇄한 것은 신중국이 세워진 이래 초유의 일이다. 우한 봉쇄는 곧 후베이성 전역의 봉쇄로 이어졌다. 봉쇄는 중국에서만 이루어진 것도 아니다. 미국은 캐나다와의 국경을 폐쇄하고 이민 수용을 일시 중단하기로 했다. 4월 3일 자 뉴욕 타임스에 의하면 미국 41개 주와 워싱턴DC가 모두 주 차원의 전면 봉쇄령을 내렸다. 이탈리아, 프랑스, 스페인 등에서도 전국적인 봉쇄령이 내려졌다. 유럽뿐만 아니라 인도, 아프가니스탄, 네팔, 부탄, 베트남 등 세계 각국이 국가 도시 봉쇄를 단행했다.

중국에서 감염병으로 인해 도시를 봉쇄하거나 이동을 통제한 사례는 이전에도 있었다. 1910년 10월부터 1911년 3월까지의 겨울이었다. 중국 동북지방에서 페스트가 크게 유행하여 사망자가 6만 명에 이르렀다. 러시아와 일본은 자국민의 안전을 이유로 동북지역에서 직접 방역을 시행하겠다고 주장하며 방역권을 빌미로 중국에 대한 통제와 간섭을 확대하려고 했다. 이때 중국의 방역 행정을 담당하여 방역주권을 지키고 페스트 유행을 저지한 인물이 바로 우롄더伍連德, 사진 1이다. 그는 영국 케임브리지를 졸업한 유학파 의사로, 열대의학과 '전염병 방역'의 전문가였다. 우롄더는 각 가정을 검역하여 페스트 환자가 발견되면 격리병원으로 옮기고, 철로를 폐쇄하여 이동을 막는 방식으로 감염병에 대응하였다. 또한 방역용 마스크의 필요성을 최초로 제기했다. 그는 동북성에 유행하는 페스트는 흔히 알려진 것처럼 쥐에 의해 전염되는 종류가 아니라, 공기 중으로 전염되는 '폐 페스트'라고 주장했다. 그리고 이를 증명하기 위해 수술용 마스크를 좀 더 편리하게 착용할 수 있도록 고친 마스크를 의사, 간호사, 환자, 일반 사람들에게 착용하게 하고사진 2, 감염자의 시신을 화장하여 더 이상 감염병이 퍼지지 않도록 조처했

1900년대 초 중국 동북지방에 페스트가 유행했을
때, 방역 주권을 지키면서 '마스크 착용', '이동통제'
등을 통해 방역에 성공했다.
사진1: 우롄더(伍連德)

다. 격리, 이동통제, 마스크 착용, 시신의 화장이라는 조치를 통해 단 6개월
만에 페스트를 종식 시킨 우롄더의 명성은 높아졌다.

　1942년 상하이上海에서도 비슷한 이동통제가 시행되었다. 이번에는 콜레
라였다. 콜레라는 콜레라균에 오염된 음식이나 물을 통해 감염된다. 근대
이전 상하이에는 상하수도 시설이 없다 보니 주민들이 오염된 우물물이나
강물을 식수로 사용하면서 콜레라가 자주 유행했다. 이에 난징조약 후 상하
이에 설치된 조계에서는 상수도회사의 설립을 가장 먼저 추진했다. 조계란
중국 정부의 간섭을 받지 않는, 실질적으로 외국 정부의 통치 아래에 주로
외국인이 거주하는 지역을 말한다. 상하이는 영국 조계와 미국 조계가 합쳐

사진2: 만주에서 사용한 방역용 마스크
출처: Wu lien-teh(ed.), *Manchurian Plague Prevention Service Memorial Volume 1912-1932*, 1934.

진 공공조계와 프랑스 조계, 중국인이 모여 살며 중국 정부가 통치하는 화계로 나눠져 있었다. 조계 당국은 상수도회사를 통해 깨끗한 물을 공급하고, 여름마다 우물물을 소독하며 콜레라를 막기 위해 애썼다. 효과도 있었다. 적어도 중일전쟁 전 몇 년간은 콜레라가 유행하지 않았다. 조계의 위생조치는 화계에도 영향을 미쳐, 화계에도 상수도회사가 생겼다.

　문제는 전쟁이었다. 중일전쟁이 발발하면서 상하이의 일부 상수도가 파괴되어 깨끗한 물의 공급에 차질이 생긴 것이다. 게다가 전쟁의 포화를 피해 상하이로 도망쳐 온 사람들이 난민촌을 형성했는데, 비위생적인 환경 때문에 난민촌에서 콜레라가 유행하여 다른 지역까지 위협하는 사례가 빈번

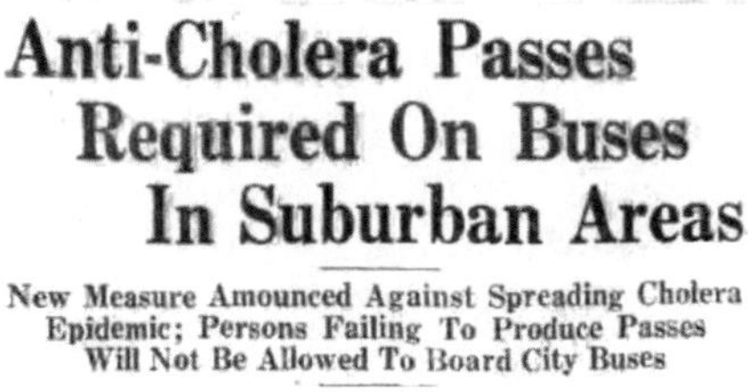

Anti-Cholera Passes Required On Buses In Suburban Areas

New Measure Amounced Against Spreading Cholera Epidemic; Persons Failing To Produce Passes Will Not Be Allowed To Board City Buses

사진3: 교외에서 버스를 타려면 콜레라 백신 접종서를 제시하도록 했다.

출처: The Shanghai Sunday Times, 1942년 7월 26일

明日起無防疫證者不得進入租界

防疫證有效期間三個月 已失時效者應重新注射

工部局衛生處公告云、際[illegible]疫症流行、當防之急、[illegible]市民、必須注射防疫針、並領取防疫證書、防疫證書之有效期間、以三個月爲限、因此目前凡執有失效之證書者、應立即就近前往本局所設注射防疫針處、再請求重新注射、並領取新證、毋得延誤、自本月六日起、凡未執有正式防疫證書者、一概不准進入公共租界、界內各注射防疫針地點列後、

(甲)蘇州河以南

中區一衛生分處 漢口路[illegible]號
中區二衛生分處 蘇州路[illegible]號
西區一衛生分處 愛文義路[illegible]號
西區二衛生分處 麥根路[illegible]號
西區三衛生分處 勃生路[illegible]號

新設打針地點

英印僑民撤退

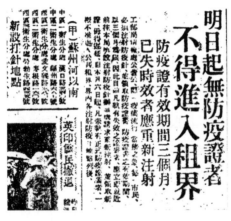

사진4: 내일(1942년 8월 6일)부터 방역증(콜레라 백신 접종서)이 없는 사람은 조계로 들어올 수 없도록 했다.

출처: 신보(申報), 1942년 8월 5일

했다. 조계에서는 콜레라의 유입을 사전에 막기 위해 콜레라 백신을 맞았다는 증명서가 있어야 버스를 타거나 조계로 들어올 수 있게 했다사진 3과 4. 중일전쟁 시기 상하이를 점령한 일본도 조계와 화계를 잇는 다리 위에 검사소를 설치하고, 백신접종증명서가 있어야 통행할 수 있도록 했다. 중국인은 이제 증명서가 없으면 조계에 일을 하러 갈 수도 없고, 화계에 있는 가족을 만나러 갈 수도 없었다. 개인의 자유를 침해하는 강제적인 방식인 데다가 일본군의 상하이 점령이라는 상황에서 중국인을 향한 인종 차별도 적지 않게 발생했을 것이라 짐작되나, 결과만 보면 감염병을 억제하고 백신접종을 확대하는 데는 분명한 효과가 있었다.

이처럼 페스트에서 콜레라를 거쳐 지금의 코로나19에 이르기까지 이동통제와 도시 봉쇄는 감염병 대책에서 빠질 수 없는 항목이다. 중국은 '봉쇄'와 '통제'가 코로나 바이러스를 막는 데 주효했다고 생각하는 것 같다. 방역투사로 꼽히는 우롄더의 명성은 급부상했다. 중국 최대의 포털사이트인 바이두에서는 1910~1911년 동북지역 페스트 유행 시 우롄더가 주도한 '도시 봉쇄' 조치를 소개하고, 코로나19에 즈음한 후베이성 봉쇄 조치를 긍정적으로 평가하는 기사와 사설을 쉽게 찾아볼 수 있다. 최근 한국의 언론에도 폐 페스트의 존재를 밝히고 방역용 마스크를 최초로 개발했을 뿐만 아니라 매장을 중시하는 전통적인 관념을 깨부수고 감염자의 시신을 화장하는 조치를 실시하여 감염병의 확산을 저지한 인물로 우롄더의 이름이 자주 오르내린다.

그러나 이동 통제와 도시 봉쇄에 대한 비판도 만만치 않다. 이동 통제와 도시 봉쇄로 피해를 입은 사람이 분명히 존재함에도, 만민의 안전을 위한다는 이유로 이들의 절박한 목소리를 외면하고 있다는 주장이다. 통계 전문 사이트 월드오미터에 따르면 한국시간 4월 26일 오후 6시경 전 세계의 코로나 환자는 약 290만 명, 사망자는 20만 명을 넘었다. 그런데 미국에서는 전 세계 코로나 환자 수의 약 3분의 1, 사망자 수의 약 4분의 1에 해당하는 환자 약 96만 명, 사망자 약 5만 4천 명이라는 무시무시한 수치에도 불구하고, 봉쇄 정책을 풀라는 시위가 곳곳에서 이어지고 있다. 시위대는 코로나로 인한 봉쇄를 국가의 폭정과 압박으로 받아들인다. 이미 일부 주는 봉쇄 규제를 완화하기 시작했다. 감염 확산의 우려는 여전히 남아 있고, 안전을 위해서는 봉쇄 조치가 불가피하다는 여론도 강하지만, 실업률이 급증하면서 2600만 명 이상이 실업수당을 청구할 정도로 경제적 타격이 크다 보니 봉쇄를 완화할 수밖에 없었다. 경제 상황이 좋지 않은 나라에서는 이동 통제를 유지하기가 더 쉽지 않다. 인도·레바논·이라크 등에서는 굶어죽느니 코로나 바이러스로 죽는 게 낫다며 이동 통제에 항의하는 시위가 연일 계속되고 있다. 가족들이 굶어죽는 걸 볼 수 없다며 분신자살한 사람의 이야기가 흘러나오는 이러한 상황에서, 이동 통제와 도시 봉쇄만이 해결책이니 계속해야 한다고 이야기할 수 있을까. 생명을 보호하기 위해서는 어쩔 수 없다고 주장하기에는, 각국의 정치적·경제적 상황이 너무나 차이가 난다.

그런데 이동 통제와 도시 봉쇄는 감염병의 확산이 매우 위협적이어야만 실행이 가능한 대책이다. 사실 이동 통제와 도시 봉쇄를 감행하기 전에, 감염병의 유행을 저지할 힘을 기르는 게 맞다. 이런 점에서 현재 한국인들이 도시 봉쇄와 전면적인 이동 통제 없이 투명하고 개방된 정보 속에서 자발적이고 이성적으로 감염병에 대응하고 있다는 점은 앞으로 인류가 감염병에 대응하는 데 하나의 시사점을 제공해 줄 수 있으리라고 생각한다. 4월 23일 질병관리본부의 말처럼, "국경을 봉쇄하지 않는 한 코로나19는 언제든 세계적으로 유행할 수 있고 새로운 감염원은 지속적으로 생길" 수밖에 없는 상황에서 최대한 일상적인 상태를 회복하는 길이 될 수 있기 때문이다.

인류는 의료기술의 발전에도 불구하고, 감염병을 완전히 정복하지 못했다. 이번의 코로나 사태를 보면 결국 우리는 새로운 감염병 앞에서는 약한 존재에 불과하다는 점이 분명히 드러난다. 앞으로도 감염병을 절멸하지는 못할 것이다. 다만 코로나19를 겪으며 얻은 교훈을 발판 삼아 다음 번 감염병에 대응하기 위해 미리 준비하여 시행착오를 줄일 수 있기를 기대한다.

두창을 정복한 인류, 코로나19의 위협에 직면하다

조정은 2020.4.30

처음 언론에서 코로나19를 보도했을 때만 해도, 나는 크게 신경 쓰지 않았다.* 당시만 해도 '우한 폐렴'이라고 부르는 사람이 더 많았고, 우한에서 다른 곳으로 전파되는 일만 막으면 해결될 문제인데 중국 정부가 쉬쉬하다가 일을 키운 것 아니냐는 푸념 섞인 불만만 토로했을 뿐이다. '우한 폐렴'이라는 표현이 '코로나19'로 바뀌고, 미국과 유럽에서 중국보다 더 많은 확진자와 사망자가 발생하고, 팬데믹의 위협이 현실화한 지금에서야 내가 코로나19의 위협을 얼마나 안이하게 생각했는가를 돌아보게 된다. 심지어 오랫동안 감염병의 역사에 관심을 두고 있었음에도 불구하고 말이다.

사실 코로나19가 처음으로 인류를 위협한 감염병은 아니다. 때로는 국지

---

* 이 글을 작성하는데 다음과 같은 기존 논문을 이용했다. 조정은, 「의학지식의 수용과 변용: 종두법(種痘法)의 전래와 한문 우두서(牛痘書)를 중심으로」, 『명청사연구』49, 2018; 조정은, 「근대 상하이 공공조계 우두 접종과 거주민의 반응: 지역적·문화적 비교를 중심으로」, 『의사학』29(1), 2020.

적으로, 때로는 전 세계적으로 벌어진 감염병과의 전투 속에서 인류는 수많은 희생자를 뒤로 하고 지금과 같은 문화를 꽃피웠다. 홍역, 콜레라, 페스트 등 다양한 감염병이 인류사에 등장하였으나 그 중에서도 두창痘瘡, 천연두, smallpox만큼 큰 발자국을 남긴 감염병은 없을 것이다. 두창은 두창 바이러스로 인해 발생하는 감염병으로, 천연두·마마·천화라고도 부른다. 두창에 걸리면 오한, 발열, 두통, 요통 등의 증상과 함께 피부에 발진이 생겼다가 고름이 맺히고, 고름이 터진 후 딱지가 되어 떨어진다. 콩 모양의 발진을 의미하는 두痘라는 한자와 부스럼·종기를 의미하는 창瘡이 합쳐진 두창이라는 이름은 여기에서 비롯되었다. 공기로도 전염이 되어 전파력이 강하고, 10명 중 3명이 죽을 정도로 치사율이 높아 사람들을 공포에 떨게 했다. 게다가 요행이 낫더라도 흉한 곰보 자국이라는 전투의 흔적을 남긴다. 두창은 기원전 이집트의 미라에서도 흔적이 발견될 정도로 오래된 병이다. 중국에는 약 4~5세기경부터 두창이 유행하였는데, 불교의 전파와 함께 인도에서 건너온 듯하다. 명청시대 성인 대부분은 어린 시절 두창에 걸렸으나 운 좋게 살아남은 이들이었다. 두창은 신분과 지위를 가리지 않았다. 청나라 강희제가 어린 시절 두창을 앓았지만 살아남아 면역력을 얻었기 때문에 셋째 아들임에도 불구하고 황제의 자리에 오를 수 있었다는 이야기는 유명하다.

물론 지금의 인류에게 두창의 공포는 이제는 존재하지 않는다. 1980년 세계보건기구WHO가 두창 바이러스가 지구상에서 절멸하였고, 앞으로 두창을 걱정할 필요가 없다고 선언했기 때문이다. 그렇다면 인류가 감염병과의 전투에서 승리를 거둔 대표적인 사례인 두창을 살펴봄으로써 지금의 코로나

19 사태를 극복할 시사점을 얻을 수 있지 않을까? '인류의 두창에 대한 투쟁사史'로부터 현대인이 무엇인가를 배울 수도 있지 않을까?

인류는 백신이라는 무기를 손에 넣음으로써 두창과의 전쟁에서 승리할 수 있었다. 두창 백신의 시초는 중국에서 시행된 인두법人痘法, Variolation이다. 두창 환자의 딱지를 가루로 만들어 코로 흡입함으로써 약하게 두창을 앓도록 하여 면역을 만드는 방식이다. 언제, 어떻게 시작되었는지는 확실하지 않으나, 대략 11세기부터 시행되었을 것으로 본다. 청나라 황제는 인두법을 알리기 위한 전문서적을 편찬하게 했고, 지식인들은 인두 접종의 확산을 위해 무료접종을 다방면으로 지원했다. 심지어는 부모가 아이를 데려와 인두를 맞게 하면 돈을 주기까지 했다. 인두 접종을 돕는 것은 선한 일이고, 선한 일을 많이 해야 복을 받는다고 생각했기 때문이다. 인두법은 동아시아 각국뿐만 아니라 터키를 거쳐 유럽에까지 전파되었다.

인두 접종은 한 번만 받으면 평생 면역이 생긴다는 장점과 더불어, 두창 환자의 균을 사용하기 때문에 도리어 두창에 걸릴 위험이 있다는 큰 단점이 있다. 이에 반해 에드워드 제너의 우두법牛痘法, Vaccination은 인간의 두창균이 아닌 소의 두창균을 사용하기 때문에 인두법보다 상대적으로 안전했다. 중국에 우두법을 처음으로 알린 인물은 바로 알렉산더 피어슨Alexander Pearson이라는 동인도회사 소속 의사이다사진1. 그는 1805년 포르투갈 상인으로부터 우두 백신을 얻어 같은 해 9월부터 마카오에서 우두 접종을 실시했다. 마카오에서 시작된 우두 접종은 광저우廣州를 거쳐 북으로, 내륙으로 전파되었다.

피어슨이 처음으로 중국에서 우두법을 시행한 지 40년 후인 1845년, 의료선교사 윌리엄 록하트William Lockhart가 상하이에 우두법을 알리기 시작했다. 19세기 말 상하이는 급속한 인구 증가와 도시화로 인해 몸살을 앓고 있었다. 의료선교사에게 우두법은 무서운 감염병인 두창을 예방하여 근대 의학의 우수성을 알릴 수 있는 도구이자 기독교의 자비로움을 보여줄 수 있는 도구였다. 윌리엄 록하트는 황춘푸黃春圃라는 중국인 의사에게 백신 접종을 맡겼고, 외국인을 불신하는 중국인에게까지 효과적으로 우두법을 알릴 수 있었다. 황춘푸는 중국인 관료의 협조를 얻어 중국인이 모여 사는 화계의 성황묘에 백신 접종소를 세웠다. 실질적으로 외국 정부의 통제하에 있던 조계에서는 백신 접종을 가장 적은 비용으로 높은 성과를 낳을 수 있는 방역 정책이라며 치켜세웠다. 조계지를 4개의 구역으로 나누고, 구역마다 무료로 접종을 받을 수 있는 백신 접종소를 두었으며 다양한 언어로 무료 접종을 선전했다[사진2]. 병에 걸리지 않은 사람에게 백신을 계속 접종하면, 인구 대부분이 면역력을 얻어 감염병을 막을 수 있다. 이를 집단면역이라 한다. 두창의 절멸은 이렇게 이루어졌다. 두창 바이러스는 면역력이 없는 인체에서만 생존할 수 있는데, 광범위한 백신 접종이 두창이 생존할 수 있는 조건을 완전히 없앤 것이다.

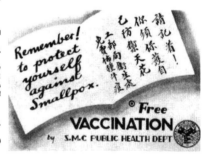

사진2: 중국어와 영어로 쓴 무료백신접종 안내문과 선전물
출처: 『上海衛生狀況』, 內務省衛生局, 1916, 193쪽; The Shanghai Times 1917년 12월 21일; Shanghai Municipal Council, *Report for the Year 1937 and Budget for the Year 1938*, 1938.

그렇다면 코로나19 또한 백신이 개발되기만 하면 극복할 수 있을까? 일단 사람들은 그렇게 생각한다. 현재 세계 곳곳에서 코로나19 백신 및 치료제 개발을 위한 임상시험이 한창이다. 국가임상시험지원재단^{KoNECT}의 자료에 따르면, 전 세계의 코로나19 백신·치료제 임상시험 수는 3월 초 56건^{3월 11일 기준}에서 4월 말 466건^{4월 27일 기준}으로 8.3배 증가했다. 예를 들면 에드워드 제너의 이름을 딴 영국 옥스퍼드대학 제너연구소는 올해 9월 백신 생산을 목표로 방대한 임상시험을 시도하고 있다. 하지만 많은 전문가들은 아무리 개발이 빠르게 진행된다고 해도, 백신의 효과와 안전성을 입증하는 데는 좀 더 많은 시간이 필요하다고 본다.

게다가 코로나 백신이 개발되더라도, 앞으로 또 다른 신종 감염병이 유행하지 않으리라는 보장은 없다. 2000년대 이후 우리는 사스, 메르스, 코로나19의 유행을 연이어 겪었다. 만약 사스나 메르스가 끝난 후에도 지속적으로 백신 개발에 몰두했다면 지금 코로나 사태는 다른 모습으로 진행되었을지도 모른다. 그러나 급성 감염병은 확산이 일단 끝나면 수익을 내기 어렵다 보니 백신이나 치료제 개발이 멈춰 버리는 사태가 발생한다. 새로운 감염병이 유행하면 백신과 치료제 개발에 몰두하다가 끝나면 잊어버리고, 다시 신종 전염병이 발생하는 이러한 악순환의 고리는 과연 끊을 수 없는 것인가. 1921년 상하이에서도 비슷한 일이 있었다. 1919~1920년 두창으로 인한 사망자가 발생하지 않자 상하이 주민들은 안전불감증에 빠져 백신 접종을 소홀히 했고, 결국 1921년 다시 두창이 유행하여 대규모의 사망자가 발생했다.

이 외에도 우두 접종을 확대하는 데에는 여러 장애물이 존재했다. 우선 중국인들은 외국인과 외국인이 들여온 기술을 믿지 않았다. 예를 들면 백신을 접종 받으러 가면 아기의 눈을 빼간다는 소문이 돌아 한동안 접종소에 사람들이 오지 않기도 했다. 당시에는 백신 접종소뿐만 아니라 서양인 의료 선교사가 세운 고아원이나 병원도 아이들이나 환자의 장기를 몰래 빼돌려 약으로 쓴다는 헛소문 때문에 곤경에 처하곤 했다. 중국인만 문제인 것은 아니었다. 백신 접종을 무시하고 약 판매상이 선전하는 콜레라 예방약에 현혹되는 외국인이 적지 않았다. 두창은 외국인 질병 사망 원인 중 3위를 차지하였는데, 사망자 대다수는 백신을 맞지 않거나 재접종을 받지 않은 사람들이었다.

그로부터 100여 년이 흐른 지금은 어떤가? 3월 16일 성남시 발표에 따르면 대규모 확진자가 발생한 어느 교회에서는 소금물로 코로나19를 소독할 수 있다면서 예배 참석자들의 입과 손에 소금물을 분무기로 뿌렸다. 좁은 공간에서 80명에 이르는 사람들이 한 줄로 서서 소금물을 입안과 손에 맞았고, 심지어 분무기를 소독하거나 교체하지도 않았다. 이 행위는 오히려 코로나19가 더 폭넓게 전파되는 원인이 됐다. 4월 23일 미국 대통령 도널드 트럼프는 "소독제가 1분 안에 바이러스를 소멸시킨다는데 몸에 주입해서 세척하는 것 같은 방법은 없는가"라는 발언을 했다. 소독제를 체내에 주입했다가는 건강을 해칠 뿐만 아니라 심하게는 목숨을 잃을 수도 있다. 이 무지하고 부주의한 발언으로 인해 미국에서는 소독제 인체 주입에 관한 문의가 폭증했다. 실제로 이란에서는 에탄올을 마시면 몸 안의 바이러스를 소독할 수 있다는 가짜 뉴스가 퍼지면서 악덕업자들이 에탄올이라고 속여 판 메탄

올을 마시고 700여 명이 사망하는 일이 벌어지기도 했다.

　이처럼 근대 이래 지식과 기술의 획기적인 발달에도 불구하고 두창의 유행을 부추기고 백신 접종을 방해하던 불신과 무지함은 코로나19 사태에서도 반복되고 있다. 오히려 100여 년 전보다 못한 행태를 보이기도 한다. 근대 상하이 조계 정부는 적어도 두창이 인종을 차별하지 않고, 중국인과 외국인 모두에게 위협적이라는 사실을 잘 알고 있었다. 그래서 중국인뿐만 아니라 외국인을 위한 무료 접종에도 힘을 쏟았다. 당연하게도 코로나19 또한 인종을 차별하지 않는다. 누구나 걸릴 수 있고, 걸린 사람은 누구에게든 병을 옮길 수 있다. 그러나 미국, 영국, 프랑스, 독일 등 선진국이라며 칭송받던 나라에서 코로나19를 빌미 삼은 인종차별이 빈번하게 발생한다는 뉴스는, '과연 역사는 발전하는가?'라는 기본적인 질문을 던지게 만든다. 20세기 초중반 세균이 병을 일으키고 전염시킨다는 세균설을 처음으로 받아들이고 개인위생과 청결의 중요성을 강조했던 미국인들이, 경제적 위기상황 속에서 차라리 병에 걸리는 게 낫겠다며 봉쇄조치를 풀라고 시위하는 작금의 현실을 보며 과연 우리는 인간이 역사를 통해 교훈을 얻는다고 말할 수 있을까.

　이러한 상황에서 우리는 근대 시기 상하이에서 의료 선교사-중국인 의사-중국인 관료-조계 당국이 상호 협력을 통해 백신 접종을 확대해 나간 것처럼, 정부기관-전문가집단-민간기업과 병원-교육기관이 원활한 소통을 통해 백신과 치료제 개발에 힘을 쏟고 시민^{국민}에게 정확한 정보를 제공할 수 있도록 협력해야 한다. 정부는 단시일 내에 성과가 보장되지 않더라도 감염병 백신과 치료제 개발이 계속 진행될 수 있도록 지원해야 할 것이다. 또 일반 시민들은 가짜 뉴스에 현혹되지 말고 정확한 정보를 파악하고 대처하려고 노력해야 한다. 인터넷의 발달로 정보가 넘치는 세상에서는, 진실을 파악하기가 쉽지 않다. 이전에는 정보를 얻기 힘들어서 문제가 생겼다면, 지금은 정보가 너무 많아서 진위를 가리기 힘들어 문제가 생긴다. 전문가집단과 교육기관의 협력 하에 정확한 정보를 전달할 수 있는 체계를 마련해야 할 것이다. 나아가 이제 감염병은 한 국가, 한 지역만의 문제가 아니다. 교통의 발달로 인해 전 세계적인 문제가 되었다. 외국인과 중국인이 힘을 합쳐 두창을 막고자 노력했던 근대 시기 상하이의 모습을 본받아 오늘의 인류 사회도 범국가적으로, 인종을 초월하여 협력할 때 코로나19를 극복할 수 있을 것이다.

선용善用의 지혜

송유레 2020.4.30

1.

너 자신을 알라 gnôthi seauton! 고대 그리스 델포이의 아폴론 신전에 새겨져 있었다는 유명한 격언이다. 아폴론은 그리스 신화에서 학문과 예술을 관장하는 지적이고 아름다운 신으로 알려져 있으며, 키타라 kithara 같은 현악기를 연주하는 우아한 모습으로 자주 묘사되지만, 호메로스의 서사시 『일리아스』 1권에서는 적진을 향해 역병의 화살을 무수히 쏘아 대어 숱한 생명을 쓸어버리는 무자비한 신으로 등장한다. 역병의 신 아폴론의 발동이었을까? 코로나19는 인간에게 죽을 운명을 타고난 너 자신을 알라고 엄중히 경고하는 듯하다. 코로나19는 실로 인간의 한계를 일깨워 주었다. 우리는 무쇠팔, 무쇠다리의 강철 인간이 아니다. 맨눈으로는 보이지도 않는 작은 바이러스에 속수무책으로 당하는 약한 몸뚱이를 지닌 존재이다. 역병이 도니, 사람들의 발이 묶인다. 불안과 긴장의 비상 상태를 살다 보니 지겨울 정도로 뻔

아폴론은 역병의 화살로 상대를 쓸어버리는 무
자비한 신이기도 하다.
키타라를 든 아폴론(나폴리 국립고고학박물관)

한 일상이 그리운 정상 상태로 여겨진다. 우리 자신을 뒤돌아볼 시간도 없

이 달려온 일상에 코로나 역신이 네 자신을 돌아보며 살라고 훈계한다.

　많은 이들이 자가격리를 당했다. 또 많은 이들이 자발적으로 자가격리에

들어갔다. 격리 중이 아니라도 서로에게 해를 끼치지 않기 위해서 조심하

고 있다. 눈에 안 보이면 마음도 멀어진다는 말이 있듯이, 많은 사람들로부

터 거리를 두니, 그 많은 사람들을 향해 발사되던 마음의 화살이 어디로 향

해야 할지 주춤거리게 된다. 공연히 곁에 있는 사람에게 신경을 곤두세우게

된다. 곁에 있는 사람을 제발 만만하게 보지 말고, 함부로 대하지 말자. 그

런데 곁에 아무도 없는 사람의 마음은 갈 곳을 찾지 못해 공중에 뜬다. 방황

하는 마음을 내 안으로 불러들여 보자. 자가격리를 자기반성의 계기로 삼아 보자. 사회적 자가격리를 심리적 자가격리의 기회로 삼아 보자. 심리적 자가격리를 통해 고립되었다는 황망한 기분에 휩싸이는 대신 자립하는 법을 연습해 보는 것은 어떨까. 남이 시키는 대로 사는 것이 아니라, 내가 내 삶의 주인이 되어 살기 위해서는 그동안 바쁘다는 핑계로 내버려둔 내 마음을 가다듬어 보는 것이 필요할 것이다. 그래야 어떤 방향으로 내 삶을 이끌 것인지 보이지 않겠는가. 마음속에 헝클어져 있는 기억과 상념, 뒤범벅되어 있는 희로애락의 감정, 좌절과 희망을 찬찬히 들여다보며, 나라는 인간이 어떻게 살아왔고 또 어떻게 살아갈 것인지를 생각할 절호의 기회가 왔다고 생각하자.

2.

'곁에 있는 것을 잘 쓰라' to paron eu poiein! 고대 그리스에서 회자되던 격언이다. 없는 것을 불평하며 허송세월 하지 말고, 있는 것부터 잘 쓸 궁리를 하라는 권고이다. 이 말은 곁에 있는 것이 보잘 것 없어도 그 효용을 극대화하라는 말로 들린다. 이 격언에서 '곁에 있는 것'은 우리에게 주어진 조건을 가리키고, '잘 쓰라'는 주어진 조건에 수동적으로 순응하라는 것이 아니라, 능동적으로 대응하라는 주문이다. 주어진 조건을 십분 활용하라는 것이다. 아직 오지 않은 '미래'가 아니라, 내 곁에 와 있는 이 '현재'를 내가 무언가를 성취할 수 있는 기회의 시간으로 삼으라는 것이다. 지금 손쓰지 않는다면, 미

"진짜 좋은 것은 선용의 지혜"라고 소크라테스는 말했다.
소크라테스(나폴리 국립고고학박물관)

래도 빈손으로 맞이할 수밖에 없다. 지금 할 수 있는 일을 능동적으로 찾아서 하라는 것이다. 그렇게만 하면, 그것이 미래 성취의 든든한 기반이 될 수 있다. 설령, 곁에 있는 것이 위태로운 것일지라도 잘 사용하면, 전화위복이 될 수도 있다. 사실, 우리에게 주어진 조건, 우리가 처한 상황은 우리한테만 달려 있지 않다. 하지만 우리는 주어진 조건과 상황을 잘 사용할 수도 있고 잘못 사용할 수도 있다. 다시 말해 지금 여기 있는 것을 어떻게 사용하느냐는 우리에게 달려 있다고 할 수 있다.

　여기에서 관건은 '잘'이다. 곁에 있는 것을 '잘' 써야 한다. 하지만 어떻게 쓰는 것이 '잘' 쓰는 것일까? 잘 쓴다는 것은 선용善用, 즉 좋은 사용이다. 따라서 '잘' 쓰기 위해서는 쓰는 것이 무엇에 좋은지를 알아야 할 것이다. 달리 말해, 어떤 것을 잘 쓰기 위해서는 그것이 무엇에 이로운지, 무엇에 도움이 되는지를 알아야 한다. 소크라테스는 우리 곁에 있는 많은 '좋은' 것들이 잘못 사용될 수 있다고 보았다. 그는 돈이나 건강, 미모 등 소위 '외적인 좋음' 뿐만 아니라, 지식이나 기술, 강직하거나 차분한 성격과 같은 '내적인 좋음' 마저도 오용될 수 있다고 보았다. 실제로 제대로 쓰이면 우리에게 이로움을 줄 수 있는 많은 좋은 것들이 잘못 쓰이면 해로움을 끼치게 된다. 도움을 주는 것이 아니라, 오히려 피해를 주는 것은 엄밀한 의미에서 좋은 것이라고 할 수 없다. 이런 이유로 소크라테스는 좋다고 불리는 많은 것들이 그 자체로는 좋지도 나쁘지도 않다고 주장한다. 나아가, 나쁘다고 간주되는 것들이 뜻밖에 이로움을 줄 수도 있다. 병상의 고통이 위대한 각성과 회심을 가져올 수도 있다. 소크라테스의 논리를 적용하면, 우리가 대개 나쁘다고 하는 것들이 그 자체로는 좋지도 나쁘지도 않다고 할 수 있다. 그런데 소크라테스는 그러한 것들을 잘 쓸 줄 아는 것, 다시 말해 선용의 지혜는 그 자체로 좋은 것이라고 보았다. 왜냐하면 선용의 지혜는 악용할 수 없기 때문이다. 만약 그럴 수 있다면, 선용의 지혜는 더 이상 선용의 지혜가 아닐 것이다. 그래서 소크라테스 선생은 진짜배기 좋은 것은 선용의 지혜라고 주장하면서 그것을 얻는 데 힘쓸 것을 권했다.

3.

    선용의 지혜는 일종의 앎이지만, 다른 앎들을 사용할 수 있다는 점에서 특별한 앎이다. 소크라테스가 아테네를 활보하던 기원전 5세기엔 온갖 종류의 앎들이 '기술'techné이라는 이름 아래 활개를 쳤다. 의술을 비롯하여 건축술, 조각술, 항해술, 전술, 수사술 등에 관련된 전문적인 서적과 교본들이 집필되었다. 그러한 '교본' 자체를 'techné'라고도 일컬었다. 철학사에서 소크라테스는 철학의 중심 문제를 자연에서 인간으로 가져 온 획기적인 인물로 간주된다. 하지만 소크라테스의 새로운 철학은 전통과 관습에 대한 총체적인 회의와 반성을 촉구한 그리스 계몽주의 운동의 일환이라고 할 수 있다. 이 고대의 계몽 운동을 주도했던 지식인들이 이른바 소피스트들이다. 그리스어 '소피스트'는 현자賢者, 즉 지식인을 뜻한다. 흑해 연안에 위치한 압데라 출신의 프로타고라스는 '소피스트'로 커밍아웃한 최초의 인물이다. 그는 '정치의 기술'을 가르칠 수 있다고 주장했다. 고대 그리스의 민주주의 정체에서 정치의 주체는 정치 공동체, 즉 폴리스를 구성하는 국민 내지 시민polités이었다. 시민들은 민회에서 숙의하고 법정에서 판결하며 관직을 맡을 권한을 지니고 있었다. 하지만 그러한 참정권은 성인 남성 시민에게 제한되어 있었다. 그것도 나랏일을 돌볼 경제적·시간적 여유가 있는 사람들이나 행사할 수 있는 것이었다. 하지만 정치 공동체로서의 폴리스라는 국가 관념은 국가가 더 이상 특정 개인이나 가문의 사유물이 아니라, 국가를 구성하는 국민들 모두에게 속한 공공의 것이라는 생각을 낳았다. 말하자면 나랏일은 더 이상 나랏님의 일이 아니라, 백성의 일이 된 것이다. 이리하여 정치는 왕궁이나 밀실이 아니라, 광장에서 공개적으로 이루어지는 공적인 일, 즉 공무가 되었다. 지금 대한민국에서 주권은 국민에게 있지만, 나랏일은 주로 권한을 위임받은 공무원들이 입법부, 사법부, 행정부의 3권 분립 하에 돌보고 있다. 대한민국의 대의민주주의는 고대 아테네의 민주주의와는 여러 모로 다르지만, 국가가 국민들의 정치공동체라는 폴리스의 근본이념은 이어 받았다.

프로타고라스는 아테네 시민들에게 정치하는 시민으로서 성공하는 법을 가르칠 수 있다고 선전한 것이다. 그에 따르면, 정치의 기술의 핵심은 수사술rhetorikê, 즉 말 잘하는 기술이다. 물론, 말을 잘하기 위해서는 생각도 잘해야 할 것이다. 많은 사람들은 자식들이 수사술 배워 민회에서 말을 잘해서 자신의 의견을 관철시키고, 법정에서 말을 잘해서 처벌을 피할 수 있기를 기대했기 때문에 비싼 수업료를 기꺼이 지불했다. 아테네의 교육열 높은 부모들은 이러한 신식 교육에 열광했다. 하지만 사람의 마음을 움직이는 말의 힘에 매료되는 사람들이 많았던 만큼 의심과 경계의 눈초리도 많았다. 계몽주의 진영에서도 말을 잘한다는 것이 도대체 무엇인지, 그리고 정치라는 것이 무엇인지를 묻는 목소리가 터져 나왔다.

4.

플라톤의 『국가』 1권에 등장하는 트라시마코스라는 소피스트는 정치라는 것이 결국 정치가들 자신의 사익을 확보하기 위해 아군과 적군을 갈라 패싸움하는 것이라고 보았다. 트라시마코스는 통치자들이 법으로 정하는 것은 통치자들 자신에게 이로운 것이므로 피통치자들 입장에서는 법을 지키는 것이 손해라고 주장한다. 하지만 법을 어기면 처벌받으니, 들키지 않게 어기라고 조언한다. 그는 정치가 법을 통해 정의를 구현한다는 '순진한' 믿음에 냉소를 보낸다. 이 책에서 철학자 소크라테스는 현실 정치를 논하는 대신, 정치라는 것이 대체 어떠해야 하는지를 묻는다. 그는 역설적이게도 정치의 기술은 통치자가 아니라, 피통치자에게 이로움을 주어야 한다고 주장한다. 기술은 그 기술이 적용되는 대상에게 이로움을 주어야 한다는 말이다. 그는 이 주장을 뒷받침하기 위해 의술의 예를 든다. 의술은 환자의 병을 치료하는 데 필요한 체계적인 앎이기 때문에 환자에게 이로움을 준다. 물론, 어떤 의사들은 돈벌이나 다른 목적을 위해 환자를 치료할 수도 있다. 하지만 소크라테스는 의술 자체는 돈벌이 기술과는 구분된다고 주장한다. 의사는 돈을 안 받더라도 의술을 베풀 수 있기 때문이다. 따라서 돈을 얼마나 잘 버는가가 의술의 척도가 될 수 없다. 소크라테스에 따르면, 의사는 의사로서 두 가지 목적을 지닌다. 첫째, 환자를 치료하는 것이고, 둘째, 의술을 자체적으로 발전시키는 것이다. 그런데 의술을 비롯한 기술들은 잘못 사용될 수 있다. 우리가 할 줄 아는 것을 잘 쓸 줄 모른다면, 할 줄 아는 그 기술이 무용한 데서 그치는 것이 아니라, 재앙이 될 수 있다.

5.

소크라테스는 선용의 지혜를 정치술의 핵심으로 보았다. 가용한 기술과 재화를 적재적소에 사용해서 공동체의 위기를 극복하고 안녕을 도모하는 것이 정치가에게 요구되는 업무라고 보았다. 어떤 것을 잘 사용할 수 있기 위해서는 그것의 쓰임새를 잘 알아야 한다. 즉 그것이 어떤 목적에 유용한지 판단할 수 있어야 한다. 정치가는 한 사물의 쓰임새를 다른 사물의 쓰임새와 연관시켜 고려할 수 있어야 한다. 그러기 위해서는 국가가 추구하는 여러 목표들에 우선순위를 매겨 체계화해야 하며, 국가 운영의 최종 목표를 염두에 두고서 정책을 입안하고 평가해야 한다. 국가 운영의 최종 목표는 정치 공동체가 지향하는 궁극 가치라고 할 수 있다. 그것이, 그리스 철학자들이 생각했듯이, 국민의 행복이라면, 그 행복의 실질적인 내용은 공동체의 역사적 경험과 철학적 반성을 통해 채워져야 할 것이다.

인간은 필요한 것이 많은 결핍의 존재이다. 특히, 인간의 몸은 손이 많이 가는 생물체이다. 건강하게 산다는 것이 저절로 이루어지는 것도 아니고 나 혼자만의 노력으로 성취되기도 어렵다. 의술과 의료 체계는 질병에 대한 인류 공동의 대응과 노력의 산물이다. 인간은 자신의 자연적인 약점을 보강하기 위해 기술을 발명했다. 이런 의미에서 기술은 자연을 개선한다. 소포클레스의 『안티고네』에 나온 말대로 눈부신 기술 문명을 일구는 '엄청난' deinos 존재가 바로 인간인 것이다. 사실, 기술은 없어서는 안 될 것, 살아남기 위해 필수적인 것만 만들지는 않는다. 없다고 해서 우리가 죽는 것은 아니지만, 있어서 좋은 것도 만든다. 문명의 '이기'利器라는 말이 있듯이, 기술은 인간에게, 그것을 잘 사용하는 사람에게, 이로움을 가져다 줄 수 있다.

코로나19와 같은 공동체적 위기를 극복하기 위해서는 훌륭한 의학 기술, 의료인들, 그리고 의료 체계가 갖추어져 있는 국가에서도 이 모든 것을 잘 쓸 수 있는 지혜로운 정치가들이 필요하다. 정치가들은 국민에게 무언가를 요구할 때, 그것이 무엇을 위한 것인지, 어떤 점에서 유익한지를 국민에게 설명하고 설득할 수 있어야 한다. 이 점에서 정치가는 말을 잘해야 한다. 자신의 정치적 속셈에서 사태에 대한 변명이나 궤변을 일삼을 것이 아니라, 객관적 사실에 입각해서 문제를 해명하고 합리적 해결책을 제시해야 한다. 그래야 국민의 신뢰와 지지를 이끌어 낼 수 있다. 공동체 구성원이 서로 신뢰하고 협조할 때, 위기는 극복될 수 있다는 것을 코로나19는 가르쳐 주었다. 선용의 지혜는 여가를 위해서뿐만 아니라, 위기를 위해서 더더욱 필요한 것으로 보인다.

강경화 외교부 장관 인터뷰와 페리클레스 추도 연설

이상덕 2020.4.4

지난달 15일 강경화 외교부 장관은 영국 국영방송 BBC 시사프로그램 '앤
드류 마 쇼'에 출연하여 코로나19에 대한 한국의 대응을 주제로 한 인터뷰
를 진행했다. 이 인터뷰는 세간의 찬사를 받았다. 필자가 보기에도 인터뷰
는 군더더기 없이 깔끔했으며, 핵심적 메시지를 전달했고, 세련되었다. 흥
미로운 점은 이 인터뷰가 고대 아테네에서 있었던 페리클레스의 추도 연설
을 떠오르게 한다는 것이다. 본고에서는 인터뷰와 추도 연설을 비교하고,
이 유사성에 어떤 의미가 있으며 이를 통해 생각해 볼 문제가 무엇인지 고
찰한다.

먼저, 강 장관의 인터뷰를 분석해 보자. 그녀는 우선 한국의 대응 원칙
을 표명하고 이것을 가능케 한 한국의 기반시설에 관해 설명한다. 여기에는 찬
사가 포함되어 있다. "…the basic principle is openness, transparency and fully
keeping the public informed. 기본 원칙은 개방성과 투명성, 그리고 정보의 충분한 공개다." 그
리고 이는 훌륭한 의료 시스템과 전산망 덕에 가능하였다고 진단한다. We

강경화 외교부 장관의 BBC 인터뷰 장면
출처: 유튜브 캡처(https://www.youtube.com/watch?v=AjVy7C00h6k)

have a very good healthcare system to begin with. We have a system that is highly wired. 그

녀는 더 나아가 이 원칙들이 고수될 수밖에 없었던 한국사회의 특징을 한

국인의 민주적 시민 의식에서 찾는다. "I think this is being faithful to the

values of our very vibrant democracy, which is open and you know,

the government fully in the service of the people. And I have to say our

public is very demanding and you know expects the highest standards

from government services. And I think this is the key, the drive of our

response to this. 나는 이것이 우리의 역동적인 민주주의의 가치에 부응하는 방법이라고 생각한다. 우리

의 민주주의는 개방적이고, 정부는 시민을 위해 충실하게 일한다. 또한, 우리 대중은 까다롭고 정부에 높은 수준

을 요구한다. 나는 이것이 코로나19에 대응하는 우리의 열쇠이자 원동력이라고 생각한다."

그러나 그녀는 단호하게 이러한 대응이 한국 자국만을 위한 것이 아님을 피력한다. "This is not just about us and we are taking this approach of openness and transparency, not just domestically but to the international community. 이는 우리에게만 해당하는 것이 아니다. 우리는 이 개방성과 투명성을 국내에만 제한적으로 적용하는 것이 아니라 국제 공동체로 확대하고자 한다." 그녀는 한 번 더 이 사실을 강조한다. "…so we want to keep the doors open with the other countries 우리는 다른 국가에 대해 문을 열어 놓고자 한다." 또한, "한국이 다른 나라들에 정보를 제공하고, 국제 협력을 이끌어가기를 소망한다So we hope that our experience and our approach and model informs other countries dealing with this COVID-19, but also leading to greater international collaboration for better preparedness when this comes around the next time." 고 말하였다.

기원전 5세기 아테네에도 지금 우리가 겪고 있는 것과 비슷한 상황이 벌어졌다. 점차 고조되던 스파르타와의 긴장이 펠로폰네소스 전쟁으로 격발된 것이다. 아테네인들은 넓은 지역에 흩어져 살고 있다가 좁은 도성 안으로 피신하여 지내게 된다. 근처의 피레우스 항구로부터 제한된 물자만 공급받으며, 친구와 가족들의 죽음을 가까이 접하는 답답하고 비참한 생활이 계속된 전쟁 1년 차 막바지에 아테네의 지도자 페리클레스는 그때까지 사망한 전몰자들을 위한 장례를 치르고 이 장례식 마지막에 추도 연설을 하였다. 역사가 투기디데스의 『펠로폰네소스 전쟁사』 2권에 실려 있는 이 연설 중간 부분에는 아테네에 대한 찬사가 포함되어 있는데 이 부분이 놀라우리만치 강 장관의 인터뷰와 유사하다. 그 내용을 살펴보자. 본고에서는 천병희 선생님의 번역을 인용한다.천병희 역, 투키디데스, 『펠로폰네소스 전쟁사』, 도서출판 숲, 2015.

먼저, 페리클레스는 아테네의 원칙들에 대해 언급한다. 2.36.4: "나는 먼저 지금의 우리를 있게 한 정신자세와, 우리를 위대하게 만들어준 정체와 생활방식을 언급하고…." 이들의 정체는 다름 아닌 민주정이었다. 페리클레스는 아테네 민주정을 바로 뒤이어 소개하며 그 시민의 탁월성을 찬양한다. "소수자가 아니라 다수자의 이익을 위해 나라가 통치되기에 우리 정체를 민주정치라고 부릅니다. … 그러나 … 개인의 탁월성이 우선시되며 … 개인적인 능력이 중요합니다2.37.1." 그는 정치뿐 아니라, 일상생활에서도 개방성이 중시된다는 점을 강조한다2.37.2. 더 나아가, 아테네의 이러한 개방성은 아테네에 국한되지 않고, 온 세계에 열려 있다고 주장한다2.38.1: "우리 도시는 온 세계에 개방되어 있으며…". 또한, 아테네인들이 선행을 베푸는 일에 망설임이 없다고 한다. 2.40.5: "남을 돕는 방법도 특이한데, 우리는 손익을 따져보고 남을 도와주는 것이 아니라 우리의 자유를 믿고 아무 두려움 없이 도와줍니다." 페리클레스는 아테네를 "헬라스의 학교", 즉 그리스 전체의 학교라고 칭한다2.41.1.

강 장관의 인터뷰 내용과 페리클레스의 추도 연설은 공히 세 가지 원칙을 내세운다. 강 장관은 개방성, 투명성, 정보공개를 말하며, 페리클레스는 정신자세, 정체, 생활방식을 말한다. 페리클레스가 말하는 정신자세와 생활방식은 개방성을 의미하며, 정체란 민주정을 뜻한다. 이들이 우선 중시하는 것은 개방성과 개방성을 지닌 민주주의이다. 민주주의는 시민의 정체이다. 따라서 두 지도자가 다음으로 강조하는 것이 시민의 탁월함이다. 강 장관은 한국 국민이 까다롭고 요구하는 수준이 높다고 하였다. 이는 역으로 한국 국민이 그만큼 탁월하다는 뜻이 된다. 페리클레스 역시 아테네 민주정에서 개인이 얼마나 중요한지를 피력하였다. 이들이 마지막으로 강조한 것은 이러한 특징이 국내에 머무르지 않고 세계로 확장된다는 점이다. 이것이 가능하도록 하기 위해 강 장관은 정보를 공유함으로써 다른 국가를 도와주기로 했고, 페리클레스의 아테네는 선행을 베풀어 도와주기로 했다. 페리클레스는 심지어 아테네를 세계의 학교로 자처하였다. 이는 강 장관이 한국이 국제 협력을 이끌어가기를 소망한다고 말한 것과 크게 다르지 않을 것이다.

한 국가의 민주주의가 발전하고 이에 따라 시민 의식이 고양되었을 때, 그 국가의 가치는 상승하고, 이에 따라 국가의 자긍심이 고취된다. 이는 페리클레스의 연설문을 모방한 것으로 유명한 링컨의 게티스버그 연설에서도 발견된다. 링컨은 "…government of the people, by the people, and for the people…시민의, 시민에 의한, 시민을 위한 정부"라는 문구를 미국의 민주주의를 설명하기 위해 사용했다. 중요하게 기억할 것은 이렇게 고취된 자긍심이 순수하게 지켜지지 않을 수 있다는 점이다. 아테네의 드높아진 자긍심은 자만심으로 변질되어 아테네를 제국으로 나아가도록 하였고, 이는 결국 아테네 쇠망으로 이어진다. 미국 역시 개방성으로 인해 많은 사람들로 하여금 미국을 기회의 땅으로 여기도록 했지만 제국으로 변질될 위험을 늘 가지고 있다. 한국이 당장 변질될 것이라는 말을 하는 것은 아니다. 그러나 우리가 역사로부터 배울 것을 기억하고 순수한 의도를 유지해야만 진정한 세계의 리더로 거듭날 수 있을 것이다.

　참고 영상 : https://www.youtube.com/watch?v=AjVy7C00h6k

고대 그리스의 시민 의식
― 폴리테스(πολίτης)와 이디오테스(ἰδιώτης)

이상덕 2020.4.30

문재인 대통령은 4월 19일 국립 4.19 민주묘지에서 열린 제60주년 4.19혁명 기념식에서 "정부는 통합된 국민의 힘으로 '포스트 코로나'의 새로운 일상, 새로운 세계의 질서를 준비하겠다."고 밝혔다. 그는 4.19를 이러한 국민 통합이 가능했던 역사적 경험의 뿌리로 인식하였다. 그러면서 "우리는 이 땅의 위대한 민주주의의 역사를 반드시 기억하면서, 그 자부심으로 더 성숙한 민주주의를 향해 끊임없이 나아가야 한다"고 강조했다.[*] 그는 우리 국민의 성숙한 민주적 시민 의식이 코로나 극복의 중요한 요인임을 인식했다. 그래서 역사에 기대어 전 국민에게 성숙한 시민으로서의 참여를 호소한 것

---

[*] 서어리, "文대통령 코로나19 헤쳐 가는 힘, 4.19정신에서 비롯", 《프레시안》, 2020. 4. 19, https://www.pressian.com/pages/articles/2020041910492227306?utm_source=naver&utm_medium=search 프레시안(http://www.pressian.com).

이다. 한국이 비교적 성공적으로 코로나에 대응할 수 있었던 요인으로 책임감 있는 시민 의식을 꼽은 외신에 대한 국내 언론의 보도도 여럿 있었다.

워싱턴포스트 WP는 코로나19 확산을 막기 위한 한국 시민 사회의 자발적인 움직임에 주목했다. WP는 "한국 시민들은 주요 모임을 취소했고 종교 행사는 온라인으로 진행됐다. 대다수 확진자가 나온 대구는 정부가 도시를 봉쇄하지 않고도 시민들이 자발적으로 방문을 자제하면서 관리됐다"고 전했다. 또한, 영국 BBC는 "한국에서는 이동통제, 제재와 같은 조치가 없었다. 그러나 한국인들은 자발적으로 마스크를 쓰고 코로나19 검사를 받았다"며 "한국인에게는 이제 코로나19의 위협에 대처하는 것이 새로운 표준이 됐다"고 전했다.[*]

실제로 사재기 때문에 대형마트가 문을 닫아야 한다거나, 자가격리에 소홀하다거나, 마스크를 거부하는 등, 전체의 공리보다는 개인의 편의를 우선하는 경우가 해외에서는 많이 보고되었다. 이에 비해 우리 국민은 불편을 감수하고도 사회적 거리두기를 실천하고, 더 나아가 다양한 봉사 활동에 참여하면서 이 난국을 극복하기 위한 노력을 기꺼이 하였다.[**]

---

[*] 조유라, 「외신들 "한국, 코로나 대응 성숙한 시민의식 돋보여"」, 《동아닷컴》, 2020. 3. 13, http://www.donga.com/news/article/all/20200313/100141066/1
[**] 김규원, 「코로나19 극복 위해 전국서 16만명 이상 자원 봉사」, 《한겨레》, 2020. 3. 26, http://www.hani.co.kr/arti/area/area_general/934293.html#csidx8ce32a194a82e7c9305cfadaa187963

민주적 시민 의식이라고 하면 근대적인 개념 같지만, 고대 그리스에도 이에 대응하는 개념이 있었다. 이디오테스^{ἰδιώτης}와 대비되는 폴리테스^{πολίτης}가 바로 그것이다. 두 단어는 각각 영어의 politics^{정치}와 idiot$^{얼간이,\ 바보,\ 천치}$이라는 단어로 발전되었기 때문에, 현대 영어로는 둘을 비교하는 것이 부자연스럽다. 그러나 고대 그리스어로 폴리테스는 폴리스^{πόλις}와 관련된 사람을 뜻하고, 이디오테스는 개인적인 것 혹은 개별적인 것^{ἴδιος}에 관련된 사람을 뜻한다. 고대 그리스에서 폴리스는 아테네, 스파르타 같은 도시 국가를 칭하는 것이었다. 따라서 폴리테스란 국가의 일에 관심을 가지고 참여하는 사람을 뜻했고, '폴리티컬'^{political}하다는 것은 '정치적인'의 뜻이기보다 '폴리스에서 일어나는 일들에 참여하는'이라는 뜻에 가까웠다. 다시 말해, 아리스토텔레스가 『정치학』에서 인간을 "정치적 동물$^{πολιτικὸν\ ζῷον}$"이라고 한 것은 '폴리스에서 일어나는 일들에 참여하는 존재'라고 한 것에 가까울 것이다.*

따라서, 폴리테스의 반대말인 이디오테스는 '정치 활동을 안 하는 사람', '비정치적 인물' 등을 뜻하는 것이 아니라, '폴리스에 일어나는 일들에 참여하지 않는 사람, 혹은 관심이 없는 사람', '공적 이익보다는 사적 이익에 치중하는 사람', '자기 문제에만 골몰하는 사람'을 뜻하는 것이다. 그리스에서는 폴리스, 즉 국가적·사회적 문제에 참여하는 사람과 하지 않는 사람을 분명히 구분하였고, 이디오테스는 가치중립적으로 '평범한 자', '미숙련공' 등의 뜻

---

* 아리스토텔레스, 『정치학』, 1.1253a.

으로 사용되기도 하였지만, 특히 비난과 조롱의 뜻을 내포한 단어로 사용되었다.

뉴질랜드 오타고 대학 정치학과의 리처드 멀간 Richard Mulgan 교수는 *Political Theory*에서 아테네의 민주정이 개인의 자유를 중시하는 듯하면서도 공적 이익을 우선했다는 날카로운 분석을 하였다: "아테네 민주정은 개인에 대한 관용과 자유 laissez-faire를 표방하였다. 그러나 이 당시의 사람들을, 심지어 민주주의자들일지라도, 현대적 의미의 자유주의자라고 보면 문제가 있다. 그들의 관용을 개별적 프라이버시의 존중이나 개인의 권리를 침해하는 집단의 근본적인 불법성을 주장하는 수준으로까지 생각하면 안 된다. 고대의 자유주의는 개인의 인권보다는 관용과 다양성이 있는 사회의 성공과 그 매력의 유지에 방점을 두었다."* 고대 그리스 사회, 특히 아테네 사회는 민주정을 표방하면서도 공공의 선을 중시하는 문화였다. 아리스토텔레스는 인간의 생활 형태를 세 가지로 구분하였다: "생활 형태에는 세 가지 두드러진 것이 있다고 말할 수 있지 않을까 한다. 즉 방금 말한 향락적 생활 그리고 정치적 생활, 셋째로 관조적 생활이다. 인류 대중은 짐승에 합당한 생활을 선택함으로써 자신들의 기호가 노예와 다름없음을 보여주고 있는데 … 뛰어난 교양이 있고 실천적인 사람들은 명예를 선이며 행복이라고 보는

---

* Mulgan, R., "Aristotle and the Value of Political Participation", Political Theory, vol. 18 (1990), p. 198.

것 같다. 대체로 명예가 정치적 생활의 목적이기 때문이다."* 아리스토텔레스가 "향락적 생활"을 한다고 한 사람들이 바로 이디오테스다. 이들은 폴리스의 일에 관심이 없어혹은, 관심을 가질 여력이 없어 사회적인 존재로 살지 않고, 그저 짐승이나 노예와 같은 생활을 한다. 아리스토텔레스는 다음으로 폴리테스를 교양이 있고 실천적인 사람으로 묘사한다. 그리고 그가 마지막으로 언급한 관조하는 부류는 소수의 철학자들이다. 그의 논의는 철학자들과 폴리테스를 구분하는 미묘한 경지로 발전하지만, 철학자는 매우 소수이고 도달하기 어려운 단계이므로 그가 기본적으로 이디오테스와 폴리테스를 구분했다고 볼 수 있다.

이디오테스에 관한 견해는 투키디데스의 『펠로폰네소스 전쟁사』에도 등장한다. "우리 아테나이인들만이 특이하게도 정치에 참여하지 않는 자들을 비정치가ἀπράγμονα, apragmona가 아니라 무용지물ἀχρεῖον, achreion로 간주합니다."** 번역은 "비정치가"와 "무용지물"로 되었지만, 이 두 단어의 본 의미를 알면 이디오테스에 대한 핵심적 이해를 파악할 수 있다. apragmona는 영어의 pragmatic의 어원이 되는 단어이다. '실용적이지 않다', 혹은 '기능하지 않는다'는 뜻이다. 또한, 'achreion'의 'chre'는 '필요하다'는 의미로서 'achreion'은 '불필요한'의 뜻이 된다. 이를 적용시켜 보면 이디오테스는 기능하지 않는 정도가 아니라 사회에 불필요한 존재가 되는 것이다. 플라톤이

---

* 아리스토텔레스, 최명관 역, 『니코마코스 윤리학』(창, 2008), 1095b, 19-27, 37쪽.
** 투키디데스, 천병희 역, 『펠로폰네소스 전쟁사』(숲, 2011), 2.40.2, 170-171쪽.

참주tyrant의 성격을 가진 자가 개인의 영역에 머무르지 않고 진짜로 참주가 된다면 그것이 불행이고 비극이라고 하긴 하였지만, 일단 폴리스의 구성원은 폴리테스가 되는 것이 이상적인 사회였다.*

현대의 우리는 자유주의에 완벽히 학습되어 있어서 집단이나 사회, 더 나아가 국가가 우리의 삶에 개입하는 것에 거부감을 느낀다. 그러나 위기의 순간이 된 지금, 과연 어디까지 개인의 자유가 인정되어야 할 것인가에 대한 의문이 다시금 제기된다. 우리는 개인이면서 국가의 일원이다. '바람직한 폴리테스'는 각 사회별로 다르게 정의될 수 있겠지만 시민이라면 이디오테스보다는 폴리테스가 되겠다는 마음가짐이 필요할 것이다. 지금 같은 위기의 순간이라면 더더욱 그러하다. 코로나와 직접적 관련이 있는 것은 아니지만, 2017년 『뉴욕타임스』는 재미있는 설문조사를 하였다. '도널드 트럼프 대통령'이라고 하면 가장 먼저 떠오르는 단어를 조사한 것이다. 여기서 1등을 한 단어가 바로 'idiot'이다. 에릭 앤서매튼Eric Anthamatten 기자는 이 단어가 통용되는 의미인 '얼간이, 바보, 천치'로도 그에게 어울리지만, 고대 그리스어의 의미로는 더 잘 어울린다는 흥미로운 기사를 썼다. 기사의 마지막이 인상적이어서 이를 인용하면서 글을 맺으려 한다: "인간은 공동체를 우선에 두고 개인을 차선에 두며 진화했다. 이기적이고 폭력적이며 개별적인 개인들이 천부적 자유를 포기하고 존재의 안위를 위해 타협하고 계약을 맺어

---

* 플라톤, 『국가』, 9.578b-c.

야 한다는 '자연 상태'에 대한 많은 정치적 내러티브가 있지만, 과학적 증거는 없다. 우리와 같은 종에게 있어 사회의 보존은 곧 개인의 보존이었다. '나'라는 것의 정수에 '우리'가 있다. 이디오테스는 이를 이해하지 못한다. 그는 자신이 어떻게 존재하게 되었는지도, 또한 그가 어떻게 유지되며, 사실 더 큰 환경의 일부라는 것도 모른다. 이디오테스는 공공 봉사는커녕 공적인 삶에 대해서도 전혀 아는 바가 없다. 그는 오로지 자신의 이름에만 몰두한다. 이디오테스는 자신의 행위를 통해 사회를 전복시킬 수도 있다. 마침내 그는 자신을 파괴하게 되는데, 이때 그는 다른 모든 이들도 자신과 함께 파멸로 이르게 한다. 그는 광장의 시한폭탄이다."* 물론, 이 기사는 앞서 언급했듯이 트럼프 대통령을 겨냥한 것이다. 그러나 이디오테스는 이렇듯 사회에 불안 요소로 작용하며, 성숙한 폴리테스, 즉 성숙한 시민 의식을 가진 시민만이 우리 사회를 유지하고 더 큰 환경 안에서 기능하도록 할 수 있을 것이다.

---

* Eric Anthamatten, "Trump and the True Meaning of 'Idiot'", *The New York Times* (2017.6.12.).

제3부

코로나19,
말과 정보를
감염시키다

코로나 시대의 언어

김양진 2020.4.30

2019년 12월 31일은 2019년의 마지막 날이다. 2020년으로 넘어가기 바로 전날이기도 하다. 하지만 이날 중국 우한시 보건 당국이 '원인을 알 수 없는 폐렴' 확진자 1차 명단[27명]을 발표하면서 2019년 12월 31일은 다시는 그 이전으로 돌아갈 수 없는 시간의 장벽을 가리키는 날이 되었고 이를 상징하기 위해 이 '원인을 알 수 없는 폐렴'의 이름에 '코로나19'라는 낙인이 선명하게 찍히게 되었다.

이른바 BC[Before Corona]와 AC[After Corona]를 가르는 뉴 노멀 시대가 도래한 것이다. 2019년 12월 31일부터 2020년 4월 30일까지 4개월의 짧은 시간 사이에 중국과 한국은 물론 온 세계가 다시는 그 이전으로 돌아갈 수 없는 새로운 세계의 시간 속으로 끌려들어가 버렸다. 이제 이 시대를 '코로나 시대'라 부르자. 지난 4개월의 경험은 앞으로도 계속될 것이고 더 심화될 것이고 더 일상화될 것이라는 이야기들이 곳곳에서 들려오고 있다.

그렇다면 이제 새롭게 맞이하게 될 혹은 맞이하게 된 뉴 노멀의 시대, 코로나 시대^AC에는 과연 무엇이 어떻게 달라질 것인가, 혹은 달라진 것인가. 긴 말을 지우고 새로운 일상의 시대에 맞이하게 된 언어적 중간 세계*를 통해 그 시대의 그림을 그려 보고자 한다. 이제는 이 말들이 없이는 일상생활이 불가능하게 되어 버린 말들, 그 이전에는 존재하지 않았거나 존재했다 하더라도 그 의미가 매우 제한된 공간에만 머물러 있다가 이제는 세계인 모두의 머릿속에 강제 주입되어 버린 단어들 이야기이다.

처음 알려질 때만 하더라도 이 병은 이름도 없이 '원인을 알 수 없는 호흡기 감염병' 혹은 '정체불명의 괴질' 정도로만 불렸다. 이 병에 걸린 사람들은 '정체불명의 폐렴환자'였고, 그들이 보이는 증상은 '발열 호흡기 증상'이라는, 익숙하지만 낯선 단어로 표현되었다. 이 질병은 '우한 폐렴증' 혹은 '신종 폐렴'이라는 이름을 임시로 얻었다가 곧 '2019-nCov 급성 호흡기 질환'과 '신종 코로나바이러스 감염증', '신종 코로나 바이러스'를 거쳐서 'COVID-19' 혹은 '코로나19'라는 정식 이름을 얻게 되었다.

좀 더 구체적으로 말하자면 발생 초기 열흘간은 '중국 우한 지역에서 발생한 폐렴'이라는 뜻에서 '우한 폐렴'이라는 말로 사용되다가 세계보건기구 WHO가 2015년에 내놓은 지리적 위치, 사람 이름, 동물·식품 종류, 문화, 주

---

* '언어적 중간 세계'란 독일의 언어학자 레오 바이스게르버(Leo Weisgerber)의 용어로, 현실과 인간 사이에 존재하는 모국어로 재편된 세계상을 나타낸다. 코로나19로 우리의 모국어는 이전까지 사용해 본 적 없던 전혀 새로운 낱말들로 둘러싸인 새로운 어휘 체계를 갖게 되었다. 12쪽에 달하는 이 글은 순전히 지난 4개월 동안에 코로나19로 인하여 새롭게 생겨난 단어만을 가지고 지어진 것이다.

민·국민, 산업, 직업군이 포함된 병명을 사용하지 말라는 권고에 따라, 1월 9일 이래 '신종코로나바이러스감염증'이라고 불린다. 그로부터 한 달이나 지난 2020년 2월 11일에 국제바이러스분류위원회ICTV는 이 바이러스가 2003년 유행한 사스SARS, 중증급성호흡기증후군와 비슷하다는 점을 강조하기 위하여 이 코로나19의 병원체에 SARS-CoV-2라는 이름을 제안하기도 하였으나 다음날인 2월 12일, WHO가 이 질병을 COVID-19코로나Corona+바이러스Virus+질환Disease+발병시기2019로 결정하면서 국제적인 공식 명칭이 결정되었다. 국내 〈중앙사고수습본부〉에서도 이를 전격적으로 수용하면서 한국어 공식 명칭을 '코로나바이러스감염증-19'국문 약칭 '코로나19' 코로나일구로 명명한다고 발표하여, 이른바 한국어에서의 '표준성'을 확보하게 되었다. 공식적인 바이러스 발생일2019.12.31.로부터 50여 일이 지난 뒤의 일이다. 더 시간이 지난 뒤에는 이 단어의 출발지인 중국에 대한 정치적 도발의 의미로 '차이나 바이러스'라는 모멸적 별명으로 불리기도 하였다.

그 이전에도 사스나 메르스 같은 질병들을 통해 사용되어 왔지만 이 질병은 '전염傳染, contagion, 다른 생물 개체와의 접촉을 통해 병이 확산하는 일'과 구별되는 의미에서의 '감염感染, infection, 바이러스 등의 미생물 병원체에 의해서 병이 확산하는 일'이라는 개념을 사람들에게 명확히 각인시켰고, '감염-감염증-무증상감염증-감염원' 및 '집단감염', '사람 간 감염', '신종 인수공통 감염병' 같은 말을 유행시켰다. 아울러 '유증상자', '확진자/확진환자', '해외유입 환자'와 같은 단어들을 보편화시켰고 이들이 갖는 '의심증상'과 이러한 증상의 '확산', '확산세', '확진자 증가세' 들에 대한 사람들의 관심을 증폭시켰다. '확진자/확진환자'는 다른 한편으로 '신규 확진자', '고령 확진자', '중증 확진자', '경중환자'와 같은 단어들의 기준 단어가 되었고, '스텔스 감염자', '스텔스 전파자', '조용한 전파자'와 '접촉자', '일상접촉자', '밀접 접촉자' 들로 확장되었다. 물론 이 단어들이 가리키는 사람들이 가장 바라는 것은 '완치자'가 되는 것이었다. 이들은 '감염위험군'으로 분류되어 '공중보건의사'나 '역학조사관', '민간역학조사관'들에 의해 '역학조사',* '심층 역학조사' 혹은 '코로나19 확진검사ᴾᶜᴿ'를 받게 되었고, 개인의 의사와 상관없이 이름이 가려진 채 '확진자 동선 공개'의 대상이 되어야 했다.

그 이전에 없었던 이러한 질병이 생길 때마다 사람들은 사람 이외의 '질병원疾病原'을 찾아서 애꿎은 야생동물들—사향고양이사스, 낙타메르스, 조류독감새, 박쥐신종플루 등—을 비난의 대상으로 삼곤 했는데, 이번 코로나19에도 어김없이 야생박쥐인 '관박쥐'와 '천산갑'이라는, 그 이전이라면 전혀 들어 보지 못했을 동물들에게로 사람들의 화살이 꽂히기도 하였다.

한편, 그동안은 어쩌면 우리 머릿속에서 그 존재가 미미했을 세계보건기구ᵂᴴᴼ와 그 수장인 사무총장의 이름**이 동시대의 그 어떤 정치단체, 정치

지도자의 이름보다 더 뚜렷하게 우리의 지식 체계 속에 유입되었고, 국내적으로도 〈질병관리본부〉, 〈중앙방역대책본부〉, 〈중앙사고수습본부〉, 〈국가위기관리센터〉 등이 날마다 브리핑을 통해 우리의 하루하루를 정리해 주고 인솔해 주게 되었다. 그와 함께 〈보건복지부〉, 〈범정부지원본부〉, 〈행정안전부〉와 같은 정부 기관들과, 〈대한의사협회〉, 〈중앙임상위원회〉, 〈지역재난안전대책본부〉, 〈코로나19대책특별위원회〉 국회 보건복지위원회 산하, 〈비상방역대책본부〉 한국철도, 〈국립인천공항검역소〉, 〈국립인천공항검역소 중앙검역지원센터〉 등과 질병관리본부장, 중앙방역대책본부장, 중앙사고수습본부장, 국가위기관리센터장, 보건복지부장관, 행정안전부장관, 방역총괄반장 등이 그 이름과 함께 우리 일상의 단어 속에 포함되었다. 안보 컨트롤타워는 '방역 컨트롤타워'에 자리를 내어 주게 되었고 우리는 날마다 이들에게서 '정례 브리핑'을 받고 시시때때로 '안전안내문자'를 받으며 살게 되었다. 〈식품의약품안전처〉나 〈중증응급진료센터〉, 〈생활치료센터〉, 〈컨택센터〉에 대한 지식도 이제는 빼놓을 수 없는 정보가 되었고, '미국 FDA'나 '미국 FDA 인증' 여부에 대한 심대한 관심과 〈대한진단검사의학회〉, 〈코로나19 방역업체〉들에 대한 시선을 멈출 수 없게 되었다.

총 4단계의 해외 감염병 경보*가, 감염병 '관심' 유의/Blue 단계, 감염병 '주의'

Yellow 단계, 감염병 '경계' Orange 단계, 감염병 '심각' 단계 RED를 거치면서 빠른 속도로 우리를 코로나19와의 전면전으로 끌어들였다. 외교부에서 내리는 여행경보 외교부* 나 특별입국절차 등에 따라서 국제적인 행동의 범위가 제약된 것도 앞으로 오랫동안 바뀌기 어려운 상식이 되어 버렸다.

이러한 상황을 WHO에서는 1월 30일부터 '국제적 공중보건 비상사태 PHEIC' 로 규정하였고, 3월 11일부터 '팬데믹 Pandemic, 감염병 세계적 유행' 을 선언하여 지금에 이르고 있다. 그 사이 우리는 '에피데믹 Epidemic, 감염병 유행' 이나 '인포데믹 Infodemic, 정보전염병, 악성 정보 확산' 같은 새로운 개념어들에 익숙해져야 했다.

코로나19 시대를 맞아 우리의 일상을 지배하게 된 또 다른 그룹의 단어들로 '봉쇄'와 '진단'을 꼽을 수 있다. 코로나19의 효율적인 봉쇄를 위하여 '방역

에 유입된 후 다른 지역으로 전파되거나, 국내 신종 · 재출현 감염병이 다른 지역으로 확산됐을 때 ▷심각은 해외나 국내 신종 감염병, 국내 재출현 감염병이 전국적으로 확산하는 징후가 나타나는 때에 해당한다.
'관심' 단계에서는 감염병의 국내 유입을 막기 위해 검역과 모니터링을 강화하는 조치가 취해진다. '주의' 단계에서는 본격적으로 확진자 격리와 출입국자 추적관리, 대중교통 방역 지원이 이뤄진다. '경계' 단계가 되면 범정부 재난 대응기구를 구성할 수 있으며, 질병관리본부에서 할 수 없었던 범부처 대응과 협업, 지원이 가능해진다. 그리고 가장 높은 '심각' 단계에서는 〈중앙재난안전대책본부(중대본)〉가 설치되어 운영된다. '심각' 단계에 이르면, 교육부는 학교 휴교 · 휴업 및 학원 휴업을 검토하고 문화체육관광부는 대규모 행사를 금지할 수 있으며, 국내외 여행상품 판매에 대한 자제를 요구하는 조처도 할 수 있다. 이 밖에 국토교통부는 항공기 감편 내지 운항을 조정할 수 있는 것은 물론 철도와 대중교통, 화물 등의 운행 제한도 가능하다. 또 식품의약품안전처는 감염병 치료제 등을 생산하도록 독려하고, 기획재정부도 국가 감염병 대응 예산(예비비) 편성 및 지원을 하게 된다.
* 여행경보(旅行警報)는 국가기관이나 재외공관이 수집한 현지 치안 정세로 보았을 때, 여행과 거주 시 안전상의 문제가 있는 국가 · 지역을 대상으로 한 위험 정도에 대한 경보이다.

마스크'의 필수성이 부각되었고, 이는 이른바 '마스크 대란'을 거쳐 '필터교체형 면마스크', '공적 마스크', '공적 판매처', '대리 구매', '대리 구매자'와 '드라이브 스루^{승차진료소}', '드라이브 스루 검사', '워킹 스루 검사', '비접촉감지기' 같은 단어들을 생성-확산시켰다. 코로나19를 진단하기 위해서 체계적인 '진단 키트^{진단 도구, 진단 꾸러미}'가 필요하게 되었고, '방역용 마스크^{N95, N94}'나 '보건용 마스크', '위생마스크', '덴탈마스크'와 '방호복', 'Level D 보호구', '보호경'이 '전수 진단검사', '전수검사'를 위해 필수적인 장비로 인식되었으며 병원마다 '음압격리병상'이나 '음압격리실'을 갖추어야 한다는 인식으로 이어지게 되었다.

우리의 삶은 '사회적 거리두기^{social distancing}'를 출발어로 하여서 '고강도 사회적 거리두기'와 '완화된 거리두기'를 거듭하게 되었고 확진자나 확진의심환자들은 '격리조치'에 취해져서 '코호트 격리^{Cohort isolation, 동일 집단 격리}', '예방적 코호트 격리'가 되거나, '자가격리', '선제적 자가격리', '자발적 자가격리'를 해야 하며 그렇지 못하면 '자가격리 관리시스템'에 의해 '자가격리 지침 위반자'으로 평가되어서 '격리시설'에 '강제격리'되어 있다가 '시설격리비용'을 치르고 난 뒤에야 '격리해제'에 이르게 된다. 만약 개인의 노력이 불충분해서 사회적인 불안 요인이 가중되면 국가나 행정기관에 의해 '이동금지령'이 내려지고 사람들은 '사전환자분류소' 같은 곳에 갇힐 수도 있다. 이를 피하기 위해서는 개인 간 '이격거리 유지'와 '능동감시'가 필수적이며, 도심 내에서 '밀접집회'가 열리면 '밀접집회 제한 명령'이 내려지며, '감염병 봉쇄전략'에 의해 '봉쇄정책' 또는 '봉쇄조치'가 내려지고 심하면 '국경 폐쇄'까지도 불사해야 한다. 실제로 이러한 개념어들이 2월 7일에 중국 우한을 포함한 14개 도시에 내려진 '도시봉쇄령'이나 이탈리아, 스페인 등에 내려진 '전국봉쇄령/국가 봉쇄령', 인도, 파키스탄 등에서의 '국경봉쇄'로 현실화되어서 '확산 곡선 낮추기 Flattening the Curve'* 전략이 성공할 때까지 '봉쇄해지론자'들과 싸우게 된다.

이른바 코로나 시대^AC의 일상은 이제 '사회적 거리두기'와 함께 코로나19에 대한 '방역'의 일상으로 전환되었다. 우리는 '집단방역'을 목표로 '개인방역'의 '방역대책'을 세워야 하며 '개인방역지침'과 '생활방역지침'에 따라 '생활방역'이 일상인 삶을 살게 되었다. 이에 따라 '방역당국'과 '방역전문가'와의 만남이 빈번해지고 '방역 물품'을 구입하는 일과 '방역비' 마련에 관심을 집중하게 되었다. 다행히 우리는 방역 체제를 빨리 정비하면서 '코로나 방역 모범국'으로 인식되었고, '한국식 방역모델'은 국제적 지지를 얻어 어려운 현실 속 작은 위안이 되기도 하였다.

'방역'이 철저하게 이루어져야 하는 지역에는 '검역'이 진행된다. 이에 따라 '검역관'에 의해 '검역소', '지정 검역소'에서 '검역조사'가 이루어지는데 '검역 사각지대'를 없애기 위해 체계적인 '검역법'에 따른 '검역절차'를 밟아야 하고 '검역 관리 지역'을 통해 '검체'에 대한 '양성판정', '음성판정'과 '재양

---

* 코로나19와 같은 팬데믹 상황의, 해결책이 없는 감염병을 극복하기 위한 가장 현실적인 대안으로 거론되는 'Flattening the Curve'에 대한 마땅한 번역어가 없어서 이 글에서 '확산 곡선 낮추기'로 번역하여 사용한다. 훗날 좀 더 좋은 번역어가 일상어로 자리 잡게 되길 바란다.

성' 여부가 결정된다. 특히 공항 지역의 '특별검역신고소'를 중심으로 '공항 검역', '입국장 검역', '출국 검역'이 이루어지기도 한다. '검체검사' 즉 대규모의 검체에 대한 '진단검사'를 효율적으로 하기 위해 10명의 검체를 한꺼번에 묶어서 검체를 단계적으로 걸러내는 '취합검사법' 같은 개념어도 코로나 시대가 대중들의 언어생활 속으로 끌고 들어온 새로운 합성어이다. '검체'로서의 우리는 '호흡기 증상', '발열', '기침' 여부에 관심을 기울이게 되고, '비말飛沫, 침방울'이 상대방에게 전달되지 않도록 '마스크착용' 등 '기침예절'과 '손씻기' 등 개인 방역 지침을 생활화해야 한다.

아직 '백신Vaccine'이 개발되지 않은 이 질병을 치료하기 위해 기존에 말라리아 치료제로 사용되던 '클로로퀸Chloroquine'이나 AIDS치료제인 '로피나비르Lopinavir'/'리토나비르ritonavir', 에볼라 바이러스 치료약으로 개발된 '렘데시비르remdesivir', '아비간Abigan=favipravir' 등이 주목 받고 있고, 이 바이러스의 백신으로 바이러스를 닮은 단백질을 말하는 '바이러스유사체VLP'에 대한 관심도 증폭되고 있다. 물론 효과적인 백신이 등장할 때까지는 WHO의 권고에 따라 '타이레놀'을 쓰면서 '면역력'을 키워야 할 것이다. 사회적으로는 '집단면역'에 이르기까지 개인 방역과 생활 방역에 힘쓰며 하루하루를 이겨나가야 한다. 무엇보다 '기저질환'이 있는 '기저질환자'는 철저한 방역의 삶이 유일한 치료제인 시대이다. 때로 알 수 없는 바이러스에 놀란 신체 내부 시스템이 스스로 자신의 세포를 공격하여 죽음에 이르게 될 수도 있는 '사이토카인 증후군' 현상에 대해서도 깊은 관심이 필요한 시기이다.

코로나 시대 언어의 또 하나의 특징은 '화상강의/화상회의'와 같은 기존

의 개념어가 '언택트'라는 개념어로 대체/추상화되면서 '언택트^{비대면} 면접'
과 '언택트^{비대면} 채용'이 일상화되고, '대면 수업-비대면 수업', '대면 강의-비
대면 강의', '온라인 강의-오프라인 강의', '온라인 개학-오프라인 개학', '대면
접촉-비대면 접촉', '대면 소비-비대면 소비' 같은 대립어쌍을 만들어 내며,
'원격수업', '신학기개학준비추진위원단', '코로나19 대응 대학·유학생 지원
단', '어린이집 긴급보육', '대면 민원 업무' 등의 파생어들을 만들어 내었다는
점이다.

'의료 체계 붕괴'의 위기를 넘어서면서 '특별재난구역'으로 설정된 지역을
중심으로 '재난지원금', '긴급재난생활지원금'을 제공하기 위해 '데이터 기반
스마트 모니터링 시스템'이나 '안전보호 앱'이 개발되어 코로나 시대의 공공
행정이 전개되고 있다. 하지만 여전히 사회의 일각에서는 '코로나19 고위험
사업장'에서의 '코로나 파티'를 벌이는 '바이러스 반란군 virus rebels'들에 의
해 언제든 '코로나 지옥'이 될 수 있는 시대의 한가운데에 우리는 놓여 있다.

이 시대의 언어 한복판에는 숱한 새로운 어휘들이 등장하기도 한다. "재
채기나 잔기침에도 코로나가 아닐까 걱정하게 되는 말"을 뜻하는 '상상 코
로나'는 '어 코로난가'와 같은 동의어들과 함께 사람들에게 회자되고 있으
며, 일시적이기는 했지만 '금처럼 귀한 마스크'를 가리키는 '금金스크'가 큰
유행을 얻기도 했다. 사람들은 '코로나 집콕' 현상에 의해 '집콕족'으로 살다
가 끝내 '살천지', '확찐자'가 되어 '코로나비만'에 시달리고 있어 '코비디어
트^{코비드19 + 다이어트}'의 대상이 되었고 심리적으로 심각한 소강상태에 빠져 버
려서 '작아격리'를 넘어 '코로나블루^{코로나우울증}'의 늪에서 헤어 나오지 못하

게 되었다. 대부분의 사람들은 '집관' 집에서 하는 관람과 '돌밥돌밥' 아침밥 먹고 돌아 서면 점심밥, 점심 먹고 돌아서면 저녁밥을 먹어야 하는 현실을 반복하며 '랜선쇼핑' 온라인 쇼핑과 '재택경제 Home economy'를 고민해야 하고, 한편으로 '보복소비'나 '보복여행', '보복나들이'를 꿈꾸고 있다. 용감하게? 대문을 박차고 밖으로 나서서 '코로 나 파티'를 여는 사람들에게는 여전히 '이시국여행'이라거나 '코로나멍청이 Covidiot=Covid19+Idiot'라는 비아냥을 선물로 안기기도 한다. 한편 코로나 시대 에는 마스크 자체가 외출의 필수적 요건이 되어서 '마스크메이크업'이라는 말이 만들어지기도 하고, 이 시대의 도래를 지나치게 부정적으로 인식해서 이 질병을 '부머리무버 Boomerremover, 꼰대제거감염병'*라고 부르는 데에까지 이르 고 있다.

지도 위에서도 세계의 중심지를 가리키는 단어들이 대거 대체되었다. 뉴 욕, 런던, 파리, 암스테르담, 모스크바로 이어지던 세계 지리에 대한 지식은 중국 우한이나 일본 요코야마 항의 다이아몬드 프린세스 호, 이탈리아 북부 롬바르디아주, 그리고 뉴욕 북쪽의 자그마한 섬인 하트섬 같은 새로운 지명 에 대한 지식으로 대체되었고 서울-대전-대구-부산으로 대표되던 대한민국 의 주요 도시 지명에 대한 관심은 코로나 시대의 상징적 장소가 되어 버린 '대구 신천지 예수교 다대오성전'이나 '청도 대남병원', '구로구 콜센터' 등의 지점에 대한 관심으로 바뀌었다.

---

* 1960년대 이전에 출생한 60대 이상의 고령자들을 베이비붐 시대 출생이라는 뜻으로 부머(baby boomer)라고 하는데 이 병이 주로 60대 이상의 고령자들에게 치명적이라는 점을 강조한 말이다.

이제 우리는 2019년 12월 31일 이전으로 되돌아갈 수 없다. 물리적으로 돌아갈 수 없을 뿐 아니라 언어적으로 우리의 일상을 지배하는 지식체계의 변화와 함께 일상 언어의 무게중심이 바뀐 것이다. 새로 바뀐 언어들은 우리의 정신세계를 지배하고 감시하면서 새로운 체계에 걸맞은 의사소통을 강요하게 될 것이다. 그 이전에는 어떤 표현을 썼던가를 더듬으며 이 시대의 언어로 살아가야 하는 우리는 새로운 시대에 어울리는 표현을 찾아가며 새로운 언어적 중간세계를 살게 될 것이다. 이제 막 시작된 코로나 시대의 낯선 표현들을, 하지만 거부할 수 없는 일상이 되어 버린 새로운 표현들을 우리는 어떤 자세로 맞이할 것인가.

중국발 입국에 대한 금지론의 함정

박성호 2020.3.18

　코로나19 사태로 인해서 한국 내에서도 확진자가 발생하기 시작했던 1월 말 무렵, 대한의사협의회는 코로나19 방역 대책의 일환으로 중국으로부터 유입되는 인원에 대한 전면 차단이 필요하다는 주장을 내놓았다. 이 주장은 현 정부와 정치적 대척점에 있던 야당 계열 정치권으로 확산되었고, 중국에 대한 차단에 유보적인 태도를 취한 정부를 비판하는 구실로 활용되기도 했다. 2월 중순, 이른바 '31번 확진자'의 등장으로 대구-경북 지역에서 신천지 교단을 중심으로 한 대규모 집단감염 사태가 벌어지자, 중국발 입국에 대한 금지론은 'What if'의 접두어를 포괄한 채로 더욱 크게 터져 나왔고, "더 늦기 전에 지금이라도" 중국 차단에 나서야 한다는 주장도 계속해서 제기되고는 했다.

　이러한 중국발 입국에 대한 금지론에서 가장 자주 인용한 근거는, 한국보다 앞서서 중국 차단에 나섰던 국가들의 확진자 추이였다. 1월 말~2월 초 사이에 중국 차단에 나섰던 나라 중에서도 대만과 몽골, 싱가포르, 이탈리아 등이 거론되었다. 그중 이탈리아는 3월에 접어들면서 급격한 확진자 증가폭을 보이면서 이 명단에서 제거되었고, 싱가포르 역시 '교회 감염'이라 일컬어지는 집단감염 사태를 방지하는 데 실패하고 방역에 의한 차단보다는 환자 치료에 집중하는 방향으로 전환하면서 이 명단에서 지워졌다. 그러나 여전히 안정적인 통제 양상을 보이는 대만과 몽골은 아직까지도 중국발 입국에 대한 금지론의 당위성을 설명하기 위한 주된 근거로 활용되곤 한다.

하지만 과연 대만과 몽골이 조기에 중국을 차단했기 때문에 확진자 증가 억제에 성공한 것일까. 일단 현재 밝혀진 확진자 숫자만 본다면 손쉽게 그러한 추론을 할 수도 있겠지만, 막상 전후 사정을 되짚어 보면 이런 추론이 얼마나 섣부른 것인지를 어렵잖게 파악할 수 있다.

대만의 경우 사태가 터지기 이전인 2019년 8월, 중국과의 정치적 관계가 악화되면서 중국 관광객 유입에 큰 차질을 빚었다. 당시 중국은 곧 도래할 대만 총통 선거에서 반중 정권이 집권하는 사태를 저지하기 위해, 개인 차원에서의 대만 자유 관광을 전면 금지하고, 단체관광도 당국의 사전 허가를 받은 경우에 한해서만 가능하다는 초강수를 띄웠다. 관광 목적의 단기체류 입국자에서 중국인이 차지하는 비중이 30%를 넘나들던 대만에 충분히 위협적인 제재조치로 기능할 것이라고 판단했을 것이다. 2015년 한국의 싸드 THAAD 배치 당시에도 중국은 비슷한 방식으로 '한한령'을 발하여 한국에 대한 관광을 사실상 금지함으로써 한국의 관광수지에 적잖은 타격을 입혔던 전력도 있었다. 같은 방식으로 대만에 압박을 가함으로써 정치적인 우위를 점하는 것이 중국의 속내였다.

그러나 이러한 중국의 관광 제한 조치에도 불구하고 대만의 총통 선거에서 반중파의 대표격인 차이잉원이 당선되었고, 이 무렵부터 양안관계는 급속도로 냉각된다. 중국발 대만 관광객은 전체 입국자 중 10% 이하로 떨어지게 되지만, 대신 대만은 다른 국가로부터의 관광객 확보에 적극적으로 나선 결과 관광수지 타격을 최소화하는 데 성공했다고 자평하게 되었다. 이러한 일련의 흐름이 이어졌던 것이 2019년 하반기 무렵의 일이다. 2019년 12월을 기준으로, 대만에 입국한 단기체류 목적의 중국인 숫자는 약 10만 명가량으로 추산된다. 같은 시기 한국에 50만 명 이상의 중국인이 단기체류 목적으로 입국했다는 점을 감안한다면, 이 차이는 무시하기 어렵다. 코로나19가 우한 지역에서 감지된 것이 12월 말경이었음을 감안한다면, 이미 대만은 코로나19 사태가 본격화되기 이전부터 중국인 단기체류자 숫자가 큰 폭으로 줄어든 상태였다는 이야기다.

　　몽골의 경우는 어떨까. 몽골은 기후 특성상 10월 중순만 되어도 최저기온이 영하 10도 이하로 떨어진다. 몽골의 겨울은 길고, 또 대단히 춥다. 12월~2월 사이 수도 울란바토르의 최저기온은 영하 20~30도를 넘나든다. 이런 이유 때문에 울란바토르 인근의 테를지 국립공원을 제외하고는, 대부분의 관광지는 10월 말을 기점으로 이듬해 봄이 올 때까지 장기간 휴양 상태로 접어든다. 외국인 관광객들에게 인기가 많은 홉스굴, 고비, 욜링암, 홍고린 엘스 등은 대체로 별도의 관광 인프라를 갖추지 못한 까닭에, 대부분의 관광객들은 이동식 천막인 게르를 이용하거나 혹은 차량을 이용한 캠프 등으로 숙박을 해결하게 마련인데 이런 환경으로 인하여 동절기에는 관광 자체가 불가능하다. 그리하여 몽골의 겨울은 관광 비수기로 간주된다.

2018년 기준으로 몽골을 찾은 중국인 관광객의 연인원은 약 59만 명 선. 1개월이 아니라 1년간의 관광객 총수다. 2019년 통계는 아직 확인되지 않지만, 몽골의 관광객 증가 추이를 보건대 60만 명 초반대일 것으로 추산된다. 60만 명이라고 간주하더라도 1개월 평균 1만 5천 명 정도가 몽골을 찾는다는 이야기이다. 게다가 앞서 말한 문제로 인하여, 동절기에는 그 숫자가 큰 폭으로 줄어들 수밖에 없다. 설령 1만 5천 명이 방문했다고 계산하더라도 이 수치는 2019년 12월 기준 대만의 1/10, 한국의 1/50에 불과한 수치다. 코로나19가 인종이나 국적을 가려서 감염되는 게 아니라면, 감염 확산의 위험도는 이미 이 시점에서 큰 폭의 차이를 보일 수밖에 없다.

현재 제기되고 있는 중국발 입국에 대한 금지론의 함정이 바로 여기에 있다. 세계적인 감염병은 의료적일 뿐만 아니라, 대단히 정치적인 질병이다. 한두 가지의 변수를 제어하는 것만으로 결과가 달라진다고 추론하는 것은 위험한 접근법이다. 중국으로부터의 입국자를 차단함으로써 감염 확산을 막거나 줄일 수 있다고 추론할 수는 있지만, 그 이후 확진자 숫자가 적다고 해서 중국 차단이 효과적이었다고 판단하는 것은 후건긍정의 오류에 빠질 우려가 있다. 특정 국가에서 특정 감염병의 확산 양상이 어떻게 나타나는가는 그 나라가 처한 여러 상황을 같이 고려해서 분석했을 때만 정확하게 파악할 수 있으며, 한두 가지 변수를 토대로 결론을 내리는 것은 무리다. 게다가 이 변수를 그대로 다른 나라의 경우에 적용하는 것은 그 신뢰도가 더욱 떨어질 수밖에 없다.

아직 코로나19에 대한 정보는 상당 부분 밝혀지지 않은 상태이며, 그 확산 또한 현재진행형이다. 이런 시점에서 하나의 대응책을 전가의 보도처럼 여기는 것은, 거꾸로 다른 루트로 확산하는 감염과 피해에 적절하게 대처하지 못하게 할 우려가 있다. 특정 국가로부터의 유입을 차단하는 조치를 취할 경우 고려해야 할 사항은 앞서 언급한 정치적-문화적 요소뿐만이 아니다. 현 시점에서 제기되는 다양한 의문들, 이를테면 코로나19의 확산 정도와 위도latitude의 상관성 여부라든가, 기온이나 습도 등이 코로나19 확산에 미치는 영향 등에 대해서는 아직 정확한 분석이 나오지 않은 상태다. 과연 중국발 입국에 대한 금지가 효과적인 수단이 되었을지의 여부는 모든 사태가 종료된 후 '사후적으로만' 파악할 수 있을 따름이다. 현 시점에서 특정한 변수만을 중심으로 감염병의 대책을 논하는 것은, 방역 자체에 대한 논의라기보다는 정치적 함의를 띤 소모전이 될 수밖에 없다는 점을 주의해야 할 필요가 있겠다.

Badge of Honor

박성호 2020.3.17

"Bandage becomes badge of honor."

2020년 3월 13일, AFP 통신은 위의 제목을 단 한 편의 기사를 게재한다. 이 통신사는 이번 코로나19 사태에서 한국 내에서는 가장 많은 확진자가 발생한 대구 지역에 주목했다. 그들은 이 지역에서 코로나19에 대응하기 위해 전력투구하고 있는 대구 동산병원의 간호사 16명을 촬영하고, 간단한 인터뷰 기사를 실었다.

마스크와 각종 방호장구로 인해 얼굴에 난 상처 위로 덧붙은 반창고들은 사진 속 간호사들이 벌이고 있는 '사투'를 짐작하게끔 한다. 이에 대해 AFP 통신은 "이러한 반창고는 곧 '명예의 징표badge of honor'"라고 이야기한다. 하도 오랜 시간 동안 마스크를 얼굴에 착용한 까닭에 생긴 상처이므로, 그만큼 오랜 시간에 걸쳐서 코로나19에 맞서 '싸운' 이들의 징표라는 뜻이 이 문장에 담겨 있다. 마스크와 반창고로 인해 눈과 코 외에는 얼굴조차 제대로 보이지 않지만, AFP통신이 올린 이 몇 장의 사진은 적잖은 독자들을 감동시

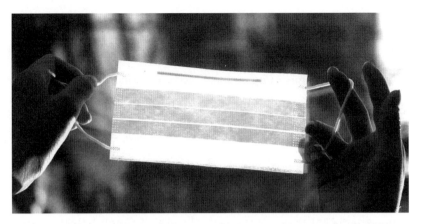

의사와 간호사들을 비롯한 의료인프라를 코로나19에 과도하게 집중하는 것은 의외의 위험을 초래할 수도 있다.

켰고, 이 기사는 다양한 사람들에게 많은 호응을 얻었다.

하지만 이 'badge of honor'라는 호명에는 또 다른 맥락이 한 가지 숨겨져 있다. 그리고 이것은 어찌 보면, 우리가 코로나19라는 병원체를 대하는 '관점', 나아가서는 코로나19와 같은 대규모 감염병에 대응하는 현재의 시선이 내포하고 있는 명과 암을 대변하기도 할 것이다.

Badge of Honor는 원래 영국에서 국왕의 명의로 '해외 영토 거주 민간인'에게 수여하는 훈장을 가리킨다. '해외 영토'라는 말에서도 드러나듯이, 이는 영연방이 아직 '대영제국'의 영향권 내에 있던 1928년에 제정된 훈장이다. 영연방 국가의 일원으로 영국을 위한 현저한 공로가 있는, 그러나 '영국인은 아닌' 해외 거주인—좋게 말해서 이런 것이고, 사실은 '식민지인'—을 대상으로 하는 훈장으로서, 말하자면 제국주의 시대 대영제국의 영광을 상징하는 말이기도 하다.

다른 쪽으로 시선을 돌려보자. Badge of Honor와는 조금 결이 다르지만, 미국 의회에서 수여하는 Cogressional Medal of Honor라는 훈장이 있다. 현재 미국이 제정하고 있는 훈장 중에서 최고등급에 해당하는 것으로, 수여 대상은 민/관/군을 가리지는 않지만 대체로 군인에게 수여되는 경우가 많다. 속칭 Medal of Honor, 한국에서는 '명예훈장'이라는 이름으로도 잘 알려져 있다.

Bondage[반창고]와 Badge of Honor를 연결시키는 AFP의 수사에는 코로나19라는 신종 병원체, 혹은 그로 촉발되는 대규모 감염병을 바라보는 근대 국민국가의 시선이 고스란히 담겨 있다. 말하자면 이것은 국가/시민을 위해 훌륭하게 싸운 '영웅'에게 수여되는 '훈장'이다. 그리고 싸움의 대상은 바로 코로나19이다. 즉 대구 동산병원의 간호사들은 한국의 대구-경북 지역이라는 '전장'에서, 코로나19라는 '적'을 상대로 처절한 '전투'를 벌이는 '전사'이며, 그 '용맹한 전과'에 대한 징표로서 반창고[bandage]라는 훈장[badge]이 수여되었다는 것이다.

대구 동산병원, 나아가서는 현재 각국의 의료인들이 코로나19로부터 사람들을 보호하기 위해 사력을 다하고 있음은 재론의 여지가 없다. 그러나 질병에 대한 인간의 대응을 표현하는 이와 같은 '수사법'은, 우리가 여전히 질병이라는 존재를 '전투를 통해 섬멸해야 하는 대상', 즉 '적'으로 보고 있으며, 이러한 적에게 맞서 '싸우는' 역할은 전문적인 '전투기술'을 보유한 전문가들, 즉 '훈련받은 군인[의료인]'의 것이라는 사고에 사로잡혀 있다는 걸 보여준다.

문제는 여기에서 비롯된다. 의료인들이 코로나19에 대응하는 '현장'을 '전선'이라 칭한다면, 이 전선이 굳건하게 유지되는 한에서는 별다른 문제가 없겠지만, 만일 이 전선이 붕괴되거나, 혹은 전선 자체가 무의미한 상황이 온다면 우리는 코로나19에 어떻게 대응할 것인가? 전쟁과 전투의 수사법 내에서라면, 전선이 붕괴되는 순간 '패배한 쪽'의 국가/시민은 파멸을 직면하게 된다. 전장의 군인들은 이 사실을 알기 때문에 죽기 살기로 싸우지만, 거꾸로 이야기한다면 죽기 살기로 '싸우는' 행위마저 그 힘을 다하고 나면 이후에 따라올 파국은 그 어떤 의지나 힘으로도 지탱해 낼 수 없는 상황이 된다는 뜻이다.

오늘날 우리가 코로나19와 같은 대규모 감염병을 바라보는 시선의 함정이 여기에 있다. 현재 한국은 다른 어떤 나라보다도 빠르고 상대적으로 많이 검진할 수 있는 역량을 바탕으로 한 확진자 '색출'과 이를 토대로 한 감염 확산 '방어'에서 좋은 성과를 거두고 있다고 평가된다. 그러나 이는 그만큼 코로나19의 방역을 위해 현재 한국이 보유하고 있는 의료 인프라의 적잖은 비중을 집중적으로 투입하고 있다는 뜻이기도 하다. 시쳇말로 의료인과 방역당국자들을 '갈아 넣음'으로써 코로나19에 대한 방역 '전선'을 유지하고 있다는 이야기다.

하지만 이처럼 인프라를 특정 지점에 집중하는 방식도 언젠가는 반드시 한계에 봉착하게 마련이다. 아니, 이미 한계선은 넘어선 것일 수도 있겠다. 방역 업무에 종사하던 지자체 소속 공무원이 과로로 사망했다는 기사가 나갔던 것도 벌써 몇 주 전의 일이다. 간호사관학교를 막 졸업한 신임소위들이 '국가와 국민을 위해' 대구로 투입되는 장면이 중계된 것도 몇 주 전이었다. 우리는 흔히 방송이나 공문서를 통해서 "민/관/군 총력전"이라는 표현을 접하지만, 코로나19와 같은 대규모 감염병을 '총력을 다해 사투를 벌어야 할 대상'으로 인식하고 싸우는 방식이란 과연 언제까지 유지될 수 있으며, 그 방식조차도 통하지 않을 '어느 미래'에 봉착했을 때 우리는 과연 파국적인 결말을 회피할 수 있을 것인가?

대구 동산병원 간호사들의 저 반창고는 일견 숭고하게 보이고, 일견 아름답기조차 하다. 그러나 한편으로는, 우리도 모르는 사이에 한국은 그만큼 '위태한 외줄타기'를 이어나가고 있다는 징표일지도 모른다. 최근 영국이나 스웨덴은 감염 확산을 적극적으로 방지하는 방식보다는, 차라리 감염 자체를 수긍하고 고위험군 내지는 중증 증상자에 대한 치료에 집중하겠다는 의사를 정부 차원에서 표명하기도 했다. 영국이나 스웨덴의 선택이 반드시 '옳다'고는 말할 수 없지만, 적어도 국민 개개인의 '면역력'을 언급한 영국 총리의 발언은 한 번쯤 눈여겨볼 만하다. 이들 국가들은 이미 전문 의료인 또는 방역 당국자 차원에서 감염병 '차단' 내지는 '박멸'에 대응하는 게 과도한 소모전을 강요한다고 판단하고 있다. 그러한 판단을 내리게끔 만든 모델 중 하나로서 한국의 사례가 선택되었던 것은 아닐까. 우리는 실제로, 저 간호사들의 얼굴에서 확인할 수 있는 것처럼, 의료 인프라와 코로나19 확산 사이의 끝없는 소모전을 지속하고 있는 상황이니 말이다.

태평양전쟁 당시 미 해병대의 존 바실론은 과달카날 전투에서의 영웅적 행위에 대한 공적을 인정받아서 명예훈장Medal of Honor을 받았다. 그 이후 바실론은 1942~1943년 동안 수세에 몰려 있던 미국 내에서 민간인들에게 판매하는 전시공채를 홍보하는 일에 투입되었고, 승리의 소식에 목말라 있던 대중들로부터 큰 호응을 받았다. 하지만 그는 전장으로 돌아가기를 원했고, 그 결과 해병대 캠프의 훈련교관을 거쳐서 1944년 이오지마 전투에 재투입된다. 그리고 그곳에서 박격포탄에 맞아 전사했다.

영웅을 만드는 일이 나쁘다는 것이 아니다. 그러나 영웅의 존재 뒤에 가려진 '현실'을 보는 것은, 영웅들에게 찬사를 보내는 것만큼이나 중요하다. 다른 무엇보다도, 코로나19에 대한 대응을 여전히 의료 내지는 방역 차원에서의 '전투', 즉 감염과 방역의 대격전으로만 이해하는 인식을 되돌아봐야 할 필요가 있다. 이것은 영국이나 스웨덴처럼, 혹은 '일본처럼' 돌아서자는 의미는 아니다. 그러나 현재 우리가 마냥 잘하고 있으며, 마냥 박수 치고 안심할 상황은 아니라는 점만큼은 분명히 해 둘 필요가 있다. 비단 이번 코로나19 사태에 국한해서만이 아니라, 앞으로 다가올 또 다른 감염병에 대비하는 장기적 안목을 갖추기 위해서라도 말이다.

정보전염병 infodemic의 시대

염원희 2020.3.20

근세에 약을 복용해 양생을 하는 이들 가운데는 쇠로 만든 그릇에다 밤이면 물을 채워 두었다가 아침에 마시는 일이 있으며, 어떤 이는 미수^{眉壽}까지 살기도 한다. 재상 홍연^{洪淵}이 이 방법을 흠모해 쇳물을 마셨는데, 끝내는 천식을 앓다가 죽었다. ^{중략} 아! 철의 독이 어찌 능히 혹은 사람을 장수하게 하고, 혹은 사람을 병들게 하겠는가?

- 유몽인,「철분이 함유된 물의 이득과 해」,『어우야담^{於于野談}』, 돌베개, 495~497쪽.

이것은 당대에 떠도는 야사^{野史}·항담^{巷談}·가설^{街說}을 수집한 유몽인의 『어우야담』에 실려 있는 이야기 중 하나인데, 당시 지식인들 사이에서 유행하던 장수 비법을 서술하고 있다. 항간에 떠도는 명확하지 않은 정보를 건강 비법으로 알고 따르는 어리석음을 한탄하는 내용으로, 이것은 17세기의 '가짜 뉴스'의 폐해에 관한 기록이라 할 수 있다.

그렇다면 현재는 어떠한가. 건강과 질병에 대한 잘못된 정보는 과거에는

17세기에 떠도는 이야기를 모은 유몽인의 『어우야담』
출처: https://www.iheadlinenews.co.kr/news/articleView.html?idxno=22582

입에서 입으로 전해진 반면, 현재는 인터넷 환경을 매개로 광범위하게 유통 되고 있는데, 이러한 현상이 감염병의 세계적 유행이라는 재난 상황을 만나 증폭되고 있다. 게다가 질병에 대한 정보만이 아니라 사회적 재난에 대해 사실 관계가 명확하지 않은 수많은 가짜 뉴스들이 사회관계망서비스SNS를 통해 실시간 공유된다. 이러한 사회 현상을 '정보전염병'이라 부르는데, 이 는 "정보 information와 '전염병 epidemics'의 합성어로, 잘못된 정보가 미디어, 인터넷 등의 매체를 통해 급속하게 퍼져나가는 것이 '전염병'과 유사하다." 는 의미에서 만들어진 용어이다. 가짜 뉴스, 소문과 괴담 따위가 창궐하면 서 벌어지는 혼란으로 인해 사람들이 불안감을 느끼게 되는 일종의 '심리적인 감염 상태'를 형성하는 것이다. 감염병을 둘러싼 정보 전염의 사례는 다양한 차원에서 발견할 수 있는데, 질병 발생의 원인과 증상, 결과에 대한 억측에서부터, 근거 없는 치료 방법과 감염병 관련 정책에 대한 거짓 정보가 SNS를 통해 공유되는 상황을 예로 들 수 있다.

질병을 둘러싼 정보의 전염과 폐해

코로나19를 둘러싼 정보전염병 현상을 구체적으로 살펴보자. 먼저, 질병 발생의 원인과 증상, 결과에 대한 거짓 정보가 사실인 것처럼 유포되는 경우다. 최근 들어 잇따라 발병한 사스SARS, Severe Acute Respiratory Syndrome, 에볼라바이러스Ebola virus, 메르스MERS, Middle East Respiratory Syndrome와 코로나19까지 발병 초기에 정체를 명확히 알 수 없는 감염병은 등장과 동시에 왜곡된 소문이 함께 유포되고, 그중 일부는 뉴스로 보도되기도 하였다. 사실관계가 확인되지 않은 채 보도된 뉴스를 '가짜 뉴스'로 인지하게 되기까지 그것은 '정보'로서 유통되기 때문에 질병에 대한 오인과 오도된 대응을 낳게 한다. 예를 들면, 코로나19 초기에 유포된 "이 질병은 치사율은 낮으나, 걸리면 '폐섬유화'가 진행되어 폐의 정상 기능을 회복하기 어렵다"는 가짜 뉴스는 이제 막 알려지기 시작한 질병에 대한 과도한 공포를 확산시키기에 충분했다. 또한 감염병의 출처에 대한 의구심은 다양한 음모론을 낳기도 하였는데, 가령 한때 코로나19가 중국의 특정 지역에 위치한 세균배양실험실에서 만들어진 바이러스가 실수로 혹은 고의로 퍼진 것이라는 '소문'이 돌기도 했다.

음모론의 성격을 띤 소문은 그저 흥밋거리로 취급되어야 마땅하지만, 여기에 구체적인 정황과 공신력 있어 보이는 증거물이 덧붙으면 사람들은 진실과 거짓을 구분하기 어렵게 된다. 단적인 예로, 2020년 3월 중순에 퍼졌던 '코로나 변종'에 대한 정보라면서 "현재 유행하는 코로나 바이러스는 S형인데 이탈리아에서 감염력이 4배 강한 변이가 등장했다."는 소문이 SNS를 중심으로 퍼져나가기 시작했다.* '변종을 발견한 전문가의 실명'이라는 증거물과 그럴듯한 정황이 가미된 이 이야기는 소문을 넘어 뉴스로 오인되기에 이르렀고, 이에 대한 사실관계를 확인하는 취재가 한동안 진행된 끝에야 결국 거짓으로 판명되었다.

정보의 오염이 '질병의 치료'에서 벌어지는 경우는 자못 위험하기까지 하

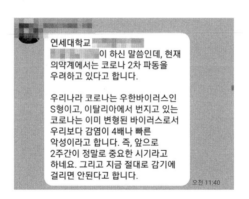

코로나19의 유럽발 변종에 관한 SNS 메시지 내용
출처: http://news.heraldcorp.com/view.php?ud=20200317000131

---

* 「유럽 '코로나19'는 악성 변종?… 창궐하는 미확인 루머성 정보」, 《헤럴드경제》, 2020.3.17.

다. 2020년 3월 17일 어느 예배당에서 "소금물이 코로나19를 예방할 수 있다."는 잘못된 정보를 믿고, 해당 예배당을 맡고 있는 종교인 부부가 신자들의 입과 손에 소금물을 분사하여, 집단감염 사태가 벌어졌다. 자신들이 코로나19 확진자임을 미처 확인하지 못했던 이들 부부가 분무기를 들고 직접 소금물을 분사하였고, 그 결과 3월 17일 기준으로 47명을 감염시켰다는 소식은 차라리 그 자체가 가짜 뉴스였으면 좋았을 것이다. 하지만 8시 뉴스에서 소금물을 분사하는 장면이 담긴 CCTV 장면과 함께 뉴스가 보도되기에 이르면, 우리 주변에서 거짓 정보가 쉽게 유통되고 있다는 것을 부인하기 어렵게 된다. 그저 황당한 돌발적 사건으로 치부할 수도 있지만, 잘못된 정보는 오히려 감염병 확산의 원인이 된다는 점에서 질병을 치료하기 위해서는 잘못된 정보를 선별해 내는 것이 또 다른 과제라는 것을 절감할 수 있다.

시대를 달리하여 감염병은 반복되어 왔고, 정체를 알 수 없는 질병에 대한 잘못된 정보도 함께 존재하였다. 근세기에 한국에 큰 영향력을 미쳐 〈변강쇠전〉에도 등장하는 1821년 '신사년 괴질怪疾'은 곧 콜레라라는 질병이었지만, 당시에는 도무지 종잡을 수 없는 질병이었기 때문에 '괴질'로 불렸다. 괴질의 또 다른 이름은 '쥐통'이었는데, 그 증상이 근육에 쥐가 나는 것 같았기 때문에 붙여진 별칭이었다. 이에 사람들은 대문에 고양이를 그린 부적을 붙여 '쥐귀신'이라는 괴질의 원인을 물리치고자 했다.* 실체를 파악하지 못

---

* 　신동원, 「호열자, 조선을 습격하다」, 『역사비평사』, 2004, 27쪽.

한 질병에 맞서 주술적 행위를 한 것이 어디 조선만의 일이겠는가. 현재 우리가 직면하고 있는 감염병인 '코로나19'라는 용어는 '괴질'이라는 용어에 비해 그 정체를 꽤 드러낸 낱말처럼 보이지만, 전 세계적인 확산 추이와 대응 양상을 보건대 질병의 불확실성은 여전하고, 거짓 정보는 질병보다 빠르게 전염되고 있다. 게다가 정보전염성으로 야기된 공포는 질병 자체에 대한 두려움을 넘어, 전염되고 있는 세계에 대한 공포를 환기한다.

감염병은 사회적 재난 상황이기에 이를 막기 위한 정부의 정책이나 운영에 대한 거짓 정보가 뉴스로 보도되는 것은 감염병에 대한 공동체적 대응을 방해하고, 사회적 연대를 저해한다. 어느 유력 신문사의 4월 1일자 사설에서, 정부가 코로나19 관련 의료진을 홀대한다는 내용을 보도한 바 있다. "임시 선별 진료소에서 봉사하는 의료진에게 위험수당 미제공"이라거나, "의사들이 보호복이 없어 수술 가운을 착용"한다는 맥락이었다. 하지만 확인 결과 임시 선별 진료소에서 봉사에 참여한 모든 의료진에게 위험수당은 지급되었으며, 방역복 대신 수술 가운을 입었던 사례는 확인되지 않았고, 방역복 수급의 어려움도 실제로 확인된 사례는 없었다. 또한 "의료기관에서 집단감염이 발생하면 손해배상 청구를 하겠다고 엄포"하였다고 기사화하였으나, 중앙재난안전대책본부에서는 "손해배상 구상권 청구는 명백한 위법 사실이 있는 경우에만 적용되며, 대부분의 요양병원은 이에 해당되지 않았다."*고 발표했다. 부정적인 가짜 뉴스는 '가짜'임에도 불구하고 쉽게 번지고, 분노를 이끌어내는 것도 쉽다. 중앙재난안전대책본부는 감염병에 대한 대처는 물론이고, 쏟아져 나오는 뉴스의 진실성 여부를 확인하고 사실이 아닌 경우 바로잡는 역할까지 하고 있다. 아니, 해야 한다. 한 치 앞을 알 수 없는 질병의 향방을 예측하고 대책을 마련하는 것은 물론 가짜 뉴스를 바로잡는 것까지 중앙 컨트롤타워의 주요 업무라 할 만큼, 질병과 정보는 동시에 감염되고 있기 때문이다.

코로나19와 무관하게 '정보의 오염'이라는 것은 이전부터 존재한 현상이지만, 질병과 관련된 잘못된 정보나 확인되지 않은 치료 방법을 양산하는 가짜 뉴스는 자칫 인간의 건강과 생명에 직접적으로 영향을 줄 수 있는 위험한 요소가 된다는 점을 간과해서는 안 된다. 또 다른 문제는 정보의 전염이 사람들을 선동하고 집단적인 혐오와 폭력을 불러일으킬 수 있다는 점이다. 가짜가 또 다른 가짜를 양산하고, 부정과 혐오를 낳는다. 이 질병으로 인해 전 세계 인구의 30%, 특히 고령 인구의 대다수가 사망하게 될 것이라는 소문에 대한 반응은 상상 이상이다. '그 결과로 코로나19 덕분에 일생 호황을 누렸던 베이비붐 세대가 정리될 것'이라는 끔찍한 기대를 담은 'BOOMER REMOVER'라는 혐오의 언어가 회자된다는 것은 고령화 사회를 배경으로 세대 간 혐오가 극에 달했다는 신호이다. 언제나 그랬듯 혐오는

---

* 중앙재난안전대책본부, 「코로나바이러스감염증-19 중앙재난안전대책본부 정례브리핑」, 5쪽 붙임1, 2020.4.14.

상대적으로 나이 든 사람, 약한 사람, 소수자에게 집중된다. 또한 코로나19의 근원지 논란은 서구권에 거주하는 동양인에 대한 혐오를 가시화하였다. '동양인이 지나가면 코로나라고 불린다.'는 말까지 나오는 서구권 거주 동양인들에게는 질병 감염보다 혐오의 대상이 된다는 점이 더 공포스럽지 않을까.

코로나19 관련 국외 가짜 뉴스 중 가장 당황스러운 것은 주로 서구권에 퍼진 '5G 음모론'이다. '5G가 코로나19 바이러스를 생성하고 통신탑이 감염 확산을 촉진한다.'는 코웃음 칠 만한 소문이 사회관계망서비스를 타고 급속도로 확산되었는데, 문제는 이 소문이 예상보다 큰 영향력을 발휘하면서 선동과 폭력의 메커니즘을 작동시키고 있다는 점이다. 실제로 뉴욕타임스 등은 4월 11일 자 기사에서 '이번 달 영국에서 무선타워와 기타 통신장비 방화 및 기물파손 행위가 30건 이상 발생했고, 전국에서 약 80건의 다른 사건에서 통신기술자가 괴롭힘을 당했다.'고 보도했다.[*] 가짜 뉴스는 잘못된 정보를 기사화한 것에 불과하지만, 이처럼 사실로 인식되면서 혼란을 야기하고, 유혈사태로까지 번지기도 한다. 여기에 국가 간 분쟁으로 치달을 수 있는 빌미가 될 가능성까지 더하면 가짜 뉴스가 유통되는 세계는 총성 없는 전쟁터라 해도 과장이 아니다.

---

[*] 「5G 음모론 유럽으로 확산되나」, 『AI타임스』, 2020.4.13.

소문의 뉴스화로서의 '가짜 뉴스'

우리는 거짓 정보, 괴담, 도시전설 urban legend,* 뉴스 등이 혼재된 시대에 살고 있다. 이들의 공통점은 의외로 '사실성' 즉 '그럴 듯함'이다. 소문은 사실로 믿어질 법한 것일수록 널리 퍼진다. 그중 부정적인 소문은 '괴담화'하면서 자극성을 무기로 더 빨리 퍼져나가고, 어느 정도의 서사성을 갖게 되면 도시전설을 형성하여 '있을 법한' 이야기로 회자된다. 진실성을 핵심 가치로 하는 뉴스는 그 앞에 '가짜'라는 수식어가 붙으면 안 되는 영역인데도 '가짜 뉴스Fake News'는 일반적으로 통용되는 표현이 된 지 오래다.

소문은 사실이건 아니건 그렇게 중요하지 않지만, 실제로는 '있을 법한', '그럴듯한' 속성을 갖고 있는 경우 더욱 널리 퍼질 수 있는 힘을 갖는다. 이러한 특징을 바탕으로 과거에 소문은 신문과 TV라는 올드미디어를 통해 확산되기도 하였다. 하지만 소문이 진실인가 또는 거짓인가 하는 점보다 중요한 것은 '시의성'이다. 뻔한 소문이라도 적절한 때를 만나면 다시금 새로운 정보로 인식되기도 한다. 그 좋은 사례가 얼마 전 세계적으로 벌어졌던 휴지 사재기 사태이다. 한국을 제외한 여러 국가에서 벌어진 휴지 사재기는 실제로 한 트위터리안이 지어낸 거짓 정보로 야기된 것이지만, 1970년대 일

---

* 도시전설(urban legend)은 현대 사회를 배경으로 전승되는 이야기로, 일정한 서사구조를 지니며 다른 사람에게서 들은 이야기(AOAF-friend of a friend)라는 점과 사실성이 강조된다. 또한 대중매체와 긴밀한 연관관계를 갖고 전승되고 있다. 염원희, 「범죄담의 전승상의 특징과 사회적 의미」, 『어문론집』 제70집, 2017, 229쪽.

본 사회에서 벌어진 실제 상황과 상당히 유사하다. '재난이 닥쳤을 때 휴지 원재료가 부족해질 수 있다'는 것은 꽤 고전적인 소문이었던 셈이다.[*] 코로나19가 주로 비말로 감염된다면, 이 감염병을 둘러싼 소문은 소셜미디어를 통해 감염되는 속성을 보인다. 사람들이 쉽게 소문에 감염되는 이유는 자기 안에 내재한 감정의 문제와 깊게 연관되어 있다. 감염병의 위험이 보도된 이후 사람들이 궁금해 하는 질병의 근원지에 대한 의구심을 해소시켜 주거나, 코로나19에 대해 느끼는 불안감에 근거를 제공해 준다는 점에서 소문은 쉽게 가짜 뉴스로 변신해 왔던 것이다. 조금 다른 이야기지만, 코로나19 확산 초기였던 2020년 2월에는 '백조와 돌고래가 코로나19로 관광객이 감소된 베네치아 운하로 돌아왔으며, 코끼리들이 중국 윈난의 한 마을에서 옥수수 와인을 마시고 차밭에서 기절했다.'는 소식이 전해지기도 했다.[**] 일명 '코로나19가 지구의 생명을 회복시켜 준다.'는 가짜 뉴스인데, 사진이라는 증거물과 함께 사회관계망서비스에 게재된 이 소문은 뉴스화되었다가 모두 사실이 아닌 것으로 판명 났다. 이 행복한 가짜 뉴스는 생태주의 실현에 대한 사람들의 소망을 간파하였기에 급속히 확산될 수 있었다. 가짜 뉴스가 인간의 감정과 욕망이 투영된 대상이라는 점이 확인되는 대목이다.

우리는 이제 '소문'보다 '가짜 뉴스'라는 표현에 익숙하다. 가짜 뉴스란 '어

---

[*] 마츠다 미사, 『소문의 시대』, 추수밭, 2016, 15-18쪽.

[**] Natasha Daly, Fake animal news abounds on social media as coronavirus upends life, nationalgeographic, March 20, 2020(https://www.nationalgeographic.com/animals/2020/03/coronavirus-pandemic-fake-animal-viral-social-media-posts/)

떠한 의도를 가지고 조작된 거짓 정보'로 정의하며 여기서 '의도'가 향하고 있는 목적성이 중요한 요건이지만, 소문의 전파 양상과 매우 유사하다. 요즘 유행하는 가짜 뉴스의 양태를 들여다보면, 거짓 정보를 담은 소문이 사회관계망서비스를 만나면서 급속도로 퍼져나가는 것으로 '거짓인 소문의 뉴스화'라 갈무리할 수 있을 것 같다. 소문으로 떠돌던 거짓 정보가 트위터, 인스타그램, 페이스북과 같은 매체를 만나면서 '~했다더라'라는 의존적인 표현이 탈락하고, '~다'라는, 사실을 진술하는 형태가 되어 간다. 소문이 모두 거짓은 아니지만, 그렇다고 사실도 아니다. 가짜 뉴스가 퍼지는 양상은 소문이 확산되는 방식과 유사하다는 점은 앞서 언급한 '휴지 원재료 부족'에 관한 소문을 통해 재확인 할 수 있다. 이 소문이 트위터에 올려졌던 초반에는 그리 널리 알려지지 않았다고 한다. 그런데 이 내용을 반박하며 정보가 잘못된 것임을 정정하는 트윗이 등장하고, 이를 다른 사람들이 리트윗하는 과정에서 오히려 휴지 대란을 부추기게 되었다는 것이다.* 거짓 정보를 정정하는 글을 올렸지만 가짜 뉴스가 더 확산되었다는 점에서, 사람들에게 사실 여부는 그다지 중요하지 않으며 그런 내용이 회자된다는 것 자체를 위협으로 느끼는 심리가 파악된다. 결국 한 번 만들어진 소문이나 가짜 뉴스는 명확하게 사실인지 여부와 관계없이 확산되며, 그 영향력은 뉴스와 동일하다.

---

* 「'휴지가 동난다' 헛소문에 맞선 트윗이 되려 사재기 유발」, 《연합뉴스》, 2020.4.6.

가짜 뉴스를 경계해야 하는 궁극적인 이유는 어떤 이야기가 유통되는가에 따라 그 사회의 정체성이 판단될 수 있기 때문이다. 가짜 뉴스는 일종의 '지어낸 이야기'이기에 사실 여부가 밝혀지면 배제되어야 할 대상이지만, 한 번 보도된 가짜 뉴스는 사실관계를 확인할 필요없이 확산되고, 때로는 그 내용이 대중의 욕망을 충족시키는 것이라면 진실성 없이도 사실로 자리잡는다. 결국 사실로 굳어진 가짜 뉴스는 종국에 가서 한 사회의 집단기억 collective memory으로 자리 잡을 공산이 크다. "기억은 개인이 간직하는 것이긴 하지만, 개인의 가장 원초적인 기억조차 사회적으로 형성"*되며, 개개인의 여러 기억은 훗날 한 사회의 집단기억이 되기도 한다. 우리가 '코로나19'라는 재난에 맞서 어떠한 '집단기억'을 갖게 될 것인가의 문제에서 가짜 뉴스가 하나의 축을 담당할 것임은 자명하며, 이것은 우리 사회 정체성의 일부를 차지할 것이다.

소문과 가짜 뉴스는 본래 진실인가 거짓인가는 중요하지 않은 장르였으므로 확인 과정 없이 보도될 때 위험한 결과를 낳을 가능성은 항시 내포하고 있다. 어떤 가짜든 간에 뉴스로 보도되는 동시에 공식적인 정보로 취급되기 때문에 불러일으키는 반향이 크다. 본래 뉴스의 최대 덕목은 사실관계가 명확하게 확인된 정보라는 점이다. 가짜 뉴스로 인한 폐해가 사회문제가 된 만큼 뉴스의 덕목을 저해하는 '사실 확인에 앞서는 신속한 보도의 가치'

---

* 제프리 K. 올릭, 『기억의 지도』, 도서출판 옥당, 2011, 19쪽.

를 운운하는 태도는 사라져야 한다.

새들도 가짜뉴스를 전달하지 않는다

코로나19를 둘러싼 정보 전염의 혼란을 보면, 흡사 구전성이 지배하던 위협적인 신화의 시대가 돌아온 것처럼 느끼게 된다. 감염병이 장기화하면서 인류의 마음에는 '의학이 이렇게 발달했는데, 설마 감염병 때문에 죽겠어?' 라는 안이함에서부터 '도대체 언제까지 이 상황이 계속되는 걸까?'라는 불안감까지 복잡한 심정이 교차하고 있다. 생명과 미래에 대한 전망이 불확실한 상황에서 주요한 감정은 공포일 수밖에 없다. 그렇다고 잘못된 정보에 의존한다면 감염병과 별개로 새로운 피해가 계속 생겨날 것이다. 어쩌면 가짜 뉴스의 홍수 속에서 현실과 비현실, 진실과 거짓을 구분하는 감각이 둔해지는 경험을 하고 있다고 변명할 수 있을지도 모른다. 하지만 감염병의 전파경로가 일방적이기보다 상호적이며 순환적인 것과 마찬가지로, 감염병에 대한 거짓 정보 역시 일방향적으로 확산되지 않는다. 그러하기에 소비하는 주체 스스로도 자정을 위한 노력이 필요하다. 실제로 가짜 뉴스를 법으로 규제하는 문제가 공식적으로 논의되고 있고, IT 기업 주도로 가짜 뉴스 필터링 기술을 테스트하고, 세계적인 언론사들이 연합하여 정보의 진실성을 '크로스 체크'하는 방식이 자리를 잡았다. 한국에서는 시민들이 가짜 뉴스를 기록하고 언론을 감시하는 '기사 평가 사이트'도 있다. 언론사의 보도 기사를 스크린샷, 아카이브 등의 방법으로 저장하고 기사의 사실성 확인을 강화하여 과장된 보도, 가짜 뉴스의 확산을 차단하는 데 기여하려는 노력이다.

앞으로도 소문과 가짜 뉴스의 문제는 불확실성을 담지한 감염병이 출현할 때마다 지속적으로 불거질 것이다. 지금처럼 감염병에 대해 정부와 언론사 등 공식적 채널에서 충분한 정보를 제공하는 것은 필수적이다. 그 정보를 받아들이는 우리는 그 분야의 전문가들조차 명확하게 판단할 수 없는 상황, 혹은 전문가들 사이에서도 판단이 엇갈리는 상황에 직면하는 것은 충분히 벌어질 수 있는 일이며 코로나19가 바로 그러한 사례임을 받아들여야 한다. 그러므로 "그래서 위험하다는 거야, 안전하다는 거야?"라는 결론만을 요구하지 말고, 기본적으로 '심각한 위험'일수록 그 실체가 투명하게 드러나는 데 시간이 걸린다는 점도 인정해야 한다. 감염병의 위험성과 안전성을 흑백으로 가려낼 수 없는 상황임을 이해하고, 뿌연 잿빛의 상황을 헤쳐 나가기 위해서는 함께 노력해야 한다는 점을 인식해야 한다.

이제 우화 같은 뉴스로 글을 마무리하려 한다. 참새과에 속하는 붉은가슴동고비와 검은모자쇠박새는 포식자의 소리를 들으면 1음절의 소리를 반복적으로 내서 동료들에게 위험을 알린다. 그런데 흥미로운 것은 포식자와 관련된 정보를 동료들에게 전해 듣더라도 그 진위 여부를 '스스로' 확인하기 전까지는 정보를 재전파하지 않는다는 점이다.* 위험도가 높은 정보라도 함부로 확산하지 않는 신중한 태도를 지녔기에 이 새들은 야생에서 살아남았

---

* 김기범 기자, 「새들도 '가짜뉴스'는 걸러내고 전달」, 《경향신문》, 2020.1.31.

을 가능성이 높다. 이제 세계적으로 감염병이 등장하는 주기가 점점 짧아지고 새로운 바이러스의 출현 빈도는 높아질 것이라고 한다. 그에 따른 백신 개발이 쉽지 않을 것이라는 정도는 현재의 상황을 통해 누구나 예상할 수 있다. 결국 감염병 유행이라는 새로운 야생에서 살아남기 위해 우리가 함께 할 수 있는 일은 정보의 홍수 속에서 소문과 가짜 뉴스에 현혹되지 않으려는 노력이 아닐까.

제4부

코로나19,
사회를 습격하다

코로나19가 제기한 자유주의와 공동체주의의 상호수용 가능성

민유기 2020.4.30

3T, 3P, TOD

보부아르 Simone de Beauvoir 의 소설 제목처럼 "모든 인간은 죽는다." 신화적 불멸의 삶이란 오로지 후대인의 기억에 의해서만 가능한 것이기에, 모든 인간의 삶은 죽음으로 향하는 과정이다. 우리는 살아가면서 죽어 가는 것이다. 그런데도 죽음이란 생에서 미리 경험하지 못한, 낯선, 공포의 대상이다. 천수天壽를 누리다가 죽음이 가까이 오고 있음을 직감하며 평온한 죽음을 준비하는 이들도 그러하겠지만, 전혀 죽음을 대면할 각오를 하지 못한 이들에게 갑자기 자신의 존재가 사라질 수 있다는 공포가 눈앞의 현실로 다가온다면 그 누가 황망하지 않으리. 정치공동체 역시도 구성원들의 생명이 예기치 않게 위험에 빠지는 상황이 발생하면 당황하기 마련이다.

2019년 말에 발생하고 2020년 1월말부터 빠르게 확산되어 세계보건기구

WHO에 의해 3월에 팬데믹이 선언된 코로나바이러스감염증19COVID-19, 이하 코로나19의 확진환자는 4월 30일에 전 세계에서 327만 명을, 사망자는 23만 명을 넘어섰다. 치명률 높은 신종 감염병이 팬데믹 상황에 이르기까지, 대부분의 국가가 당혹감 속에 제대로 된 위기관리 능력을 보여주지 못하며 부끄러운 민낯을 드러냈다. 20세기 이래로 세계적으로 정치·경제·사회·문화 모든 영역에서 선진국으로 자타가 공인했던 미국과 유럽의 국가들도 예외가 아니었다. 반면에 한국은 초기부터 상대적으로 효과적으로 대응하며 코로나19 누적 확진자 수가 1만 명을 넘어선 4월 2일 이후 한 달여 동안 아주 조금씩만 증가해 1만 7백 명 대를 넘어서지 않고 있으며, 치명율도 세계 평균에 비해 매우 낮다.

코로나19에 대한 한국의 성공적인 방역 체계는 초기 대응에 실패한 미국과 유럽은 물론이고 세계 각국에서 참고하고 수용하고 적용해야 하는 표준 모델로 간주되고 있다. 3월 말 세계은행의 요청으로 한국 정부가 영문으로 제작해 전 세계에 배포한 〈코로나 대응자료〉Tackling Covid-19에는 검사, 추적, 치료testing, tracing, treating라는 3T 조처가 자세히 소개되었다. 3T 조처는 선제적으로, 신속하게, 정확하게preemptive, prompt, precise라는 3P 지침을 따르며 이들 조처와 지침은 투명성transparency, 개방성openness, 민주성democracy 원칙에 기반을 둔다. 이중 TOD 원칙이 성공적 대응의 핵심이라고 강조할 수밖에 없다. TOD 원칙은 개인의 자유를 일부 양보한 시민들의 광범위한 참여를 가능하게 한 열쇠였다.

근대 이래로 역사적 경험을 통해 개인의 자유와 사생활 보호를 중시해 온 서양의 여러 나라에서는 3T 조처 가운데 확진자의 디지털 정보를 활용해 감염 가능성이 있는 접촉자들을 추적하는 것에 대한 거부감이 상당했다. 팬데믹에 맞선 한국의 대응을 권위주의의 산물이나 개인의 자유 통제라고 비판하는 해외 언론의 보도에서는 물론이고, 배워야 할 대응이라며 칭찬 일색인 보도들에서도 디지털 감시망휴대폰, 신용카드, CCTV 정보 등으로 사생활을 들여다보는 것에 대한 우려는 빈번히 제기되었다. 그런데 다수의 한국인들은 이런 우려보다는 자가격리 지침 위반자, 이동제한이나 강제 폐쇄에 항의하는 시위대가 타인을 나 몰라라 하는 극단적 자유주의와 이기주의로 공동체에 해를 미친다고 생각한다. 이런 인식과 태도의 차이는 자유주의와 공동체주의의 가치와 한계에 관해 성찰적으로 재음미해 볼 좋은 기회를 제공한다.

자유주의 vs 공동체주의

르네상스와 종교개혁, '과학혁명'과 계몽사상의 대두, 시민혁명과 산업혁명이라는, 16세기에서 18세기에 이르는 서양의 근대화 과정은 중세의 봉건적 정치경제 체제와 근대 초기의 강력한 중앙집권적 왕정 체제, 그리고 이를 뒷받침한 종교의 억압, 지배, 간섭, 통제에서 벗어난 개인의 자유를 자연권으로 축성하였다. 개인주의는 자유주의의 핵심을 구성한다. 자유주의 정치체제는 단지 개인의 자유와 권리의 증진을 최우선 가치로 여기기에 모든 사회제도나 규범은 개인의 자유에 기여할 때만 정당성을 확보한다. 자유로운 개인은 스스로의 행동 방향을 선택하고 실천하는 유일한 권위를 소유한 주체로서 외부의 타자가 요구하는 특정 목적이나 공공선보다 개인의 권리를 우선시한다. 서양 근대의 산물인 자유주의는 삶을 옥죄던 공동체의 가시적 비가시적 강제로부터 개인을 해방시켰고, 이는 민주주의와 자본주의 성장에 이바지했다.

개인의 자유와 권리에 대한 절대화는 17세기 고전적 자유주의 사상가들뿐만 아니라, 자유의 희생 없는 사회정의 추구의 노력을 중시한 롤즈[J. Rawls]와 그를 비판하며 자유지상주의[liberatarianism] 최소국가를 강조한 노직[R. Nozick] 등 현대 자유주의 논의에서도 동일했다. 파시즘과 나치즘, 전체주의와 권위주의, 냉전 시기 시민의 기본권에 대한 부분적 제약 등은 자유의 가치와 개인의 권리를 더욱 절대시하게 만들었다. 경제학자 하이예크[F. Hayek]는 1944년에 펴낸 『굴종의 길』에서 경제와 사회에 대한 최소한의 정부 개입도 결국에는 전면적인 개인의 자유 억압으로 이어질 거라고 경고했다. 그의 이런 생각은 대공황과 제2차 세계대전의 위기를 극복하며 등장한 수정자본주의, 혹은 복지자본주의가 1970년대 초부터의 세계경제 침체에서 고비용 저효율에 직면하자 대두한 경제적 신자유주의의 토대가 되었다. 그런데 경제적 신자유주의의 확산 속에서 사회적 양극화와 불평등이 심화되자 자유주의의 기초인 개인의 권리가 비사회적 개인주의를 낳아 공동체의 존립과 발전을 저해한다며, 공동체의 덕성을 중시한 공동체주의[Communitarianism] 사상이 등장했다.

공동체주의에서는 공동체적 유대, 공동체 구성원에 대한 상호적 돌봄의 의무, 공동체의 목적에 기여하는 참여 등을 공공선으로 간주하며, 사회적 존재인 개인의 자유와 권리는 공공선보다 우선하지 않는다고 주장한다. 공동체주의자들이 보기에 자유주의는 공동체의 가치를 무시하거나 약화시키고, 가치 있는 삶을 위한 정치적·사회적 참여와 공적 의무의 중요성을 경시한다. 반면, 자유주의자들은 공동체주의가 개별 공동체가 지닌 고유한 전통과 과거에 집착해 전체주의나 배타적 집단주의의 위험성을 내포하고, 공동체에 대한 자유로운 비판이 보장되기 어려워 획일화가 조장될 수 있고, 보수주의적 속성을 지니며, 공동체 별 상이한 가치에 따른 상대주의 함정에 빠질 가능성이 높다고 비판한다. 개별 공동체의 가치관을 전제로 하는 공공선은 상대적일 수밖에 없기에 보편적 사상으로서의 정합성에 대한 의심도 제기된다.

사실 공동체주의는 이론적으로 그들이 비판했던 자유지상주의와의 기묘한 동거를 통해서, '아메리카 퍼스트'를 내세운 트럼프 대통령처럼 패권주의적 미국의 신보수주의 정치의 자양분이 되기도 했다. 자유주의를 지탱하는 개인주의가 이기주의를 극단화하여 초래되는 사회적 병리 현상과 갈등을 이성적으로 그리고 제도적으로 해결하려는 사회적 노력을 경주하는 대신, 공동체에 대한 소속감과 애착, 헌신과 의무, 사회적 덕성 같은 감성적 논리로 그리고 다른 공동체에 대한 대결적 모습으로 임기응변하려 했던 탓이다.

그러나 자유주의자들과 공동체주의자들 간의 지속적인 상호 불신과 비판에도 불구하고, 자유주의와 공동체주의의 쉽게 메우기 어려운 간극을 좁히려는 성찰적 시도가 필요하다. 자유주의가 억압과 지배로부터from 해방되는 역사적 실천의 산물이라면, 공동체주의는 파편화된 개인의 극단적 이

기심이 야기하는 사회적 부자유를 극복하기 위한 자유주의 속성을 은밀히 지니고 있는 것은 아닐까? 마찬가지로 공동체주의가 공공선을 향한to 구성원들의 참여를 중시한다면, 나치에 의지한 독일 중간 계급의 사회심리를 분석한 프롬E. Fromm이 '자유로부터의 도피'를 비판하며 제시한 적극적 자유의 실행처럼, 바람직한 공동체상을 만들어 가며 개인의 사회적 자아실현을 이루어 갈to 자유는 공동체주의와 일정한 친화력을 지니고 있다고 말할 수 있지 않을까?

2008년 세계 금융위기 이후 새로운 경제 기준을 의미하며 일부에서만 사용되던 '뉴 노멀'이란 용어는 이제 많은 나라에서 포스트코로나 뉴 노멀, 즉 팬데믹 이후 일상적 삶의 새로운 기준에 대한 다각도의 논의를 통해 널리 사용되고 있다. 개인은 물론 개별 국민국가, EU 같은 국제지역, 지구촌 같은 다양한 층위의 공동체 모두에 영향을 미친 팬데믹 이후, 정치적·사회적 공동체 내 개인의 자유와 권리 보장, 자유로운 개인의 공공선을 위한 참여, 자유주의와 공동체주의 간의 오랜 논쟁과 그 사이 공간에 대한 사유들 역시 보다 확장될 것이 틀림없다.

민주적 공동체주의와 시민참여

코로나19 위기에 대한 한국의 성공적인 대응과 그 결과를 분석하면서 일부 해외 언론은 한국의 역사와 전통에서 공동체주의, 집단주의, 권위주의 요소들을 찾아낸다. 이들은 유교 전통이, 식민 지배와 군사독재 시기의 집단적

동원 경험이, 남북한의 대치 상황이 한국인을 국가 권력에 순종적이게 만들었다거나, 집단적 동원에 거부감을 갖지 않게 만들었다거나, 일상적으로 위기감 속에 살아가기에 어떤 위기건 빠른 대응이 가능하다거나 등등 『대반열반경』大般涅槃經 속의 장님 코끼리 만지기 盲人摸象 우화와 같은 성급한 일반화의 오류를 범한다. 물론 이런 보도에 대해서 한국을 잘 이해하는 현지 전문가의 반박 칼럼이 게재되거나 일반인들의 비판적 댓글도 많이 달린다.

한국인이 권위와 권력에 순종적이라 믿는 사람은 일제강점기 독립투쟁과 4.19혁명, 광주민주화운동을 비롯해 군부독재에 저항한 대중적 민주화운동의 역사를, 21세기의 새로운 집단적 축제적 저항을 보여준 여러 차례의 촛불시위를, 그 정점이던 2016~17년 한겨울 추위에 아랑곳하지 않던 수백만 명의 촛불시민들을 어떻게 생각할까? 물론 한국 근현대사에서 위로부터의 대중동원이 빈번했던 것도 사실이고, 관 주도의 새마을운동이나 예비군과 민방위 훈련처럼 한국인의 일상에서 동원이 익숙한 것도 부정할 수는 없다. 하지만 과거 공동체의 비민주성과 폐쇄성에 대한 인식이 공동체주의에 대한 거부감으로 단순하게 귀결되어서는 안 된다. 공동체의 속성은 고정된 것이 아니며, 구성원들의 수준에 따라 변화한다.

동원mobilization은 참여와 형태적 겉모습이 닮았을 뿐 본질적 속모습은 다르다. 단어의 어감상으로도 동원은 외부적 요인에 의한 타율적 움직임이란 느낌이, 참여는 자유로운 개인의 주체적 자율적 실천이란 느낌이 강하다. 민족해방투쟁과 민주화운동을 통해서, '선출되지 않은 권력'에 의한 제도적 민주주의 위기를 '촛불항쟁'으로 구해내면서 한국인은 참여가 어떻게 역사를 창조하는지를 목도하고 경험해 왔다. 그리고 팬데믹 상황에서 여러 나라가 선거를 제대로 치르지 못할 때 '민주주의 축제'라는 선거를 제때에 안전하게 실시했고, 66.2%라는 28년 만에 최고의 투표율을 기록하며 시민의 높은 참여 의식을 보여주었다.

감염병 확산세가 잡히지 않자 한국의 대응책을 수용하면서도 디지털 추적이 개인의 자유를 침해한다는 우려 때문에 머뭇거리고 주저하던 유럽 국가들도 결국 디지털 추적을 위한 앱 개발에 나섰고, 이를 위한 입법을 준비하고 있다. 감염병 상황에서의 추적은 감염경로를 파악해 해당 경로를 선제적으로 차단함으로써 광범위한 지역사회 감염을 예방하기 위해서이지, 개인의 일거수일투족을 파놉티콘처럼 감시하기 위한 것이 아니다. 역학조사를 위한 공공력의 사용 역시 자의적인 것이 아니라 법률에 근거한 것이었다.

우리나라의 경우 1954년에 처음 제정된 '전염병예방법'은 수차례 개정을 거쳐 2009년에 '감염병의 예방 및 관리에 관한 법률'로 법제명을 비롯해 전면 개정되었다. 그러나 2015년 봄 메르스MERS, 즉 중동호흡기증후군 발병을 초기에 효과적으로 통제하지 못하자 같은 해 7월에 부분 개정되었고, 코로나19에 대응하며 2020년 3월에도 부분 개정이 이루어졌다. 감염병 발생 시 국가 및 지방자치단체의 책무, 의료인의 책무와 권리, 국민의 권리와 의무 등을 명시하고 있는 이 법에 의하면, "국가 및 지방자치단체는 감염병환자 등의 인간으로서의 존엄과 가치를 존중하고 그 기본적 권리를 보호하며4조 1항", "국민은 치료 및 격리조치 등 국가와 지방자치단체의 감염병 예방 및 관리를 위한 활동에 적극 협조하여야 한다6조 4항."

다시 개인과 공동체의 관계성을 성찰할 때이다

자유주의와 공동체주의의 논쟁으로 다시 돌아가 보자. 자유주의자들은 개인 권리의 선험적 근원적 우선성을 강조하지만, 개인은 홀로 존재할 수 없고 자신처럼 자유와 권리를 지닌 타인들과 함께 사회를 구성함으로써 존재가치를 갖게 된다. 따라서 자신의 이익과 권리를 위해서라도 타인의 이익과 공공선과의 조화를 추구해야만 한다. 개인과 공동체는 함께 구체적이고 현실적인 삶을 구성한다. 개인의 자유로운 자아실현과 공공선의 확대는 모순되지 않는다. 더 많은 개인의 자유와 권리 보장은 더 나은 민주주의적 공동체 속에서 가능하다. 앞에서 잠시 언급한 미국의 신보수주의 정치는 경제적 자유지상주의와 전통적 폐쇄적 공동체주의가 결합한 것으로 자유주의와 공동체주의 각각의 보수적 속성들 간의 결합이다. 그렇다면 자유주의와 공동체주의의 진보적 속성들 간의 결합도 가능할 것이고, 이러한 결합은 자연스럽게 이타적 자유주의와 민주적·개방적 공동체주의를 지향할 것이다.

코로나19 팬데믹 상황에서 중국은 공공의 안전을 위해 도시 봉쇄와 같은 전면적 통제를 실시했고, 미국과 유럽의 많은 나라도 불필요한 이동과 경제활동을 억제했다. 반면에 한국은 집단 발병이 발생한 도시를 봉쇄하지 않았고, 이동의 자유, 경제활동의 자유를 침해하지 않았다. 대신 공공의 안전을 위해 IT를 활용한 적극적 방역에 임했다. 확진자의 동선 공개는 역학조사를 바탕으로 부지불식간에 밀접 접촉했을지 모를 이들에게 감염 가능성을 알리기 위한 것이었다. 따라서 확진자의 성별과 나이, 타인과의 접촉 가능성이 있는 동선만이 이동 시간대와 함께 공개되었다. 지인들은 작은 정보 한두 개 만으로도 누구인지 식별이 가능하기에 개인의 사생활이 완전히 보장되었다고 장담할 수는 없다. 생명이나 안전이 위험한 상황에서도 공공선과 개인의 자유 보호 사이의 균형이란 화두는 끊임없이 고민되어야 한다.

위의 화두를 풀어 나가는 데 도움이 되는 것은 수용이론이 적용되기 쉬운 열린 텍스트로서 고전이다. 롤즈나 노직 등의 현대 자유주의 학자들이나 샌델M. Sandel, 매킨타이어A. MacIntyre 등의 공동체주의 학자들의 저서들도 어느새 고전의 반열에 올라섰지만, 근대의 자유주의 관련 저작들이 여전히 많은 울림을 준다. 17세기 홉스T. Hobbes의 『리바이어던』은 개인의 자유와 권리가 보장받기 어려운 '만인의 만인에 대한 투쟁' 대신 사회계약을 통한 자유의 부분적 양도를 설명하는데, 아나키즘적 혼란보다 안전을 중시하기에 사회계약으로 등장한 권력체를 비판할 수 없다는 한계를 보인다. 이런 한계는 로크J. Locke의 『시민정부론』에서 극복된다. 사회계약으로 만들어진 권력체가 개인의 생명, 자유, 재산과 같은 자연권을 침해할 경우 이를 타도하고 새로운 사회계약을 통해 다시 정부를 구성할 것을 제안하기 때문이다. 19세기에 자유와 평등의 조화를 모색해 고전적 자유주의 사상의 완성으로 간주되는 밀J. S. Mille의 『자유론』은 공동체의 구성원에게 권력이 자유로운 개인의 의지에 반하는 것을 정당하게 행사할 수 있는 유일한 이유를 자유로운 타인에 대한 해악을 방지하기 위해서라고 천명한다. 밀의 생각은 프랑스혁명 초기 발표된 1789년의 〈인간과 시민의 권리선언〉 제4조와 동일하다. "자유는 타인에게 해롭지 않은 모든 것을 행할 수 있음이다. 그러므로 각자의 자연권의 행사는 사회의 다른 구성원에게 같은 권리의 향유를 보장하는 이외의 제약을 갖지 아니한다. 그 제약은 법에 의해서만 규정될 수 있다."

근대 이래로 거시적인 세계사의 흐름은 개인의 자유, 인권과 존엄성, 사생활이 보호되고 존중되는 가운데 정치공동체가 좀 더 성숙해지며, 투명하고 열린 민주적인 정치공동체가 구성원들의 자유와 권리를 실제로 강화해줌을 증언한다. 자유주의적 공동체주의 혹은 공동체주의적 자유주의에 대한 논의, 개별 시민과 국가 그리고 그 사이에서 국가주의의 폐해를 보완하고 개인주의의 한계를 극복하도록 지원하는 공공 영역 public sphere에 대한 논의는 포스트코로나 뉴 노멀의 중요 부분을 차지할 것이다. 도시 봉쇄나 경제활동 봉쇄, 이동의 자유에 대한 엄격한 규제 없이 코로나19 팬데믹 상황을 슬기롭게 극복해 온 한국의 대응은 자유를 포기하지 않고서도 시민의 적극적 참여로 공동체의 안전이 보장될 수 있음을 보여주는 하나의 역사적 경험이다. 향후 개인과 공동체의 관계성을 탐구할 이들이 더욱 심층적으로 분석해 볼 가치가 있다.

코로나19 유행과 '슈퍼전파자'라는 낙인

박지영 2020.2.20

    2020년 2월 12일, 중국에서 출발하여 세계적으로 유행하고 있는 신종 코로나바이러스의 새 이름이 정해졌다. WHO는 이 바이러스의 공식 명칭이 COVID-19로 결정되었다고 발표했다. 이에 따라 신종 코로나바이러스는 한국에서는 코로나19라고 불리게 되었다.[*] 코로나19는 사스, 메르스 등 잘 알려진 다른 코로나 바이러스들과 마찬가지로 원래는 동물에게 감염되는 바이러스지만 우연한 경로로 사람에게 전파되어 위력을 발휘하고 있다. 코로나19는 주로 가벼운 호흡기계 증상을 보이다가, 심해지면 폐렴, 신부전, 나아가 사망까지도 초래한다. 그 전파 및 작용 기전에 대해서는 아직 정확히 밝혀진 바가 없다. 따라서 세계 여러 나라들은 코로나19가 일반적인 호흡기계 감염과 마찬가지로 비말을 통해 전파될 것이라는 추정에 입각하여 예방

---

[*] "신종 코로나 새 이름 'COVID-19' 어떻게 정해졌나?", 《연합뉴스》, 2020. 2. 12.

에 몰두하고 있다.*

어제2.19 한국에서는 코로나19에 의한 첫 사망자가 발생했다. 코로나19가 처음으로 발생한 것은 2019년 12월 중국 우한시로 알려졌다. 처음에는 단지 우한 지역에서 유행하는 폐렴으로 인식되었으나, 2020년 1월 초부터 감염자와 사망자가 급증하며 다른 지역으로 퍼져 나갔다. 그 뒤 외국으로 번지기 시작한 코로나19는 현재까지 총 29개국으로 전파되어 확진환자 75,749명, 사망자 2,129명을 냈다. 한국의 경우 1월 20일에 첫 감염자가 발생했다. 이 환자는 우한을 여행하고 한국에 온 중국인 여성이었으며, 그 뒤를 이어서 중국을 방문했던 사람들 혹은 그들과 접촉한 사람들 사이에서 코로나19가 빠르게 확산되었다. 오늘자2.20 정부 보고에 따르면, 확진환자는 총 104명이고 그중 87명이 격리 중이며, 총 1,860명이 의심환자로 검사를 받았다.**

어제 날짜2020.2.19로 코로나19에 대한 한국의 지역 방어선은 무너졌다. 대구, 경북 지역에서 확진자가 추가로 52명 발생했고 제주도와 전주에서도 새로운 확진자가 나타났다.*** 그럼에도 지금까지 정부의 코로나19 방역은 대중들로부터 비교적 잘 시행되고 있다는 평가를 받고 있다. 오히려 대중들은

* "Coronavirus disease(COVID-19) outbreak", *World Health Organization* https://www.who.int/emergencies/diseases/novel-coronavirus-2019
** "코로나바이러스감염증-19 발생동향", 『질병관리본부』, 2020.02.21. http://ncov.mohw.go.kr/bdBoardList.do?brdId=1&brdGubun=11&dataGubun=&ncvContSeq=&contSeq=&board_id=&gubun=
*** "제주도 대구방문 군인 코로나19 공식 확진…인근 부대 취사병", 《연합뉴스》, 2020.2.21; "군산 이어 전주·김제까지…코로나19 전북권 확산하나 촉각", 《연합뉴스》, 2020.2.20.

방역 실패의 원인을 정부의 '실책'보다는 다수의 사람을 전염시킨 31번 확진자의 '무책임한' 행동에서 찾는 분위기이다. 정부의 방역 정책에 대한 평가가 그다지 나쁘지 않은 이유는 일본 등 주변 국가들에 비해 한국에서 환자 발생이 적을 뿐 아니라, 대구, 경북 지역에서 감염자가 급증하기 전까지는 초기에 확진 판정을 받았던 환자들이 완치되면서 환자 수가 차츰 줄어가는 추세를 보였기 때문이다. 대중의 긍정적인 평가는 2015년 메르스 사태와의 비교에서도 일부 비롯되었을 것으로 보인다. 당시 박근혜 정부는 메르스 유행에 적절한 대응을 하지 못해서 시민들의 호된 질책을 받았다. 메르스 확산 초기부터 적극적으로 방역에 나섰어야 할 정부가 대외적으로는 대중의 불안을 부추긴다는 이유로, 그리고 실제적으로는 병원 경영에 해가 된다는 이유로, 평택성모병원과 삼성서울병원 등 감염자가 방문한 병원의 명단을 숨기고 환자 격리와 접촉자 추적검사 등을 제대로 시행하지 않으면서 메르스의 확산을 방조했기 때문이다.* 이 시기에 필요성이 강조된 정부의 신속한 대처와 투명한 정보 공개는 코로나19가 유행하는 지금, 문재인 정부에 의해 적극적으로 실시되고 있다.

코로나19 방역 체계의 주안점은 국내 전파 경로의 파악과 차단이다. 방역은 일반적으로 국외로부터의 유입 차단과 국내에서의 확산 방지라는 두 축으로 구성되며, 코로나19 방역 또한 그러하다. 하지만 정부는 감염 가능성

---

* 이상윤, "메르스와 민주주의", 우석균 외, 『의료붕괴』, 인도주의실천의사협의회, 2017, 146-151쪽.

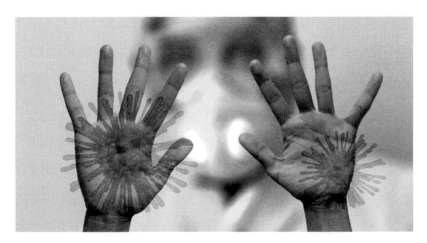

슈퍼전파자는 대중들 사이에서 단순한 과학적 의미만이 아니라 도덕적인 의미로 쓰인다.

이 있는 사람의 국내 유입을 원천 차단하기보다는, 2차 감염을 통한 전파 방지에 더 무게를 두고 있다. 이는 의사협회가 계속 제기하는 중국인 입국제한 요구를 받아들이지 않으면서도 질병관리본부를 중심으로 한 정보 수집 및 감염자 관리 체계 구축에 심혈을 기울이는 정부의 방침에서 잘 드러난다. 그 일환으로 정부는 코로나19 의심환자를 위한 선별진료소를 운영하고, 그들의 자발적인 격리와 신고를 독려하고 있으며, 감염자의 이동 경로와 접촉자를 추적하며, 그에 대한 정보를 대중에게 공개하고 있다.

이러한 전파 경로 추적 중심의 방역체계는 대중의 호응과 참여를 이끌어냈지만, 예상외의 부작용을 야기했다. 전파자에게 인신공격과 책임론이 집중된 것이다. 정부가 공개한 코로나19 환자의 정보에는 누구로부터 감염되었는지, 누구에게 감염을 시켰는지, 접촉자 수는 몇 명인지에 대한 내용이 포함되어 있다. 이 정보는 역학 분야에서는 2차 감염과 3차 감염이 얼마나 일어나고 있는지를 통해 지역사회의 감염병 확산 정도를 알려주는 과학적 근거로 사용되지만, 대중들 사이에서는 누가 전염을 일으킴으로써 다른 사람에게 해를 끼쳤는지를 지목하는 '마녀의 망치'로 작용하고 있다.

이는 전파자들에 대한 대중의 태도에서 잘 드러난다. 가령 대구 신천지 교회에서 집단감염을 야기한 것으로 알려진 31번 확진자는 대중들로부터 각종 비난을 사고 있다. 인터넷에서 31번 확진자는 지역사회를 위험에 빠뜨린 '민폐 환자'이자 다른 이를 죽음으로 몰고 간 범죄자인 것처럼 묘사된다. 한 온라인 커뮤니티에서 31번 확진자의 이동 경로에 관한 게시글에 달린 댓글들은 대구, 경북 지역이 "신천지 늙은이 하나 때문에 초토화"되었고 31번 확진자의 행동이 "사람을 죽인 거"라고 비난하며, "징역을 보내"서 그를 처벌해야 한다고 말한다. 그들 사이에서는 31번 확진자의 종교 활동이 감염 확산의 주된 원인으로 지목되고 있다. 그 게시글의 작성자는 신천지 교회의 방침으로 인해 코로나19의 전파 경로가 그간 은폐되었을 가능성을 제시하고 있으며, 이에 대해 댓글들은 "종교의 자유가 있는 나라지만 이 정도 이단이면 없애 버려야" 한다고 언급하면서 신천지 교회를 '병신천지'라고 부르며 조롱한다.[*]

이와 같은 비난은 다른 전파자들에 대한 대중들의 논의에서도 나타난다.

---

[*] "31번 확진자 드디어 동선 확보함", 『웃긴대학』 2020. 2. 20.
    http://web.humoruniv.com/board/humor/read.html?table=pds&number=936936

31번 확진자가 등장하기 전까지 대중들 사이에서 가장 많이 거론된 3번 확진자는 6번과 28번 확진자에게 병을 옮겼고 다시 6번 확진자가 다른 세 명의 확진자를 감염시키면서, 여러 사람에게 민폐를 끼친 인물로 취급되었다. 한 블로그의 게시글은 3번 확진자가 우한에 다녀온 뒤 고열이 있었음에도 다른 사람들을 만난 것에 대해 '민폐끝판왕'이라고 비난했고, 그에 대한 댓글들은 3번 확진자에 대한 치료와 사회적 배려에 반대하며 게시글의 견해를 지지했다.*

이런 여론 속에서 3번 확진자와 31번 확진자에게는 '슈퍼전파자'라는 별칭이 붙었다. 원래 이 단어는 다른 감염자보다 특별히 더 많은 접촉자를 감염시키는 숙주를 의미하는 역학 용어이다.** 하지만 대중들 사이에서 '슈퍼전파자'는 단지 과학적인 의미만이 아니라 도덕적인 의미를 갖는다. 3번 확진자와 31번 확진자에 대한 논의에서 보았듯, 대중에게 이 단어는 개인적인 욕심을 위해 공공의 안전을 위협한 사람이라는 의미로 쓰인다. 이런 맥락에서 '슈퍼전파자'라는 별칭은 타인에게 민폐를 끼친 이기적인 사람이라는 '낙인'으로 받아들여졌다. 그러나 '슈퍼전파자'가 정말로 민폐의 주범들일까? 그들이 대규모 감염에 원인을 제공한 것이 사실이라 하더라도 코로나19 확산의 중요한 원인을 개인의 행동에서 찾는 것이 적절한 판단일까? 그 전파

---

* "우한폐렴 3번째 환자가 욕처먹는 이유", 『오늘의 이슈』 2020.1.31.
  https://m.post.naver.com/viewer/postView.nhn?volumeNo=27400537&memberNo=34015503
  &vType=VERTICAL
** "슈퍼전파자", 『위키백과』(https://ko.wikipedia.org)

자만 없었다면 방역이 성공했을까? 전파자의 책임과 역할을 부각시키는 관점에 어떤 편향이 있지는 않을까?

질병의 전파자로 지목된 사람들에게 책임과 비난이 집중되는 것은 역사적으로 드물지 않게 일어난 현상이다. 한국은 그 대표적인 사례 중 하나를 일제 시기에 경험한 바 있다. 결핵 만연에 대한 조선총독부의 대응이 바로 그것이다. 결핵은 '만성전염병'이었지만 당시 급속히 확산되었고, 효과적인 치료법이 없었으며, 심해지면 죽음에 이른다는 점에서 오늘날의 코로나19와 비슷하게 공포의 질환으로 여겨졌다. 이런 상황은 치료보다 예방에 중점을 둔 결핵 대책의 수립으로 이어졌다. 이때 조선총독부가 강조한 것은 개인의 위생이었다. 개인이 스스로 주변을 청결히 하고 병균의 전파를 방지하는 것이 질병의 예방에 필수적이라는 논리였다. 특히 조선총독부가 중요하게 지적한 것은 '침을 뱉는 행위'로 대표되는 조선인들의 '불결한' 행동이었다. 조선인들은 위생사상이 부족해서 결핵균이 섞인 침을 여기저기에 뱉기 때문에 결핵이 쉽게 전파된다는 것이었다. 이런 논리에 따라 조선총독부의 결핵 정책은 조선인의 침 뱉기 통제를 위주로 시행되었다.

개인의 결핵균 전파 방지에 초점을 맞춘 조선총독부의 정책은 당시에는 과학적이고 효과적인 예방법으로 간주되었지만, 실상은 결핵에 대한 더 포괄적인 치료들을 외면하는 것이었다. 결핵을 통제하기 위해서는 단지 균의 전파만이 아니라 결핵의 감염에 영향을 미치는 여러 환경적 요소에 대한 고려가 필요했다. 거기에는 주거환경 및 식생활의 개선, 노동량 경감, 의료시설의 확충 및 조기검진 시행 등 사회 개선책들이 포함된다. 하지만 조선총독부는 재정 부족을 이유로 이와 같은 사회적 접근 대신 개인위생만을 강조했다.*

일제 시기 결핵 정책의 사례에 비추어 보면, 전파자의 역할과 책임을 부각시키는 오늘날의 여론과 방역 체계는 코로나19 유행을 바라보는 시야를 협소하게 만드는 것이 아닌가 하는 의구심을 갖게 한다. 전문가들이 제시한 예방 수칙을 준수하는 것이 중요한 일이기는 하지만, 그것이 코로나19로부터 사회를 지키는 방법의 전부는 아닐 것이다.

그렇다면 무엇이 사람들을 '전파자'로 만드는가? 가령 환자에 대한 초기 식별을 자가신고와 자가격리에 의존하게 만드는 상황은 어떠한가? 그것이 질병을 자각하지 못한 감염자들의 전염 유발 행위를 일찍 예방하지 못한 원인은 아닐까? 만일 그렇다면 코로나19처럼 이윤이 남지 않는 질병을 진료할 공공병원과 인력이 부족한 한국의 의료체계에 어느 정도 원인이 있는 것은 아닐까? 이 글은 위의 문제들에 대한 구체적인 답을 제시하려는 것은 아니다. 다만 감염자의 책임과 역할을 강조하는 관점에 의해 가려지는 사회 문제들이 무엇인지 비판적으로 고민해 볼 필요가 있다는 문제의식을 공유하고자 한다.

---

* 최은경, "일제강점기 조선총독부의 결핵 정책", 『의사학』 22(3), 2013, 713-758쪽.

'사회적 거리두기' social distancing 를 생각하며

최우석 2020.3.22

'사회적 거리두기'는 '애매한' ambiguity 단어이다. 왜냐하면 이 단어는 그 의미가 서로 상반되는 뜻을 동시에 지향하기 때문이다. 사회적 거리두기는 첫째, '사회로부터 격리', '사회와의 단절'과 같이 한 개인이 자신이 속한 공동체로부터 스스로를 분리시킨다는 뜻이다. 공간적으로든 물리적 접촉으로든 사람들의 모임, 각종 행사 참여 자제를 권고하는 이 캠페인은 사회와 개인을 분리시킨다. 하지만 둘째, 사회적 거리두기는 공동체가 요구하는 캠페인에 개인이 적극적으로 동참하길 요구한다. 이런 차원에서 사회적 거리두기는 사회와 개인을 분리시키지 않는다. 오히려 개인은 전체 사회와 분리될 수 없는 부분임을 환기시킨다.

사회적 거리두기의 첫째 의미는 사회를 좁은 차원에서 보고 있으며 둘째 의미는 넓은 차원에서 이해한다. 왜냐하면 '사회적 거리두기'의 첫째 의미는 둘째 의미의 사회가 건강하게 유지되기를 지향하기 때문이다. 예를 들면, 사람들의 모임이 자제되는 이유는 개인의 건강을 위한다는 마음도 이유겠지만 궁극적으로는 나 이외 다른 사람, 더 나아가 전체 사회를 건강하게 유지하기 위해서이다. 대부분의 사람들은 첫째 의미의 사회적 거리두기를 단어 그대로 받아들여서 속세와 연을 끊지 않는다. 이는 비형식적 오류로서 '애매어 사용의 오류'이다. 자가격리를 자율적으로 실천하는 사람들은 자신의 가족, 이웃, 지역 공동체, 더 나아가 우리 사회 전체의 안전을 지향하고 있다. 사람들은 사회적 거리두기가 사회와 거리를 두는 게 아니라 오히려 사회에 동참하는 말임을 알고 있다. 결국, 첫째의미의 사회는 둘째의미의 사회 속에서 이해되고 있으며, 사회적 거리두기의 두 의미는 모순적으로 보이지만 서로를 배척하지 않는다.

사회적 거리두기의 첫째 의미는 각 개인의 실천에 중심을 둔다. 사회적 거리두기는 수시로 비누나 소독제로 손 씻기, 옷소매로 입과 코를 가리고 기침하기, 외출 시 마스크 착용하기, 사람들을 만날 때 2미터 이상 거리두기, 각종 행사, 모임 자제 등, 기본적인 예방수칙 준수를 권고한다. 사회적 관계망에서 개인은 최대한 질병으로부터 안전하게 격리되고 관리되는 게 중요하다. 부분으로서 개인은 격리되고 관리될수록 전체로서 사회가 원활하게 유지될 수 있다. 이와 같은 점에서 볼 때 사회적 거리두기의 첫째 의미는 둘째 의미를 더욱 견고하게 만든다. 다시 말해, '사회'와 거리를 두면 둘수록 '사회'와 더 가까워지는 게 '사회적 거리두기'이다.

사회적 거리두기의 첫째 의미는 '구체적인 규범'actual norms을, 둘째 의미는 '이념적 목표'ideal end를 나타낸다. 우리는 사회적 거리두기의 구체적 규범을 현실적으로 이해하지만, 규범이 지향하는 이념적 목표를 추상적으로

사회적 거리두기도 중요하지만, 서로를 신뢰하고 공감하고, 소통하고 사랑하는 실천이 더욱 요구되는 시대이다.

생각한다. 가령, 마스크를 착용하는 구체적인 태도는 추상적인 '더 좋음' 아래 실천된다. 사회적 거리두기의 실천적 규범은 마스크 착용하기, 손 씻기 등 구체적으로 다양하게 있지만, 이러한 규범이 지향하는 궁극적인 목표는 추상적인 이념으로 있다. 왜냐하면 사람들이 저마다 갖고 있는 '건강한 개인'과 '사회' 혹은 '더 좋은 상태'의 기준은 다양하기 때문이다. 그래서 좋은 사회라는 추상적 낱말에서 사람들은 동일한 규범을 떠올리지 않는다. 가령, 코로나19 사태에서 자가격리 조치는 어떤 사람에게는 개인의 자유를 침해하는 행위로 간주될 수 있다.—자가격리를 공개적으로 거부한 헐리웃 스타의 사례가 그렇다—누군가에게는 자가격리를 통해 공동체의 안전을 유지하는 것이 좋은 사회를 형성하는 일이지만, 다른 누군가에게 좋은 사회는 개인의 자유가 적극적으로 보장되는 사회이다. 한때 '좋은 사회'를 위해 한 가정에 한 자녀 갖기 캠페인이 내세워졌던 때도 있었지만, 오늘날에는 이런 캠페인을 더 이상 강조하지 않는다. 좋은 사회 구축이라는 목표 아래 규범은 상황과 때에 따라 달라진다. 마찬가지로 코로나 사태가 언젠가 종식된다면 사회적 거리두기 캠페인은 더 이상 권장되지 않을 것이다.

오늘날 사회적 거리두기는 적극적으로 권유되고 있다. 하지만 이를 바라보는 시선은 다양하다. 사회적 거리두기의 실천적 당위성이 강력하게 호소되지 않는 이유는 지금까지 살펴본 사회적 거리두기의 의미의 이중성 때문이다. 사회적 거리두기의 구체적인 규범은 다양하며, 사회적 거리두기의 이념적 목표는 추상적이다. 그래서 사회적 거리두기는 애매한 단어이다.

사회적 거리두기의 첫째 의미만을 강조할 때 문제가 발생한다. 이 문제는 사회적 거리두기의 둘째 의미를 생각하지 않고, 사회와 '거리두기'에만 몰두하는 경우에서 찾아볼 수 있다. '거리두기'에만 몰두하는 사람들은 더불어 사는 삶을 생각하지 않고 자신의 안위에만 집중한다. 가령, 밀폐된 공간에서 마스크를 착용하지 않은 사람에게 혐오의 시선을 보내거나, 나아가 언어폭력이나 물리적 폭력을 가하는 행위가 그렇다. 마스크뿐만 아니라 각종 생필품을 사재기하는 경우도 사회적 거리두기가 지향하는 둘째 의미를 보지 않는 처사이다. 타인과의 '건강한' 공존을 고려하지 않고 나의 안위만을 위해 사회와 거리를 두는 행위이다.

사회적 거리두기에서 둘째 의미만 강조되어도 문제가 발생한다. 전체 사회의 안전만이 일방적으로 강요될 때 초래되는 문제들을 우리는 쉽게 떠올릴 수 있다. 둘째 의미에서 생각해 봐야 할 점은 사회적 거리두기의 이념적 목표가 모호vagueness하다는 데에 있다. 이념은 추상적이기에 이를 실현하는 구체적인 규범들은 언제나 다양하다. 그래서 어떤 사람은 좋은 사회를 위해 사회적 거리두기가 강력하게 실천되어야 한다고 주장하지만, 또 다른 어떤 사람은 사회적 거리두기의 실효성에 의문을 갖고 이에 동참하지 않을 수 있다. 예를 들어, 혹자는 마스크 착용을 적극 실천하지만, 혹자는 마스크 착용이 불필요하다고 주장한다. 마스크 착용이 오히려 개인에게 더 나아가 사회 전체에 해롭다고 보기 때문이다. 두 사람 모두 좋은 사회를 지향하겠지만, 이를 실천하는 규범은 상이하다. 어떤 건물의 출입구를 하나만 남겨 두고 나머지를 모두 봉쇄하는 일을 혹자는 제대로 관리된 업무라고 판단하겠지만, 혹자는 불필요한 과잉 관리라고 여길 수 있다. 누군가에게 사회적 거리두기는 우리 모두가 실천해야 할 것으로 생각되겠지만, 조그만 식당을 운영하는 사람에게 사회적 거리두기는 사태에 지나치게 예민하게 대응하는 정부의 일방적인 방침으로 간주될 수 있다. 좋은 사회를 생각하는 방식의 다양성만큼이나 사회적 거리두기의 실천적 규범은 다양하며, 심지어 이러한 규범들은 서로 갈등을 빚을 수 있다.

이쯤에서 우리는 사회적 거리두기 개념과 범주의 애매함을 따져보는 이유가 무엇인지를 물을 수 있다. 사회적 거리두기 캠페인을 굳이 복잡하게 파헤치는 이유가 무엇인가? 사회적 거리두기의 특징으로부터 우리가 생각해 볼 수 있는 일을 점검해야 하기 때문이다. 어쩌면 보다 근본적 차원에서 코로나 바이러스가 창궐하는 사태에 대응해야 할 것인데, 이러한 측면에서 본 글은 우리 모두가 더욱 '윤리적'으로 사고하고 실천해야 한다는 사실을 강조한다. 윤리적으로 사고하고 실천하는 일이란 서로 공감하며 소통하고, 신뢰하며 사랑하는 것이다. 앞서 사회적 거리두기를 통해 발생되는 다양한 갈등을 살펴본 것처럼, 코로나 사태에 처한 우리는 이미 많은 갈등에 노출된 상태이다. 코로나 바이러스보다 더 빠르게 번지고 있는 게 불신, 불안, 공포, 혐오이지 않을까? 사회적 거리두기를 위해 사재기를 하는 행위, 마스크를 쓴 아시아인을 향한 혐오, 인종차별, 마스크를 착용하지 않은 사람을 향한 불신, 무책임한 확진자를 향한 분노, 매일 쏟아져 나오는 사망자의 숫자 등 각종 상황들은 우리를 더욱 불안하게, 고통스럽게, 분노하게 만든다. 불신, 불안, 고통, 분노와 같은 단어들은 현재 우리 사회를 이미 관통하고 있다. 사회적 거리두기조차 애매함으로 인해 갈등을 빚는다면 도대체 우리는 어떤 자세를 취해야 하는가? 사회적 거리두기도 중요하지만 이럴 때일수록 우리는 좀 더 윤리적이어야 하지 않을까? 현 사태는 서로를 신뢰하며 공감하고 소통하는 사랑의 실천을 그 어느 때보다 더 요구하고 있다.

세계보건기구(WHO) 홈페이지

"사회를 보호해야 한다"
― 사회적 거리두기에서 사회적 연대로

이향아·2020.4.28

얼마 전 큰아이의 친구 엄마가 커다란 선물 봉투를 주고 갔다.* 아이는 설레는 마음으로 예쁘게 선물을 감싸고 있던 포장지를 뜯었고, 그 안에는 멋진 레고 한 상자와 아이의 친구가 정성스레 쓴 예쁜 편지 한 장이 들어 있었다. 코로나 때문에 학교에 가지 못해 친구가 보고 싶었던 그 친구는 자신의 친구도 외로울까 봐 응원의 편지와 선물을 보낸 것이다. 코로나가 끝나면 같이 축구하자는 아이 친구의 편지는 오랜 자가격리로 지쳐 가는 우리 가족을 다시 일으켜 줬다. 채 초등학교 2학년이 되지 못한 어린이가, 자기도 힘든데, 힘들어 할 다른 친구를 위로하는 마음이란! 그 편지를 냉장고 앞에 붙여두고 매일매일 감사하며 살아간다. 생각해 보면, 김밥을 말아서 문 앞

---

* 이 글은 오마이뉴스에 실린 필자의 글(자가격리로 지친 아들에게, 초등생 친구가 보내온 선물, 2020.4.05)을 일부 수정한 것임.

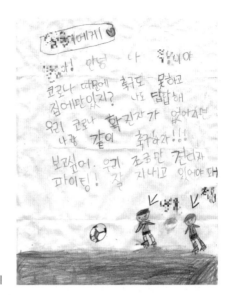

큰아이의 친구가 전해준 편지

에 걸어준 이웃도, 오이가 많다며, 맛있는 두부를 샀다며, 집에 있는 아이들 간식을 많이 샀다며 문 앞에 이것저것 걸어준 이웃들도 있었다. 몇 년 동안 연락 없이 지냈던 해외에 있는 지인들에게 항공편이 허락한다면 보내주려고, 휴지가 필요한지, 손세정제가 필요한지 물었다. 우리는 이렇게 감염병의 팬데믹이라는 시기에 각자의 공간에서 나름대로 연대하며 살아간다.

지난 3월 12일 세계보건기구WHO가 코로나19의 팬데믹을 선언하고 세계 시민의 '사회적 거리두기'Social Distancing 지침을 발표했다. 사회적 거리두기는 사람과 사람 간의 거리를 두고 밀접 접촉을 줄여 바이러스 감염병의 확산을 최대한 예방하는 비약물 방역 방법의 하나다. 대표적인 밀집 공간인 학교 등 교육기관의 휴교, 재택근무 확대, 종교 활동 자제, 불필요한 외출을 삼가는 자택 격리 등이 이에 속한다. 가장 극단적인 사례는 중국 우한시 봉쇄와 이탈리아 북부 롬바르디아 주 봉쇄 등으로 시작된 도시 및 지역 봉쇄와 국경 폐쇄다. 그런데 며칠 후, WHO는 사회적 거리두기는 오해의 여지가 있어 '물리적 거리두기'로 변경하자는 권고안을 냈다. 혹자는 영어 social은 social club사교 클럽, social gathering사교 모임 등의 의미로 쓰인 것이고 사회를 의미하는 것이 아니기 때문에 '사교적'이라는 표현이 더 적절하다고도 한다. 일견 타당해 보인다.

처음 사회적 거리두기라는 표현이 나왔을 때 어딘지 모를 불편함을 느꼈다. 필자는 사회학을 전공했기에 '사회'는 그야말로 세상을 보는 눈의 근본이자 전부이기도 하지만, 우리는 어려서부터 '인간은 사회적 동물이다'라는 명제를 진리로 알고 살아오지 않았던가. 그런데 그것의 거리라니. 물론 사회적 거리두기에서 방점은 '거리두기'라는 후자에 있다는 것을 알면서도, 그 불편함은 쉽게 사라지지 않았다. SNS에서 이웃들이나 가족들과 대화할 때도 쉽게 사회적 거리두기라는 말을 내뱉지 못했다. 사람이 사회적으로 거리를 둔다는 표현은 '소리 없는 아우성'이나, '찬란한 슬픔', '쾌락의 고통' 같은 문학적 표현보다 더 받아들이기 힘든 형용모순으로 다가왔다. 내 존재를, 내 정체성을 스스로 부정하는 것 같은 죄책감마저 들었다.

전 세계적으로 이미 광범위하게 쓰이고 있는 사회적 거리두기라는 용어를 굳이 바꾸고, social은 사회가 아니라 사교라는 의견을 내고, 나 스스로 죄책감을 느끼면서까지 지키고자 하는 것이 무엇인가. 바로 '사회'이다. 그렇다면, 사회란 무엇인가? 사회학은 사회 혹은 사회적인 것을 연구 대상으로 하지만, 정작 "사회학자에게 사회나 사회적인 것의 개념을 정의하기보다 어려운 일은 없을 것"이라는 프랑스 사회학자 베르나르 라이르 Bernard Lahire 의 고백처럼, 사회를 표상하는 일은 쉽지 않다. 사회는 근대적 개념이다. 근대화와 산업화, 도시화 등을 동시다발적으로 겪은 유럽에서 이전과는 다른 개인들의 관계적 형태가 만들어지면서 함께 형성되었다. 이 현상의 중심에는 증가하는 개인, 즉 '인구'와 다양해진 상호작용 즉 '관계'가 자리 잡았다. 근대라는 역사가 진행되면서 인구는 폭발적으로 증가하고, 증가한 인구는 '도시'라는 공간으로 밀집되고, 이 공간에서는 이전과 다른 다양한 관계들이 형성되게 된 것이다. 우리는 흔히 도시화, 근대화 등을 이야기할 때, 개인주의, 소외 등을 떠올린다. 그러나 마르크스, 베버, 짐멜과 함께 '4인의 대표적인 고전사회학자'로 일컬어지는 프랑스 사회학자 에밀 뒤르켐 Emile Durkeim 은 전근대와 근대의 차이를 '관계' 더 정확하게는 '연대 solidarity'에서 찾았다. 전근대 시기에는 국가와 종교의 집합적인 규범이 개인들을 몰개인적 집단으로 응집시켰다면, 근대에 와서는 도시라는 공간에 모인 서로 이질적인 개인들이 그들의 다양성에 기반한 '노동 분업'을 통해 이전과는 다른 의미의 응집력을 나타내며 연대하게 된다는 것이다. 이러한 사회에서는 누군가에게 의지하지 않은 채 개인의 삶은 영위될 수 없는 만큼, 개인은 타인과 더 끈끈한 상호작용을 통해 관계를 맺지 않으면 안 되게 되었다. 개인 간의 유기적 연대가 기능하지 못하는 사회는 일탈, 무질서, 혼란, 고립 등을 의미하는 '아노미 anomie' 상태가 되기 때문이다.

이때 사회의 안정적 관계를 흔드는 감염병은 각 사회를 구성하는 연대의 민낯을 드러낸다. 불안과 공포는 각자도생의 극단적인 개인주의를 불러올 위험이 크다. 감염병은 아노미를 야기한다. 나 이외의 타인을 믿지 못하고, 타인의 고통에 눈감아 버리게 한다. 확진자가 다녀간 식당 정보를 공유하고, 확진자가 사는 집을 기어이 찾아내고자 한다. 감염이 확산되는 국가로부터 오는 사람들의 입국을 금지하고, 감염이 확산되는 지역을 봉쇄한다. 우리가 서로 불신하고 배제하는 데 시간을 할애하는 동안, 거동이 불편한 장애인, 주민등록번호가 없어서 마스크를 사지 못하는 이주 노동자와 난민, 공공장소가 닫히고 봉사활동이 사라져 매일의 숙식을 걱정해야 하는 노숙인, 하루 벌어 하루 먹고 사는 일용 노동자, 집단감염의 위험 속에서 매일을 살아야 하는 다닥다닥 붙은 쪽방촌 주민, 늘어나는 업무량에 죽음으로 내몰린 택배 노동자, 고된 노동과 불충분한 안전 장비로 매일 사투하는 의료진…. 이들의 안전과 건강은 어느덧 관심 밖의 이야기가 된다.

1976년 푸코의 유명한 콜레주 드 프랑스에서의 강의를 모은 책의 제목인 '사회를 보호해야 한다'는 인종 차별을 일삼던 인종주의자들이 '그들의 사회'를 보호하겠다며 사용한 표현이다. 그러나 우리는 '그들의 사회'처럼 차별과 배제의 사회가 되도록 놔 두어서는 안 된다. 1미터 혹은 2미터의 물리적 거리를 유지하고도 우리는 '사회'를 보호할 수 있다. 사회적 거리두기가 이 시기 시대정신이 되기 위해서는 '사회'를 보호하고 지켜내기 위한 우리의 작은 연대적 실천이 되어야 한다. 작게는 내 이웃에서부터 도시, 지역, 더 나아가 국가 간, 그리고 전 지구적 시민들과의 연대를 통해, 사회를 지키는 사회적 거리두기를 통해 이 위기를 극복할 수 있어야 한다. '나'가 아닌 '우리'라는 사회를 보호해야 한다. 연대하지 않음으로 인해 야기되는 사회 혼란의 뒷감당은 내 책임으로 돌아온다.

> "초등학교 때 피구 시합에서, 날쌔게 피하기만 하다 결국 혼자 남으면 맞서서 공을 받아 안아야 하는 순간이 왔던 것처럼."
> - 한강, 〈소년이 온다〉

마스크를 쓴 사회

조태구 2020.4.14

2020년 2월 25일, 아직 유럽에서 본격적인 바이러스의 확산이 시작되기 전, 프랑스 샤를드골 국제공항 출국장에서 '우리'는 한국행 비행기를 타기 위해 길게 줄을 서 있었다. 마스크를 쓴 사람들의 길고 긴 행렬. 늦은 시간 때문인지, 여행의 피곤함 때문인지, 마스크를 쓴 '우리'는 말이 없었다. 인적 드문 밤 공항의 음울함을 배경으로, 언젠가 보았던 좀비 영화의 한 장면이 겹쳐 보였다. 간혹 마스크를 착용하지 않은 사람들도 있었지만, 그들은 '우리'가 아니었다. 마스크를 쓴 한 무리의 여성들이 일본말을 시작하자, 깜짝 놀라고 만다.

한국에서 겪은 일이라면 아무런 감흥도 없었을 것이다. 프랑스로 출장을 나오기 전에 이미 한국에서 마스크는 필수품이 되어 있었다. 마스크를 착용하지 않고 지하철을 타면, 곱지 않은 시선들이 날아와 박혔다. 그렇게 자의 반 타의 반으로 마스크를 착용하도록 길들여진 채 '우리'는 프랑스에 왔고, 마스크가 이곳에서 어떤 의미로 받아들여지는지 잘 모르면서, 혹은 알면서

마스크를 착용하는 행위는 공적인 의미를 획득하고, 미착용자에 대한 질타는 사회적 정당성을 확보한다. 마스크는 단지 '나'라는 한 개인을 바이러스로부터 방어하는 사적인 장비가 아니라, 내가 속한 공동체에 몹쓸 바이러스를 전파하지 않기 위한 공적인 장치이다.

출처: https://pixabay.com) https://cdn.pixabay.com/photo/2020/03/15/14/24/pandemic-4933793_960_720.jpg

도 상관없다는 듯이, 마스크를 쓴 채 파리 곳곳을 돌아다녔다. 길을 걷다 마스크를 쓴 '우리'를 만날 때마다, 다 알고 있다는 듯, 친근하게 눈인사를 건넸다. 마주 웃어 주는 '우리'는 없었다.

개인의 바이러스 감염 예방에 마스크가 얼마나 효과적인가에 대한 과학적 연구 결과는 아직 제시된 바 없다. 오히려 마스크의 효능에 회의적인 전문가들의 견해를 더 쉽게 접할 수 있는 것이 사실이다. 그러나 한국 정부가 제시한 예방 제일 원칙은 '마스크 착용'이었고, 통계적으로 증명할 수는 없지만, 사회적 방역이라는 측면에서는 효과가 있었던 것으로 보인다. 마스크로 개인의 감염을 막을 수는 없지만, 이미 감염된 개인에 의한 바이러스 전파는 막을 수 있었던 것이다. 사실 정부의 마스크 착용 권고는 처음부터 '감염될 수도 있으니 조심하세요'라기보다는 '감염되었을 수도 있으니 조심하세요'였던 것인지도 모른다. 마스크를 써서 '바이러스를 당신 안에 가두어 두라'는 것이 정부 권고의 본심인 셈이다. "국민 개개인이 1차적인 방역막"이라는 김강립 보건복지부차관의 말은 비유가 아니라, 사실에 대한 정직한 묘사였다.

이러한 맥락에서, 마스크를 착용하는 행위는 공적인 의미를 획득하고, 미착용자에 대한 질타는 사회적 정당성을 확보한다. 마스크는 단지 '나'라는 한 개인을 바이러스로부터 방어하는 사적인 장비가 아니라, 내가 속한 공동체에 몹쓸 바이러스를 전파하지 않기 위한 공적인 장치이다. '우리'는 연예인을 동경해서가 아니라, 나 하나를 보호하기 위해서가 아니라, 내가 속한 공동체를 바이러스라는 거대한 위협으로부터 지켜내기 위해, 오늘도 결연히 마스크를 꺼내 쓴다. 마블 영화 속 영웅들 중에는 마스크를 쓴 자들이 있으며, 그들은 언제나 인간이었다. 그렇게 공동체는 마스크를 쓴 인간 개개인의 자발적인 공동체적 의식의 발현으로 안전해진다.

그런데 이렇게 유지되는 공동체는 어딘가 이상하다. 이 공동체에서 타자는 얼굴을 가린 채 나타난다. '우리'는 공동체를 위해 연대했지만, 서로의 얼굴을 보지 못한다. 서로 손을 잡지도 않으며, 거리를 두고 앉거나 심지어 벽을 보고 앉아 밥을 먹는다. 서로의 결혼식에 참석해서 축하하지도, 장례식에 참여하여 위로하지도 않는다. 이 사회에서 '우리'는 '우리'에게 '사회적' 거리를 두며, 심지어 아들은 죽은 아버지의 시신을 안고 오열하지도 못한다. 이 공동체에서 '우리'는 마스크를 쓰고 하나가 되지만, 2002년 붉은 유니

폼을 입고 광장에 모였던 '우리'에게 있던 무언가가 이제는 없다. 위기 앞에 하나로 뭉친 이 공동체 속 개인들에게는 얼굴이 없다. 너는 누구냐?

바이러스라는 위협에 이런 기이한 형태의 연대를 유지하며 대항할 수밖에 없는 이유는 바이러스가 인간의 모습을 하고 있기 때문이다. 바이러스는 정확히 인간의 사회적 삶의 방식을 따라 전파된다. 그것은 우선 개인에게 침투하고, 개인이 타자와 맺는 관계를 통해 확산된다. 공동체 내의 밀집도가 높을수록 바이러스의 생존 확률과 전파 속도는 가파르게 상승하고, 그렇게 바이러스는 인간과 삶의 방식을 공유한다. '신천지'와 같은 밀도 높은 사회가 바이러스의 숙주가 될 수밖에 없었던 이유가 바로 여기에 있다. 이미 20년 전에 영화 〈매트릭스〉에서 스미스 요원은 이 사실을 정확히 지적한 바 있다. "지구상에는 인간과 동일한 패턴을 가진 유기체가 하나 있지. 바이러스."

바이러스가 인간과 삶의 방식을 공유하는 탓에, 바이러스의 위협 앞에서 인류가 취할 수 있는 대응책은 오랜 기간 하나뿐이었다. 인간적 삶의 방식을 안전해질 때까지 유보하는 것, 공동체를 잠시 해체하고 안전해질 때까지 오롯이 단독자로 머무는 것. 그래서 일이 벌어지자 세계 각국은 국경부터 걸어 잠갔다. 공공기관이 문을 닫았고, 학교와 레스토랑, 개인과 개인이 만날 수 있는 장소들에는 출입금지 명령이 내려졌다. 공동체가 완전히 사라지지 않을 만큼만 간신히 틈을 열어 두고, 반대로 후에 복원될 공동체를 위해 어느 때보다 공동체 정신은 강조된다. 그리고 개인과 개인이 만나 직접 형성하던 관계를 공권력이 대신 이어준다. 정부는 개인의 사적인 영역에 사회적 안전을 목적으로 손쉽게 침범한다.

한국은 이런 전형적인 방식과는 조금은 다른 길을 택한 것으로 보인다. 국경을 봉쇄하지도 않았고, 개인과 개인이 만나는 공간도 상대적으로 덜 닫아두었다. 그리고 성공하고 있다. 그러나 여기에 어떤 마법은 없다. 인간과 삶의 방식을 공유하는 바이러스에 대항하기 위해서는 인간적 삶의 방식 어딘가에 변화가 필요하다. 한국 정부는 이미 형성된 공동체를 건드리기보다는, 공동체를 구성하는 기본 단위, 개인을 통제하고 해체하는 방식에 무게 중심을 두었다. 감염자 동선 확인을 위해 신용카드 거래 정보와 CCTV, 위치 추적 어플을 활용하였고, 군의 인력들을 현장에 과감하게 투입하였으며, 사설병원의 장비와 병실과 인력들을 제약 없이 사용하였다. 그리고 이 모든 조치들은 별다른 저항 없이 이루어졌다. '우리'가 있었고, '우리'는 이미 마스크를 쓴, 얼굴을 반쯤 가린 개인들이었기 때문이다.

이탈리아의 상황이 지금처럼 악화되기 전에 이탈리아의 사회학자 아감벤은 「코로나바이러스와 예외상태」라는 글을 통해 정부의 대응을 비판했다. 테러를 이용해 "예외상태"를 "정상인 것"으로 만들려고 시도했던 정부가 이제 테러의 효용이 다하자, 바이러스를 그런 의도를 실현하기 위한 도구로 활용하고 있다는 것이 글의 요지다. 프랑스의 철학자 낭시는 삼십 년 전 심장이식 수술을 받으라는 의사의 권유를 무시하라고 아감벤이 자신에게 조언했으며, 그랬다면 아마 죽었을 것이라는 폭로?와 함께 즉각 이 글을 비판했다. 바이러스는 아감벤이 생각하는 것과는 달리 감기와 같은 것이 아니며, 문제는 "예외상태"를 "정상인 것"으로 만들려는 정부가 아니라, 모든 종류의 기술적 교류가 전에 없던 강도로 가능해진 세계적 상황 자체에 있음을 지적한다. 현재의 이탈리아의 상황은 낭시의 승리, 아감벤의 패배를 선언한다. 오랜 기간 동안 이어진 논쟁의 수준 낮은 반복으로서, 이 논쟁에서 새롭게 주목할 부분은 없다. 다만 낭시의 글에 대한 아감벤의 재반박 글의 마지막 부분은 기록해 둬야 한다.

"적은 밖이 아니라, 우리 안에 있다. / 걱정스러운 것은 단지 현재만이 아니라, 이후에 올 것이다. … 인간 존재 사이에 모든 접촉contact_모든 감염contagion_을 기계로 대체할 수 있는 모든 곳에서, 오직 디지털 메시지로만 이루어지는 서로간의 교류." 즉 마스크를 쓸 수 있는 모든 곳에서, 마스크를 쓴 채로만 서로의 얼굴을 확인하는 개인들.

K-방역과 한국사회의 그림자

윤은경 2020.5.12

'코로나게이' 'K방역은 개뿔' '퀴어 행사 취소해라' '서울시장은 성소수자옹호자라서 방역에 실패할 것이다' '교회는 막으면서 클럽은 왜 안 막았냐' '종교는 죄가 아니지만 게이들은 범죄자다' '대구 신천지는 그렇게 때려잡았으면서 클럽은 왜 놔뒀냐' '서울코로나' '코로나 시즌2'….

- 용인 66번 확진자의 동선이 공개된 후 네티즌의 반응 중 2020.5.8 즈음

가정의 달 5월에 들어서자 일간 신규 확진자 수가 며칠간 한 자리 수를 찍었다. 석가탄신일과 주말, 어린이날이 연달아 있는 황금연휴를 앞두고 정부에서는 경계를 늦추지 말아야 한다고 당부했지만, 코로나에 대한 공포는 사실상 잦아들고 있었다. 평소라면 해외로 여행을 떠났을 사람들은 대신 제주도로 떠났고, 길에 나온 사람들 가운데 마스크를 끼지 않은 이들이 심심치 않게 보였다. 어린이날에는 놀러 나온 가족 단위 나들이객들이 공원마다 바글바글했다.

하지만 5월 7일, 신규 확진자가 많은 사람들이 밀집한 이태원의 여러 클럽을 다녀간 동선이 공개되자 분위기는 다시 긴박해졌다. 그가 하룻밤 사이에 5개 이상의 클럽을 다녀갔다는 사실은 또 다른 집단감염을 예고하는 뉴스였다. 하지만 사람들의 관심은 많은 사람이 노출되었다는 점에만 머무르지 않았다. 확진자가 다녀간 클럽 중 한 군데에서 방문 사실을 공표하고 방역조치에 적극적으로 임하겠다는 글을 올렸는데, 그 클럽이 성소수자가 많이 찾는다는 것이었다. 집단감염에 취약한 클럽의 환경에 대해 정부가 그간 무심했다는 비판과 더불어 확진자의 성적 취향에 대한 예측과 그에 대한 감정이 여기저기서 튀어나왔다. 그 어느 곳보다도 밀접 접촉이 이루어지는 클럽에서 방역이 소홀하게 이루어진 것에 대한 시민들의 놀라움과 분노가 성소수자에 대한 혐오와 맞물려 새로운 '탓하기'가 일어나고 있었다.

집단감염 속 집단 밀어내기

'클럽 확진자' 이전 대규모 집단감염의 중심에는 31번 환자와 '신천지'가 있었다. 의심 증상이 있었음에도 불구하고 여러 장소를 이동했던 이 '슈퍼 전파자'를 향한 대다수 국민의 비난에는 그가 속해 있던 신천지라는 교단의 특성이 작용했다. 전국에서 교도가 모여들고 폐쇄적인 멤버십으로 운영된다는 점, 그리고 모임마다 밀접 접촉이 이루어진다는 점 외에도 '신천지'라는 종교집단의 세기말적 구원 서사가 주는 이질감과 혐오감이 정치적 상황과 교묘하게 맞물려 혐오감을 자아냈다. 신천지 때문에 전 국민이 감염병의 위험에 빠져들었다는 식의 서사가 공공연하게 확산되었고, 특히 대구는 신천지의 본거지로서 '코로나 도시'로 인식되기도 했다.

31번 확진자 이후 다수의 확진자가 신천지 교도로 확인되자, 신천지를 중심으로 하는 역학조사가 적극적으로 이루어졌다. 신천지 관련 시설을 폐쇄하는 것은 물론, 경기도에서는 압수수색 영장까지 발부받으면서 명단을 확보해 감염 가능성이 있는 교도를 추적했고, 서울시에서는 교단의 비협조적인 행태를 살인죄로 고발했다. 신천지는 코로나의 진원지이자 살인자였다. 신천지 측에서는 특정 종교에 대한 탄압이라며 반발했지만, 추가 확산 방지를 위한 정부의 방역조치에 협조하지 않는 모습을 보여 국민들의 공감을 사지는 못했다.

이제 두 번째 집단감염이 '이태원 클럽'을 중심으로 확산되면서 이러한 상황이 재연될 조짐이다. '집단'은 수적으로 여럿이 모여 이룬 모임이라는 뜻으로 집단감염은 한꺼번에 많은 사람이 감염되었을 때를 일컫는다. 집단감염이라고 해서 그 집단이 반드시 사회적으로 특정한 정체성을 공유하지는 않으나, 1차 대규모 집단감염이 뚜렷한 정체성을 지닌 신천지를 중심으로 일어나자 그 집단의 성격이 감염에 대한 인식과 뒤섞이는 모습을 보였다. 대상을 가리지 않아 중립적인, 얼굴 없는 바이러스에 신천지라는 얼굴이 덧입혀지면서 감염에 대한 공포와 분노가 신천지로 향하는 혐오로 표현되었다. 이제 그 얼굴에 새로운 얼굴이 덧입혀지고 있다. 바로 '클러버', 더 구체적으로 말하자면 '게이 클러버'이다.

클럽은 좁고 환기가 일어나기 어려운 환경에서 많은 사람들이 마스크를 제대로 쓰지 않은 채 밀착한다는 특성상 감염이 확산되기 더없이 좋은 조건이다. 이태원 클럽을 중심으로 집단감염이 예고되자 그동안 클럽을 대상으로 방역 조치가 더 엄격하게 이루어지지 않았다는 사실에 많은 이들이 의아해했다. 클럽에서 일어난 집단감염의 당사자들은 신천지처럼 특정한 정체성을 공유한다고 볼 수 없다. 감염자와 동시에 같은 장소에 있었다는 사실 말고 이들을 묶을 공통점을 특정하기 어렵기 때문이다. 하지만 이 클럽이 성소수자들이 빈번하게 찾는 곳이라는 정보가 추가되자, 성소수자 집단에서 일어난 감염이 되어 버렸다. 벌써부터 이들을 일컬어 '춤천지'라고 하면서 당시에 클럽에 있던 사람들을 신천지와 동일시하는 현상이 일어나고 있다. 한날한시에 같은 장소에 있었다는 이유로 이들은 성적 취향으로 묶인 컬트 취급을 받고 있는 것이다. 감염병에 대한 보편적인 공포가 성소수자에게 향하는 모습은 한국 사회의 성소수자에 대한 인식의 수준을 드러내는 대목이기도 하다. '코로나 게이'라는 신조어가 튀어나온다든지, 이번 사건에서 불현듯 퀴어 축제에 대한 규제 강화를 요구하는 목소리는 성적 취향 자체에 병적인 측면이 있음을 전제하는 듯하다.

방역의 관점에서 보면 이 같은 논쟁은 모두 논점을 벗어나 있다. 신천지 집단감염에서 해당 교단에 그토록 공격적인 대처가 이루어진 이유는 잠재적 감염자를 파악하기 위한 정부의 조치에 협조하지 않았기 때문이다. 클럽 집단감염의 경우에는 해당 클럽을 다녀간 사람들의 명단을 확보하고 접촉자를 파악하는 것이 주요 쟁점이지, 논란이 되는 클러버들의 성적 지향성은 감염과 아무런 상관이 없다. 하지만 사람들은 감염 확산에서 누가 더 잘못했는가를 판가름하려고 하며, 이 과정에서 종교 대 성소수자의 대결구도를 만들어 버렸다. 그리고 이에 대한 정부의 대처 또한 종교탄압과 과도한 성소수자 인권 보호의 프레임으로 해석된다.* 일부 기독교 단체에서 동성애를 범죄로 여기고 이들에 대한 혐오를 공개적으로 드러내 온 점을 상기하면 이 같은 대결구도가 아이러니하다.

감염병의 맥락에서 집단감염이 일어났을 때 집단의 정체성은 감염에 대한 사람들의 인식에 영향을 끼친다. 어떤 집단에서 감염이 확산되었다는 사실과 해당 집단이 공유하는 무언가 사이에 인과관계를 찾는 일은 중요하다. 감염자들만이 특정하게 공유하는 정체성이야말로 그들을 타자화할 수 있는 유용한 수단이기 때문이다. 그러한 정체성을 공유하고 있지 않은 나머지 사람들은 안전하다. 그렇기 때문에 그 집단의 정체성이 이질적이고 특수할수록 거리두기는 원활하게 작동한다. 신천지와 이태원 클럽 사태에서의 '탓하기' 현상에서 드러난 것은 집단의 특성과 감염병과의 유의미한 관련 여부를 떠나, 한국 사회에서 혐오가 작동하는 지점이다. 이 혐오가 향하는 곳이 어디인가, 혐오를 느끼는 이들은 또 누구인가를 물어야 한다. 그곳에 우리 사회의 민낯이 있다.

---

* 신천지 "성소수자 보호? 우리는 살인죄 고발하더니…"《한국경제》, 2020.5.11.
  https://www.hankyung.com/society/article/2020051157917

K-방역과 잊고 있던 문제들

코로나19에 대한 한국 사회의 대처는 이제 'K-방역'이라는 이름으로 국제 사회에 수출되고 있다. 처음에는 인색하던 국내 언론도 한국형 방역 모델의 우수성을 연일 보도하고, 방역을 성공으로 이끈 의료진의 헌신과 국민의 대처에 대한 긍정적인 평가가 내부적으로 활발해지면서 '국뽕'이라는 말까지도 나왔다. 확진자의 동선을 공개하는 과정에서 사생활 침해 논란이 있었지만, 자축하는 분위기는 흔들리지 않았다. 분명 코로나 상황에서 한국은 재빠르고 영민하게 대응했다. 2020년의 처음 몇 개월간의 한국사는 감염병의 엄습과 그에 대한 한국 사회의 성공적인 대처로 기록될 것이다. 하지만 그 시기는 n번방 사건이 수면 위로 떠오른 때이기도 했으며, 집단감염으로 널리 존재를 알리게 된 신천지는 속을 들여다보니 희망 없는 미래에 지친 청년들의 안식처임이 겹쳐 보이는 때이기도 했다. 이전에는 어떠했는가. 그때나 지금이나 한국은 OECD 국가 중 자살률 1위, 남녀임금격차 1위의 기록을 보유하고 있으며, 출산율은 거의 바닥이다.

코로나 사태로 인해 몰랐던 한국 사회의 모습들이 새삼스레 드러났다. 긍정적인 부분과 부정적인 부분이 공존한다. 부정적인 부분은 충분히 들여다보고 개선을 해야 할 것이고 긍정적인 부분 또한 그 의미를 이해하고 디딤돌로 삼아야 할 것이다. 그러나 클럽 감염이 나타나기 전, 지배적인 분위기는 '미처 몰랐는데 우리가 사는 한국이 선진국이었다'는 깨달음을 확인하고 이에 따른 보상적 태도가 확산되는 모습이었다. 하지만 '긍정적인 측면이 그간 저평가되어 왔음을 깨닫는 일'이 '부정적인 측면들이 오해였음'을 의미하지는 않는다.

K-방역의 성공을 이끈 정부와 의료진, 시민들에 대한 칭송과 또 대한민국 국민으로서 느끼는 자긍심의 이면에는 일종의 안도감이 있다. 이는 촛불혁명을 촉발한 전 정부의 부정부패, 세월호를 겪으며 느낀 재난 안전 시스템의 오작동, 그리고 방역에 실패한 메르스 사태까지 그간 한국 사회에 느꼈던 실망이 보상되고 서로 간 신뢰가 회복되었다는 느낌에서 오는 깊은 차원의 안도감이다. K-방역에 대한 자부심은 국가적 차원의 성과에 대한 국민의 목마름을 반영한다. 하지만 밝은 희망을 본 우리의 눈이 여전히 현실에 존재하는 어두운 문제들을 알아차리지 못하고 있는 것은 아닌지 생각해 볼 일이다. 저평가 또는 부정적으로 평가되었던 한국 사회의 특성들-개인보다는 집단을 우선시하고, 파격보다는 기존 시스템의 원활한 작동을 중시하는 성향-이 감염병 위기 상황에서는 긍정적인 결과를 낳았으나, 바로 그 성향이 자살률 1위, 저출산, 성차별 등의 문제에 기여하고 있는 것도 사실이다.*

건강한 사회는 신뢰를 바탕으로 한다. 국가가 신용을 회복하고 국민들이 사회적 안전망의 존재를 비로소 실감하게 된 것은 코로나 효과의 긍정적 측면이다. 하지만 우리는 잘한 것으로 잘못한 것을 덮어버리는 오류를 범해서

---

* [최재천 · 최진석 대담] 코로나19 대응, 잘한 일과 해야 할 일, 《신동아》, 2020.5.7.
  https://m.post.naver.com/viewer/postView.nhn?volumeNo=28213084&memberNo=39094895
  &vType=VERTICAL

는 안 된다. 위기가 지나가고 일상에 복귀했을 때, 우리는 다음과 같은 질문들-우리 사회가 아이를 낳아 기를 만한가? 청년이 희망을 품을 수 있는 사회인가? 가장 낮은 곳에 있는 사람들이 존엄성을 유지하면서 자기 주도적으로 살 수 있는 사회인가?-에 어떤 답을 내놓을 수 있을까? 이번 위기 상황에서 발휘되었던 개개인과 국가의 역량이 위기 속에 드러난 문제들의 뿌리에 가 닿을 수 있을지, 그리하여 위기가 지나간 뒤 이 고질적인 문제들에 어떤 실질적인 대안을 내놓을 수 있을지 고민이 필요한 때이다.

제5부

코로나19,
세계를 시험하다

한국식 방역 모델은 국뽕인가?

박윤재 2020.4.30

"우리나라가 이렇게까지 세계적으로 높이 평가받는 건 태어나서 본 적이 없다. 아마 대한민국 역사에서 처음이 아닌가 싶다." 어느 신문 칼럼의 일부이다. '한류' 현상이 발생한 이래 "역사상 한국이 이렇게 거만한 적은 없었다"는 이야기는 들었지만, 최근 세계가 주목한 한국의 방역은 한류 이상의 평가를 받고 있다는 인상이다. 한국식 방역 모델의 장점을 여러 가지 열거한 한 기자는 자신을 '국뽕'이라 부른다면, 그런 '국뽕'은 기꺼이 감수하겠다고 말했다. 국가와 히로뽕philopon의 합성어로 국수주의자를 가리키는 국뽕을 자처한 것이다. 그에 따르면, 코로나19 방역 과정에서 만들어진 한국식 모델은 "현재로서는 위험성이 적고, 다른 나라들이 당장 따라할 수밖에 없고 따라하고 있다."

방역 사업을 지휘하고 있는 문재인 대통령의 생각도 다르지 않다. 문 대통령에 따르면, 한국은 방역에서 보여준 개방적, 민주적, 창의적 대응과 국민의 시민의식으로 전 세계가 주목하는 나라가 되었다. 한국형 방역 모델은 세계적 표준이 되었고, 한국산 방역 물품이 전 세계로 수출되는 기회의 나라로 바뀌었다. 한국식 모델에 대한 극찬은 4월 15일 치러진 총선에서 정점에 이른 인상이다. 이번 총선은 코로나19의 세계적 대유행 상황에서 치러진 국가 단위 첫 선거였다. 3천만 명이 참여한 선거에서 확진자는 아직 나오지 않고 있고, 그 상황이 이어진다면 한국의 "선거 방역 시스템은 세계적인 표준으로 자리 잡을 것으로 기대" 된다.

한국식 방역 모델은 구체적으로 진단기술, 감염자 추적, 투명한 정보공개, 시민의 자발적 참여 등으로 상징된다. 정부는 한국의 방역 경험을 하나의 모델로 만들고 있다. 외국의 경험 공유 요청에 대해 3P원칙, 즉 선제 Preemptive, 신속 Prompt, 정확 Precise으로 한국의 방역체계를 설명한다. 3T+P 모델 역시 다른 설명 방식 중 하나이다. 진단 Testing, 역학조사 Tracing, 치료 Treating 및 시민참여 Participation이다. 자가격리 및 진단 앱, 드라이브스루 및 워킹스루 진료소와 휴대폰 위치정보 분석 역시 한국식 방역 모델의 강점이다. 한국의 방역 모델은 한국이 개발한 최신의 '수출품'으로 각광을 받고 있다. 다른 모델이라고 할 수 있는 중국식 완전봉쇄, 스웨덴식 집단면역 모델보다 경쟁력도 높아 보인다. 국뽕은 어쩌면 자연스럽다.

최근의 국뽕은 한국의 현대사를 검토해 보면 이해가 쉽게 갈 수 있다. 그동안 한국은 칭찬을 갈구해 왔다. 그 칭찬이 외국, 구체적으로 서양 선진국에서 올 경우 가치는 더 높았다. 미국의 메이저리그에서 활동하는 류현진 선수, 영국의 프리미어리그에서 활약하는 손흥민 선수가 국민의 관심을 받는 이유가 거기에 있다. 이전으로 올라가면 박세리, 박찬호, 박지성, 더 올라가면 차범근. 그 계보는 길게 이어져 있다.

외국인 중에서 왜 한국인은 다른 사람의 시선을 그렇게 의식하는지 모르겠다며 궁금해 하는 사람이 있다. 개인주의가 강하다는 서양에서 자연스럽게 나올 수 있는 질문이다. 대답은 간단하다. 한국의 역사를 보면 된다. 한국은 19세기 말 이래 늘 어떤 모델을 쫓고 있었고, 그 모델은 내가 아닌 다른 사람이 만든 것이었다. 나를 평가하는 기준은 늘 남이 만든 기준이었다. 그 기준을 만든 사람들의 국적은 서양이었다. 서양인들의 시선을 의식하는 것은 당연했다.

학부 시절의 스승이 생각난다. 당시 한국사를 가르치던 선생님이 어느 날 자신의 대학원 진학 당시 이야기를 해주셨다. 1950년대 중반 학번이었으니 아마 1960년 전후에 대학원에 입학했을 것이다. 당시 한국사를 전공하겠다는 결심을 밝히자 주위의 선배들은 말렸다고 한다. "왜 부끄럽고 창피한 한국의 역사에 관심을 가지느냐"며 의아해 했다고 한다. 생각해 보면 1960년이면 남북 간의 치열한 전쟁이 끝난 지 7년밖에 되지 않은 시기였다. 그 이전은 해방의 다른 이름인 분단이 이루어졌고, 그 이전은 식민지 시기였다. 부끄러운 과거였다. 창피한 역사였다. 당시 선배들은 차라리 서양사를 공부하라고 조언했다고 한다. 1950년대는 근대화론이 유행하는 시기였고, 한국의 근대화를 위해서는 먼저 근대를 성취한 서양을 본받을 필요가 있었다. 역사가 현실에 도움을 줄 수 있다면, 서양사 연구가 그 역할을 할 수 있었다. 한국에게 서양은 본받아야 할 스승이었다.

내가 대학을 다니던 1980년대도 다르지 않았던 것 같다. 당시 민주화투쟁에 나섰던 운동권 중에 주체사상을 신봉하는 소위 주사파가 있었다. 지금의 시각으로 보면 터무니없는 사람들이지만 당시 주사파들은 진지했다고 생각한다. 그들에게 대한민국은 부끄러운 존재였다. 대통령을 군인 출신들이 이어가며 맡고 있었다. 박정희를 넘어 그의 정치적 '아들'이라 할 수 있는 전두환, 노태우가 대통령에 연이어 당선되었다. 주사파는 대한민국에 대한 절망과 비판을 자양분 삼아 성장하였다. 당시 본격적으로 이루어졌던 해방공간에 대한 연구는 식민지배에 협력했던 친일파가 미국의 지원 아래 대한민국의 주류가 되었다고 설명했다. 전두환, 노태우 정부도 친일의 흐름 위에 있었다. 대한민국의 역사는 친일의 역사였다.

반면 김일성은 달랐다. 그는 1930년대 만주에서 전개되었던 항일무장투쟁에 참여하였다. 북한에 따르면 지도자였다. 박정희가 만주군관학교, 일본 육군사관학교를 졸업했다는 사실과 대비되었다. 1950~60년대 북한이 소련과 중국 사이에서 자주 외교를 구가한 점도 주목받았다. 반면, 김일성이 1950년대 정치투쟁을 거치며 자신의 권력을 강화하고 그 결과 북한이 생기 잃은 정체된 사회가 되고 있었다는 점은 주목하지 않았다. 주체사상이 사람이 주인이라는 추상적인 주장을 내세우지만 실제로 김일성 개인 우상화를 위한 이념이라는 점도 간과되었다. 주사파에게 북한은 부끄러운 대한민국에 대비되는 이상사회였다. 1950년대 서양이 한국의 모델이었다면, 1980년대는 일부 젊은이들에게 북한이 한국의 모델이 되었다. 한국은 늘 무엇인가를 쫓아야 하는 존재였다.

코로나19 방역에 대한 세계인들의 칭찬은 백년이 넘는 근대화의 과정에서 항상 바깥, 구체적으로 서양만을 바라보던 한국인에게 낯설지만 즐거운 경험이다. 1950년대 내 스승, 1980년대 주사파는 예상하지 못했을 경험이다. 사실 한국은 성장하고 있었다. 한국현대사는 산업화, 민주화가 순차적으로 실현되었다. 한국은 경제적으로, 정치적으로 성장했다. 비판적으로 보면, 성장 혹은 발전의 강박에 묶여 있었다고 말할 수 있을 정도이다.

2020년 한국은 새로운 상황을 맞이했다. 그동안 성장이나 발전이 어떤 모델을 따라가야 하는 것이었다면, 코로나19 방역을 거치면서 그 모델이 한국이 되었다. 1960~70년대 한국이 '아시아의 4마리 용'이라는 칭찬을 들을 때 한국의 성장 모델은 후진국이 관심을 가질 대상이었지, 선진국과 상관이 없었다. 하지만 코로나19 방역은 다르다. 완전봉쇄를 택한 중국 모델, 집단면역을 선택한 스웨덴 모델과 달리 한국 모델은 매력적이다. 강제적인 봉쇄와 이동제한 없이 비교적 정상적인 사회경제 활동을 유지하고 있기 때문이다. 시민의 협조와 합의 아래 감염자 조사, 추적 나아가 통제가 이루어진 점도 주목받고 있다. 자유와 민주주의라는 가치를 해치지 않으면서 방역에 나름 성공하고 있는 것이다.

그러나 '국뽕'은 위험하다. 자만은 파멸로 이어지기 쉽다. 칭찬 받던 한국식 경제 모델은 이미 타격을 입은 바 있다. 1997년 외환위기 때이다. 이 위기를 거치면서 한국식 모델의 매력은 약해졌다. 한국식 방역 모델이 경제 모델의 길을 따라 걷지 말라는 법은 없다. 이때 필요한 태도는 자만보다 냉정이다. 한국식 방역 모델에 대한 검토가 필요하다. 점검이 필요하다. 이때 기준으로 삼을 만한 것은 지속성과 확장성이다.

우선 한국적 모델이 지속적인 흐름 속에서 만들어졌음을 입증해야 한다. 과거가 입증이 되어야 미래의 지속가능성을 가늠할 수 있다. 이번 방역의 중심에 질병관리본부가 있었고, 그 탄생 배경에 2003년 사스 유행이 있었다면, 한국식 모델은 호흡기감염병에 대응해 온 지속적인 노력 속에 만들어졌다고 평가할 수 있다. 지금 코로나 방역을 지휘하고 있는 정은경 본부장이 2015년 메르스 방역을 실무적으로 지휘했던 사실도 한국식 모델의 지속성을 알려준다. 진단기술 역시 마찬가지이다. 다른 국가들의 진단검사 건수가 적다고 하지만 사실을 옳게 말하자면, '한국이 엄청 빠른 것'이다. 역시 메르스를 겪으면서 얻은 경험을 토대로 통상 몇 달씩 걸리는 진단키트의 개발, 승인, 훈련을 신속하게 진행한 때문이다. 현재 한국에 진단검사의학 전문의는 1천 명이 약간 넘는다. 이 정도의 규모를 가진 나라는 세계적으로 많지 않다. 한국만큼 신속하게 대규모 검사를 해 낸 나라가 없는 이유이다. 한국식 모델은 지속성 위에서 만들어졌다는 평가가 가능하다.

다만 공공의료 체계는 여전히 해결 과제이다. 공공의료는 이번 코로나 방역 과정에서 중요한 역할을 담당하였다. 지난 2월 코로나19가 대구를 중심으로 폭증했을 때 정부는 75명의 신임 간호장교를 국군대구병원에 파견하였다. 대구의료원은 지역 거점병원이었고, 대구보훈병원, 근로복지공단 대구병원 등에도 병상이 마련되었다. 공중보건의들은 부족한 의료 인력의 공백을 메웠다. 공공의료는 코로나19의 파도를 막은 방파제였다. 하지만 현재 공공의료가 담당하는 영역은 전체 의료의 5% 남짓이다. 비판자들은 공공의료가 최소 30% 정도의 비중은 차지해야 한다고 주장한다.

다음으로 확장성이다. 한국적 모델이 다른 국가에 적용 가능한 확장성 있는 모델인지 확인하여야 한다. 다른 국가에서 관심을 가지는 지점 중 하나는 개인의 사생활을 보호하고 인권을 침해하지 않느냐이다. 코로나19 역학조사 지원 시스템이 예가 될 수 있다. 이 시스템은 휴대전화 위치 정보와 신용카드 사용 내역 등 빅데이터를 취합해 코로나19 확진자의 동선을 10분 내에 도출해 내는 것으로 알려졌다. 사생활이 침해될 수 있다는 당연한 염려가 제기되었다. 개인정보를 중시하는 미국과 유럽에선 도저히 채택할 수 없는 방식이란 반응이 현지에서는 많다고 했다. 이 염려에 대해 정부는 이 시스템의 경우 "권한을 부여받은 담당자만 접속할 수 있도록 하는 등 안전 조치를 통해 정보 오남용을 막고 있다"고 답했다. 다른 국가에 적용 가능하다는 것이다.

가장 먼저 코로나19가 발생했지만, 가장 먼저 통제에 성공한 중국식 모델은 확장성에 일정한 한계를 가지고 있다. 불투명한 정보공개, 일방적 도시 봉쇄 등 일반 민주주의 국가에 적용하기 힘든 내용으로 구성되어 있기 때문이다. 집단면역이라는 새로운 실험을 하고 있는 스웨덴 모델의 경우 위험성이 지나치게 크다. 살아남는 사람만 데리고 가겠다는 정글의 법칙이 엿보인다. 반면 한국 모델은 매력적이다. 2020년 한국사회에 불고 있는 국뽕은 원래 의미의 국뽕이 아닐 가능성이 높다.

집단면역의 명明과 암暗

박성호 2020.3.31

스웨덴이나 영국 등에서 코로나19에 대응하기 위한 방안으로 제시되는 것이 바로 '집단면역'이다. 코로나19의 감염을 차단하는 데 주력하기보다는, 일단 코로나19가 무증상자 또는 경미증상자에게는 큰 피해를 주지 않는다는 점에 착안하여 감염 확산 자체를 막지는 않되, 기저질환자나 노년층 등의 취약계층 및 중증환자에 대한 치료에 의료 역량을 집중함으로써 사망자를 가급적 줄이고, 장기적으로는 코로나19 자체에 '익숙한' 신체를 만들자는 것이 그 접근법이다. 얼핏 생각하기에는 꽤 합리적이면서도, 다른 한편으로는 냉정하다 싶을 정도의 발상이지만, 적어도 뚜렷한 백신이나 치료제가 없는 현 상황에서는 그저 가볍게 보아 넘길 성질의 것이 아님은 분명하다.

사실 이 집단면역의 개념은, 다소 결이 다를 수는 있겠지만, 자연계에서는 우리가 흔히 보아 오던 장면과 흡사하다. 아프리카 초원에서 사자에게 쫓기는 톰슨가젤 무리를 생각해 보자. 사자는 일정한 빈도로 톰슨가젤을 사냥해야 하고, 톰슨가젤은 무리의 존속을 유지해야 한다. 이 두 개의 상반된 목적이 충돌하는 지점에서 자연스럽게 '균형'이 발견된다. 도망치는 톰슨가젤의 무리 중에서, 무리 전체의 속도에 맞출 수 없는 개체는 뒤처진다. 너무 늙었거나, 너무 어리거나, 병들었거나, 신체에 장애가 있거나. 이렇게 뒤처진 개체는 사자의 먹이가 된다. 그리고 나머지 톰슨가젤 무리는 달리는 것을 멈춘다. 초원에는 잠시 평화가 찾아든다.

우리는 이 장면을 TV를 통해서 여러 차례 보아 왔지만, 정작 우리가 그 주체가 되는 데 대해서는 익숙하지 않다. 왜냐하면 인류는 그동안 주로 '사자' 역할을 하는 데에 익숙해져 왔기 때문이다. 그러나 영국, 스웨덴 등이 내놓은 집단면역의 개념은, 이제 인류가 '톰슨가젤'의 입장에 놓여 있으며, 따라서 톰슨가젤의 생존법을 따라야 한다는 것이 골자이기에 우리로서는 사뭇 낯설게 느껴질 수밖에 없다.

얼핏 생각하면 합리적인 접근법이다. 인간은 그간 자연에 대한 겸손을 잊은 채 장시간 문명을 발전시켜 왔고, 오늘날에는 그 첨단에 서 있다. 한때 인류는 자연마저도 정복할 수 있을 것이라고 여기기조차 했다. 그러나 코로나19와 같은 감염병은 그러한 인류의 '오만'에 경종을 울려 버린 셈이다. 이제껏 사자와 같은 위치에서 바이러스든 기생충이든 손쉽게 제어하고 배제할 수 있으리라고 생각했던 인간의 사고는 코로나19 앞에서 그 진격을 멈춰 버리고 말았다. 더 이상 사자로서 초원의 흐름을 주도할 수 없다는 것, 톰슨가젤처럼 쫓기듯 뛰며 집단 내의 누군가를 떼어내야만 살아남을 수 있다는 사실을 뒤늦게 깨달은 것이다.

하지만 이는 여태껏 인간이 성립해 온 사회윤리에 대해 새로운 질문을 던

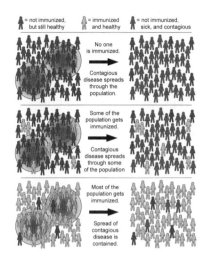

집단면역
집단의 일부가 감염병에 감염되고, 나머지는 건강하지만 면역성이 없는 상태라면, 병은 빠르게 확산된다.

일부만 면역이 있는 경우, 면역이 있는 사람만 감염을 피하고, 나머지 대부분에게는 병이 확산된다.

대부분이 면역을 갖게 되면, 병의 확산을 막게 되며, 면역이 없는 사람도 병을 피할 수 있게 된다

출처: https://ko.wikipedia.org/wiki/집단_면역#/media/파일:Herd_immunity.svg (CC BY-SA 4.0)

진다. 자연계에서 톰슨가젤이 무리의 한 부분을 사자에게 먹이로 내어주는 것은 자연스러운 이치로 이해되지만, 인간사회의 윤리는 그러한 '일부의 희생'을 정당한 것으로 여기지 않는다. 예컨대 우리가 살아남기 위해서 노약자나 기저질환자처럼 감염병에 취약한 이들을 감염의 위협에 의도적으로 '노출'시키는 것을 우리는 긍정할 수 있는가? 적어도 한국사회의 윤리관에서 이런 접근법은 손쉽게 용납되지 않는다. 개개인보다는 가족 중심의 사유가 전통적으로 강하게 작동하는 한국사회에서, 내 부모나 내 아이가 감염병에 노출될 수 있다는 위협을 수긍하라는 주장은 받아들이기 쉽지 않다. 하물며 그것이 사회 일반의 합의에서 나온 바가 아니라, 영국이나 스웨덴이 그러했듯 '정부발' 견해에서 나온 바라면 그 반발은 더욱 거셀 것이다.

인문학의 관점에서, 특히 동양철학이나 동양의학의 관점에서, 코로나19와 같은 감염병혹은 병원체을 대결과 구축의 대상으로만 바라보지 말고, 이러한 감염병의 존재를 자연의 일부로 받아들이는 접근법이 필요하다는 문제의식을 내놓을 수 있다는 건 현 시점에서 유의미한 일임은 분명하다. 그러나 또한, 이러한 접근법은 그간 한국사회가 받아들여 오던 윤리관의 적잖은 부분과 충돌하는 것이며, 이러한 충돌을 어떻게 납득 가능한 것으로 풀어내어 설명할 수 있을지에 대한 고민도 동시에 필요한 것이 사실이다. 현 시점에서 과연 집단면역과 같은 접근법이 옳은지, 혹은 현재 한국이 그런대로 성공적으로 수행하고 있는 전면적 차단 방식을 고수하는 게 옳은지는 병리학적 관점에서는 판단을 내릴 수 없다. 이는 어디까지나 사후적으로만 가능할 뿐이다. 그러나 적어도, 우리가 가지고 있는 생명관, 질병관, 혹은 사회-가족에 대한 윤리관의 입장에서 어떤 접근법을 어떻게 받아들일 수 있고 또 어떻게 비판해야 하는지를 고민하는 작업은 가능하기도 할뿐더러, 필요하기도 하다. 이런 작업들이 선행되어야 훗날 양자 사이에서의 선택이 필요한 시점이 왔을 때, 병리학적 관점에서만이 아니라 '인식'의 차원에서 새로운 접근법을 받아들일 수 있는 여지가 열릴 것이기 때문이다.

스웨덴의 '집단면역' 전략을 돌아보다

김현수 2020.4.22

2020년 3월 24일 중국이 우한 등의 도시 봉쇄를 이어가고 한국 또한 '엄격한 사회적 거리두기 strict social distancing'를 시행하고 있을 때, 북유럽 스웨덴 정부의 코로나19 방역 대책이 이슈가 되었다. 해당국 내 저위험군 인구 60% 이상이 특정 감염병에 대한 면역력을 갖게 하고 병원체가 숙주를 찾기 어려워 감염병의 전파가 느려지거나 종식되는 상황을 의미하는 '집단면역 Herd Immunity' 전략을 선택했기 때문이다.

특정 감염병과 연관하여 개인이 면역력을 획득하는 방식은 크게 두 가지이다. 하나는 백신을 이용한 예방접종이며 다른 하나는 감염을 통한 면역력 획득이다. 홍역, 소아마비, 결핵과 같은 감염병은 백신이 이미 개발되어 있다. 이에 유아기나 성장기에 집중적 예방접종을 함으로써 집단의 구성원 절대 다수가 면역력을 보유하도록 만들어 집단면역의 상태로 이끈다. 이렇게 되면 해당 감염병은 발생이 어렵게 될 뿐만 아니라, 국지적 발생이 일어날 경우에도 전파 및 확산은 진행되지 않는다. 반면, 백신이 개발되지 않은 감염병은 그 전파와 확산의 방지를 위해 감염을 통한 집단면역을 택하는 경우가 있다. 상당수의 집단 구성원에 대한 해당 감염병의 전파를 허용하여 자연적으로 면역력 형성을 유도함으로써 그 이상의 확산을 방지한다. 이와 같이, 감염병의 대유행을 전파와 확산의 두 단계로 구분할 때, 백신 예방접종에 의한 집단면역은 감염병의 전파 단계의 차단에 매우 적극적인 반면, 후자는 의도적이든 그렇지 않든 전파 단계의 차단에 소극적이다.

스웨덴 국립보건원 감염병학자인 앤더스 테그넬은 바이러스가 이미 전국을 강타했기 때문에 자신들은 봉쇄 국면이 아닌 완화 국면에 있으며 스웨덴 인들이 그 질병에 대한 면역을 획득하는 것이 좋을 것이라고 여러 번 말했음에도, '집단면역'을 의도적으로 추구한다는 것은 단호히 부인했다. 그러나 그가 최근 기자들에게 "장기적으로 사람들을 집에 가둬 두는 것은 잘되지 않을 것이다. 빠르든 늦든 사람들은 밖으로 나올 것이다"라고 말한 점에 주목한다면,* 이 '집단감염' 전략의 실행에 어떤 의도가 전혀 없다고 판단하기는 어렵다.

스웨덴 정부의 집단면역 전략은 유치원과 초·중학교, 식당, 술집 등 공공장소를 폐쇄하는 강력한 사회적 거리두기의 조치는 아니지만,** 500명 이상의 집회 전면 금지현재는 50명 이상의 공개적 모임 금지, 시민들의 불필요한 여행 자제

---

* Alex Ward, Vox, Sweden's government has tried a risky coronavirus strategy. It could backfire. 2020.04.16, https://www.vox.com/2020/4/9/21213472/coronavirus-sweden-herd-immunity-cases-death
** 16세 이상 학생들을 위한 고등학교와 대학교는 폐쇄 상황이다.

권고, 70세 이상 고령자의 자가격리 권고 등을 포함한다. 스웨덴의 접근 방식들은 코로나19를 다루는 것이 "단거리 경주가 아닌 마라톤a marathon, not a sprint"이 될 것이라는 생각에 초점을 맞추고 있다.* 이 때문에 스웨덴은 코로나19에 대해 장기전을 선포했다고 봐야 한다.

이 '장기전 선포'를 스웨덴 특유의 사회문화적 특성에서 기인한 것으로 풀이하기도 한다. NBC는 "자유의지를 존중하는 오랜 전통과 당국이 스웨덴 시민에 갖고 있는 높은 수준의 존경심이 바탕이 됐다"고 설명했다. 국민에 대한 신뢰를 바탕으로 강제적 조치가 아닌 최대한 자발적인 책임감에 호소하는 것이다. 대부분이 1인 가구인 점도 작용했다. 유럽연합EU 공식 통계 기구인 유로스타트에 따르면, 스웨덴 가구의 절반 이상이 1인 가구다. 유럽에서 1인 가구 비율이 가장 높다. 보통 18, 19세가 되면 대부분 부모로부터 독립하는데, EU 평균인 26세보다 훨씬 이르다. 이렇다 보니 대가족이 흔한 이탈리아나 스페인보다 가족 내 감염이 적을 수밖에 없다는 것이다. 스웨덴인들이 원래부터 공공장소에서 가까이 붙어 앉거나 낯선 사람들과 대화를 잘 하지 않는다는 점도 지목됐다. 스웨덴 문화에 대한 책을 쓴 롤라 아킨마데 아케스르림 작가는 BBC에 "스웨덴인들은 코로나19가 발생하기 전부터 이미 자연스럽게 사회적 거리두기를 해 오고 있다"고 설명했다.**

---

* Richard Milne, ft, Swedish ministers defend resisting coronavirus lockdown, 2020.4.16, https://www.ft.com/content/5eb0a90b-ceb5-4441-9456-e30f9a2a7028
** 김수현 기자, 《머니투데이》, '천만명 실험' 스웨덴 '집단면역', 효과 있을까', 2020.4.02, https://news.v.daum.net/v/20200402170826276

2월 65%, 3월 74%라는 스웨덴 보건당국의 코로나바이러스 대응에 대한 국민의 높은 신뢰도를 바탕으로 행해진 '집단면역' 전략이었지만, 전문가들 사이에서는 이 전략의 비현실성을 꼬집는 비판도 이어졌다. 요아킴 로클로프 스웨덴 우메아대 소속 감염병 학자는 "코로나19에 대해 아직 알려지지 않은 것들이 많은 상황에서 정부가 공중보건에 커다란 위험을 감수하고 있다"며 "다른 국가와 왜 다른 정책을 취하는지 모르겠다. 그것은 1000만 명 국민을 대상으로 한 거대한 실험"이라고 지적했다.* 스웨덴 우메오대학의 조아심 록뢰브 역학박사는 "이게 정부와 보건당국이 괜찮다고 생각하는 계산된 결과인가?"라며 "대체 국가 경제가 코로나19로 무너지지 않도록 희생하겠다고 말하는 사람은 얼마나 될까?"고 되물었으며 스웨덴 의학협회도 정부의 '집단면역' 전략을 강하게 비판하는 논문을 발표했고, 룬드 대학의 마르쿠스 칼손 수학과 교수는 유튜브에 "집단면역은 근거가 없는 접근법"이라는 내용의 영상을 게시해 "정부가 1000만 명의 국민을 대상으로 한 미친 실험을 시작했다"며 "총리는 스웨덴 국민으로 러시안룰렛을 하고 있다"고까지 비난했다.**

4월 9일 월드오미터 기준 확진자 9,141명, 사망자 793명을 기록하면서 스웨덴의 '집단면역' 실험이 사실상 실패로 끝나려는 조짐을 보이고 있다는 뉴

---

* 위의 글.

** 양소리 기자, 《뉴시스》, "스웨덴 국민, '집단면역'에 뿔났다… 코로나19 방역이 러시안룰렛이냐", 2020.3.24, https://news.v.daum.net/v/20200324164603466

스가 게재되었다. 치명률이 8일 기준 7.68%로 인접국인 노르웨이와 덴마크의 1.46%와 3.85%에 비해 높은 수치를 나타냈기 때문이다. 그리고 그 중요한 요인으로 인구 25%가 외국 태생인 스웨덴에서 소말리아 등 이민자 사회와의 소통 실패가 거론되었다. 구체적으로 스웨덴의 인구 1%도 안 되는 소말리아 이주민이 초기 사망자 15명 가운데 6명이나 차지하고, 특히 가난한 이민자들이 몰려 있는 예르바 지구에서 소말리아 사망자 5명이 나왔으며 3월 스테판 뢰벤 스웨덴 총리가 TV 연설에서 시민들이 지녀야 할 막중한 책임을 거론하며 지침을 전달할 때, 관련 정보가 스웨덴어로만 제공됨으로써 해당 메시지가 소말리아 등 스웨덴 내 이민자 그룹에게는 제대로 전달되지 않았기 때문이다.*

그런데 4월 20일 '집단면역' 접근법 설계자인 앤더스 테그넬이 스웨덴 TT 통신과의 인터뷰에서 "우리는 일종의 정점에 도달해 있다"고 함으로써 스웨덴의 코로나19 감염률과 사망률 수치가 안정세를 나타내기 시작했다는 소식이 전해졌다. 스웨덴 보건청 미생물학과의 카린 테그마크 위젤 소장도 지난 17일 "최근 며칠 동안 신규 감염 사례는 안정적으로 평탄한 곡선을 보이고 있다"라 하고 "중환자실에서도 같은 패턴이 나타나고 있다"고 말함으로써 '집단면역' 전략의 효과가 나타나기 시작했다는 주장을 뒷받침하고 있

---

* 권영미 기자,《뉴시스》, 스웨덴 집단면역 실험 실패, 원인 알고 보니…, 2020.4.10, https://news. v.daum.net/v/20200410144605893

다.*

　일찍이 고대 중국의 노자^{老子}는 "혼탁한 물을 고요히 하여 서서히 맑게 할
수 있겠는가^{濁而靜之, 徐清}?"라고 말했다. 일시적으로 혼탁해진 물을 고요하게
두는 것만으로 서서히 그 맑음을 되찾을 수 있음에도 불구하고 조급만 마음
으로 인위적 조작을 가하여 맑음을 되찾지 못하고 오히려 더욱 혼탁하게 만
들게 됨을 경계한 것이다. 스웨덴의 코로나19를 다루는 많은 접근방식이 초
점을 맞추는 "단거리 경주가 아닌 마라톤^{a marathon, not a sprint}"이 될 것이라
는 생각은 한편으로는 노자의 사유와 유사한 듯 보인다. 그러나 노자의 사
유는 교육과 같은 장기적 안목을 요하는 정책에서 그 힘을 발휘할 것임은
분명하지만 국민의 생명을 볼모로 한 전략에까지 적용할 수는 없다. 노자는
또한 "큰 나라를 다스림은 작은 생선을 삶는 것과 같다^{治大國, 若烹小鮮}"고 한
다. 작은 생선을 삶을 때, 재료를 자꾸 휘젓는 행위로 인해 작은 생선들이 형
체도 남지 않게 되듯이, 큰 나라를 다스릴 때에는 작은 나라, 적은 국민을 다
스릴 때보다 더욱 신중해야 한다는 의미이다.

　4월 20일 영국 일간지 《가디언》에 따르면, 스웨덴에서 코로나19에 의한
사상자 3분의 1이 요양원에서 나왔다고 한다. 이 때문에 '집단면역' 전략이
결과적으로 코로나19에 취약한 노인들의 희생을 전제로 한 게 아니냐는 비
판이 쏟아지고 있다. 심지어 요양원 근무자에 대해 감염이 의심되는 사람을

---

* 김정한 기자, 《뉴시스》, 스웨덴 '집단면역 실험' 실패 아니다… 효과 보이기 시작, 2020.4.20,
　https://news.v.daum.net/v/20200420103049380

돌보지 않는 이상, 마스크 등 보호 장비를 착용하지 말 것을 권고하고 있기도 하다. 이와 관련하여 테그넬은 영국 데일리메일 인터뷰에서 "전반적 전략이 실패한 것이 아니라 요양원에 사는 노인들을 보호하는 데 실패한 것"이라고 항변했다.*

여러 제한적 조치나 권고, 지침 등을 고려할 때, 스웨덴의 '집단면역' 전략은 '엄격한 집단면역' 전략은 아니었다. 이 때문에 좀 더 정교화한 방역 매뉴얼을 포함하는 전략을 수립하지 못함으로써 소말리아 이주민들이나 노인들의 희생을 초래한 점은 그들이 말한 '마라톤'이 끝난 이후에도 비판받을 수밖에 없을 것이다.

---

* 《MBN 온라인뉴스팀》, MBN, 스웨덴 집단면역 실패 아냐… "대가는 노인 희생", 2020.4.20,
https://news.v.daum.net/v/20200420173822004

감염병의 정치학
— '전쟁' 서사와 국가권력

유연실 2020.4.30

중국의 언론 매체는 2019년 12월 우한武漢에서 시작된 코로나19를 2019 신형관상병독폐렴新型冠狀病毒肺炎 혹은 신관폐렴新冠肺炎으로 약칭하며 다양한 기사를 쏟아내고 있다. 이는 코로나19가 신종 코로나바이러스Novel Coronavirus에 감염되어 발생한 급성호흡기 감염병이라는 것을 의미한다. 코로나19는 2020년 4월 28일까지 중국 전역에서 82,827명을 감염시키고, 4,643명의 사망자를 기록하며 사람들에게 전례 없는 공포감을 안겨주었다.[*] 2002년 광동지역에서 발생했던 사스SARS로 인해 2003년 중국 내 5,351명의 환자와 349명의 사망자가 발생한 것과 비교하면,[**] 바이러스 파급의 속도도

---

[*] 「新型冠狀病毒肺炎疫情實時大數據報告」의 보도에 따르면 코로나19로 인해 중국에서는 2020년 4월 28일 23시 05분 기준 누적 환자자 수 84,367명, 사망자 수 4,643명을 기록했다. https://voice.baidu.com/act/newpneumonia/newpneumonia/?from=osari_pc_3

[**] 「衛生部最後1次公布每日疫情: 中國內地無非典病人」,《華夏經緯網》, 2003년 8월 17일, http://

훨씬 빠르고, 지역적·세계적 확산의 범위도 더욱 광범위하다고 할 수 있을 것이다. 코로나19 발생 이후 대부분의 중국인들은 17년 전 발생했던 사스의 기억을 떠올리며, 중국 정부의 방역 시스템과 감염병 통제 능력에 대해서 적지 않은 회의의 시선을 보였다. 그렇다면 중국 공산당이 관영매체를 통해서 감염병 통제에 대한 강한 자신감을 내비쳤음에도 불구하고 대중들이 정부의 대응 방식에 대해 비판적인 시선을 거두지 않았던 이유는 무엇일까? 이는 사스 때와 흡사했던 중국 공산당의 언론보도 양상과 공익광고 선전이 더 이상 대중에게 호소력을 발휘하지 못했던 것과도 일정 정도 연관성이 있어 보인다. 이 글에서는 코로나19에 관련된 중국 언론 매체의 '전역戰疫' 서사를 중심으로 질병을 둘러싼 정치권력의 작동 방식을 살펴보도록 하겠다.

수전 손택은 『은유로서의 질병』이후, 2002에서 질병을 묘사하는 데에 사용되는 지배적 은유는 '전쟁의 은유'라고 서술하였다. 때문에 사람들이 질병에 대한 치료나 극복 과정을 '투병鬪病'으로 표현하며, 인간의 질병에 대한 '투쟁'을 '성전聖戰'으로 묘사하는 경우도 있다고 하였다.* 사실 '은유'라는 것은 언어의 비유적 수사법이지만, 여기에는 인간의 '사고'나 '개념'과 같은 인식이 반영되어 있다. 그러므로 '은유'는 현실 세계와 언어 질서를 지배하는 중요한 힘으로서, '신화'와 같은 상상력과 정치권력을 창출해 낸다고 해도 과언이 아닐 것이다.

---

www.huaxia.com/xw/dlxw/2003/08/234782.html

* 수전 손택 저, 이재원 옮김, 『은유로서의 질병』, 이후, 2002, 88쪽.

그렇다면 코로나19와 같은 감염병의 보도에서 중국 언론 매체에 가장 많이 등장하는 '은유'는 과연 무엇이었을까? 그것은 바로 '전쟁'의 은유이다. 중국의 언론 매체는 코로나19를 '초연硝烟 없는 전쟁', '적이 보이지 않는 전쟁'으로 표현하며, 이를 통해 사건의 심각성과 긴박감을 강조하였다. 무엇보다 '전쟁'의 은유는 코로나19에 대한 국가·사회적 차원의 '총력전'을 통해 '승리'를 이룩해야 한다는 국민적 각오와 결의를 불러일으키며, 공산당을 중심으로 한 '일치항전一致抗戰'이라는 역사적 기억*까지 환기시키는 작용을 하였다. 중국에서 코로나19에 대한 '전쟁'의 은유 속에서 가장 많이 등장한 용어는 바로 '전역戰疫'이다. '역疫'은 '역병' 즉 감염병을 의미하는 것으로 '전역'은 용어 그 자체로 감염병과의 전쟁을 의미한다. 무엇보다 '전역'의 중국식 발음은 '잔이zhànyì'로서, 이것은 전쟁을 지칭하는 '전역戰役 zhànyì'의 발음과 동일하다. 즉 전역戰疫과 전역戰役은 동음이의어로서, 이 용어가 전쟁 자체를 상기시키며 '감염병'과 '전쟁'의 일체성을 효과적으로 각인시킨다고 할 수 있을 것이다. 예를 들어 전역戰疫에 참여하는 의사는 '전사'로, 우한과 같은 감염병 발생지 및 병원은 '전쟁터'로, 바이러스의 잠복기는 '지구전'으로,

---

* '일치항전'은 1937년 7·7 노구교 사변으로 중·일전쟁이 본격화되면서 공산당이 내건 슬로건이다. 당시 장제스(蔣介石)의 국민당은 '선안내후양외(先安內後攘外)' 정책을 펼치며 먼저 내부의 적인 공산당을 토벌하는데 혈안이 되어 있었으며, 상대적으로 외부의 적인 일본의 침략에는 수수방관적인 태도를 취하였다. 공산당은 국민당의 토벌로 옌안(延安)까지 도피하는 수세에 몰렸으나, 언론을 통해 국민당과 '일치항전'하여 일본을 몰아내겠다는 의지를 천명함으로써 대중적인 지지를 얻게 되었다. 이후 공산당은 '일치항전'을 통해 일본과의 전쟁을 국민당이 아닌 자신들이 주도하였으며, 항일전쟁에 승리하여 자신들이 중화인민공화국을 수립하였다는 '승리'서사를 정치적으로 전개하였다.

치유는 '승리'라는 일련의 언어적 연상 작용이 발생한다. 이 때문에 대중들은 우한과 같은 전쟁터에서 의료인의 활동을 '희생'으로 미화하고, '지구전'에 대비해서 '전쟁터'인 우한을 봉쇄하는 것을 당연하게 받아들이며, 우한의 도시봉쇄에 대한 해제⁴월 ⁸일를 '해방'과 '승리'로 오인하게 된다. 어떤 면에서 전역戰疫이라는 용어는 코로나19에 대한 전체주의적 사고를 부추기며, 국가 주도의 전면전에 대한 순응과 힘의 결집만을 요구한다는 점에서 중국 정부의 정치 전략을 그대로 드러낸다고 해도 과언이 아닐 것이다.

중국의 언론 매체에서 전역戰疫이라는 용어가 본격적으로 등장한 것은 2020년 1월 23일 신화망新華網에 「특수한 조치로 특수한 감염병에 맞서다以非常之役迎戰非常之疫」라는 시사평론이 실리면서부터였다. 이 글은 "특수한 감염병을 저지하기 위한 특수한 전역戰役이 시작되었다", "이 초연硝煙 없는 전쟁에서 우리는 그것을 쳐부수어 이기는 것 이외에는 선택의 여지가 없다"*라고 선포하며, 중국 정부가 1월 23일부터 발동한 우한시에 대한 전면적 도시 봉쇄조치가 감염병을 막기 위해 필수불가결한 조치라고 치켜세웠다. 이는 중국 정부가 언론을 통해서 우한의 도시 봉쇄를 계기로 감염병에 대한 전면전을 선포한 것이나 다름없었다. 이후 전역戰疫·전쟁이라는 용어가 빈번하게 등장하였는데, 관영 CCTVChina Central Television에서는 "전역최전선"이

---

* 胡喆·梁建强, 「新華時評: 以非常之役迎戰非常之疫」, 《新華網》, 2020년 1월 23일.
  http://www.xinhuanet.com/politics/2020-01/23/c_1125498360.htm

① 戰疫, 疫情就是警情
(전역, 감염병 발생 상황이 곧 긴급한 상황이다)

② 清島擔當 戰疫必勝
(칭다오시가 나서면 감염병과의 전쟁에서 반드시 승리할 수 있다)

라는 채널을 만들어 코로나19와 관련된 뉴스를 집중적으로 보도하였다.* 이 외에도 코로나19 '전역'에 관한 다양한 공익 포스터가 등장하였다.

①번의 포스터는 코로나19에 관한 공익광고의 한 장면으로 "감염병 발생 상황이 곧 긴급한 상황이다"라는 경각심과 위기감을 강조하고 있다.** 이 포스터는 의사와 경찰을 전면에 부각시킴으로써 코로나19와의 전쟁에서 의료를 담당한 의사와 치안을 담당한 경찰의 역할을 동등하게 부각시키고, 의

---

* 　央視網 戰疫最前線, http://news.cctv.com/special/jjxxfyfk

** 　好看視頻, https://haokan.baidu.com/v?pd=wisenatural&vid=3197725146779955161

료 상황의 긴박성을 사건·사고 발생의 긴급성과 동일시하고 있다. 또한 여기에는 코로나19로 내려진 다양한 국가 명령과 조치에 대해 불응하는 사람은 국가가 경찰력을 동원해 강제적으로 개입할 수 있다는 국가적 '강제성'과 '통제성'도 투영되어 있다. ②의 포스터는 칭다오 봉황망鳳凰網에서 제작한 것으로 칭다오시 시정부와 금융기관이 코로나19로 어려움을 겪고 있는 기업들을 위해 다양한 조치를 취하고 있음을 선전하기 위해 제작한 것이다.* 이 포스터에서는 전쟁을 이끌어가는 칭다오시의 주체성과 책임감을 부각시키고, 지방 정부가 책임지고 코로나19에 대한 적극적인 대책을 세우면 반드시 감염병과의 전쟁에서 승리할 것이라는 자신감과 확신을 대중들에게 심어주고 있다.

그렇다면 코로나19에 대한 '전역戰疫'의 은유를 통해서 중국 공산당이 달성하게 되는 정치적 효과는 무엇일까? 첫째, 중국 공산당을 항전과 전쟁의 주체로 설정함으로써, 공산당을 중심으로 한 전 국민의 단결을 호소하고 정권의 합법성을 창출하는 것이다. 중국 공산당은 "공산당원과 간부가 전쟁의 최전선을 향해 돌격하고, 의료인들은 밤낮으로 분주히 움직인다"고 보도하며, "모든 사람이 책임감을 가지고 전심전력으로 함께 난관을 극복하면 반드시 감염병의 방어전에서 승리할 수 있다"** 고 호소하였다. 특히 중국 공산

---

* 「青島擔當·戰疫必勝: 青島農商銀行跨區域協調幫助企業解決原料供應難題」,《鳳凰網青島》, 2020년 2월 5일, http://qd.ifeng.com/a/20200205/8173190_0.shtml

** 「彙聚起全民"戰疫"的強大力量: 論堅決打贏疫情防控阻擊戰」,《新華網》, 2020년 2월 2일, http://www.xinhuanet.com/gongyi/2020-02/03/c_1210459723.htm

당은 환자 치료의 총력전을 위해 2,500명을 수용할 수 있는 우한 레이선산雷神山 응급 병원을 열흘 만에 초스피드로 완공하였다. 이는 국가의 공권력과 자원을 총동원한 상징적 사례로서, 실시간으로 병원의 건설현장을 지켜본 수천만 명의 국민들은 중국 공산당의 전투력과 항전 능력에 대해 적지 않은 신뢰를 형성하게 되었다. 결국 이는 코로나19와의 전쟁에 대한 '승리'의 확신으로 이어졌고, 전쟁을 승리로 이끈 공산당에 대한 '감사'와 '지지'로 표출되었다.

둘째, 중국 공산당은 바이러스에 대한 혐오감을 조성하여, 이에 대한 정치적 책임을 회피하고자 하였다. 사실 전쟁은 반드시 침략자가 있어야 하며, 이 침략을 어떻게 예방하고 대응하는가의 문제는 국가의 정치력과 결부된다. 코로나19와의 전쟁 속에서 코로나19라는 새로운 바이러스는 정체불명의 공포감을 국민들에게 안겨주며 '감염'·'불결함'·'비위생'이라는 오명을 뒤집어쓰게 되었다. 중국의 언론 매체는 코로나19를 전쟁을 일으킨 주범 혹은 침략자로 묘사하면서, '보이지 않는 적'에 대한 국민들의 적개심과 공포감을 확산시켰다. 요컨대 중국의 언론 매체는 전쟁에 대한 책임을 끊임없이 적코로나19에게 전가하면서, 이 바이러스가 확산되는 데 예방적 조치를 취하지 못한 중국 정부의 책임과 정책적 실수는 철저하게 눈을 감았다. 이를 통해 중국 정부는 코로나19의 발생 원인에 대한 진상 규명과 더불어 초기 방역 실패로 인해 바이러스의 전국적·세계적 확산을 초래했다는 정치적 책임을 회피할 수 있게 되었다. 이는 언론 플레이를 통해 정치적 실수를 면죄 받으려는 중국 공산당의 언론 정책의 한 단면을 보여주는 사례라고 할 수 있을 것이다.

셋째, 중국 공산당은 전쟁터에서의 희생정신에 대한 찬송을 통해, 국민적 애국심을 불러일으켰다. 중국 공산당은 코로나19와의 전쟁에서 의료인과 경찰의 희생정신을 강조함으로써 이들을 영웅화하였다. 예를 들어 중국 정부는 2020년 1월 26일 코로나19의 방역을 통제하다 52세의 나이로 과로사한 경찰 허젠화何建華 씨에 대해 '2급 영웅 모범' 칭호를 하사하며 희생을 애도하였다.[*] 언론 매체에서도 "허젠화 동지가 희생되었다. 우리들의 큰형·대장이 떠나 버렸다. 우리는 자기가 맡은 직책을 성실히 수행한 그의 직업정신을 지속적으로 계승·발양하고, 공산당원의 선봉·모범·솔선수범의 덕성을 발휘하여, 영웅이 전투했던 곳에서 지속적으로 전투하고 결연하게 감염병 방역 임무를 완성할 것이다"[**]라고 보도하며, 국민들에게 그의 희생정신을 계승할 것을 호소하였다. 또한 중국 정부는 코로나19의 감염증 발생 사실을 최초로 폭로했던 의사 리원량李文亮에 대해서도 초기에는 '허위사실 유포죄'로 처벌을 했으나, 그가 사망한 후에는 '열사烈士' 칭호를 하사하고 '중국청년 5·4 훈장'까지 수여하였다.[***] 이처럼 중국 공산당은 코로나19의 전역에서 죽어 간 의료인과 경찰에게 국가와 인민을 위해 훌륭하게 싸운 '영웅'

---

[*] 百度百科, https://baike.baidu.com/item/%E4%BD%95%E5%BB%BA%E5%8D%8E/24291426?fr=aladdin

[**] 「戰疫者: 民警一線犧牲後, 局裏以他名字命名成立抗疫突擊隊」,《澎湃新聞》, 2020년 2월 4일. https://baijiahao.baidu.com/s?id=1657609120578053493&wfr=spider&for=pc

[***] 유상철, 「코로나 폭로는 쪽 뺐다…리원량 훈장 주고도 조롱당한 中」,《중앙일보》, 2020년 4월 22일 https://news.joins.com/article/23760226

과 '열사'라는 호칭을 붙이면서, 이들을 죽음으로 몰아넣은 국가적 책임을 회피하고 희생을 정당화하였다. 어떤 면에서 역사적으로 중국 공산당은 끊임없이 영웅과 열사를 만들어 내고 재생산함으로써, 국민들의 맹목적인 희생과 헌신을 강요해 왔다고 해도 과언이 아닐 것이다.

이처럼 코로나19와 관련된 '전역' 서사의 문제점은 공산당의 주체성을 부각시켜, 바이러스 발생의 원인과 방역에 대한 책임을 불분명하게 만들고, 국민들의 희생을 정당화한다는 점에 있다. 이는 2003년 사스와 관련된 언론 보도에서도 동일하게 나타났다. 2003년 당시에도 '사스에 대항하여 격파하자', '사스와의 전쟁에서 반드시 승리할 수 있다'는 구호가 난무하며, 국가는 그 구호 뒤로 숨어 버렸다. 2003년 당시 이러한 구호가 난무하던 현실 속에서 한 중국 친구가 "그나마 공산당이 있어서 이 정도로 감염병이 통제된다"라고 했던 말은, 중국의 언론 정책이 국민들에게 얼마나 적중했는지를 여실히 보여주었다. 언론이 국가에 대한 비판을 망각할 때 국가권력은 부패하고 독재화되며, 언론의 정권 견제력이 약화되면 천편일률적인 정부 찬양과 선전 속에서 국민들의 사고는 마비되고 우매해질 수 밖에 없다. 그러므로 코로나19에 대한 비판적인 언론 보도와 중국 정부의 책임 있는 반성을 요구하는 것은 중국 정치의 미래를 전망하기 위해서도 필요하다.

마지막으로 중국 정부의 코로나19와의 전쟁에서 승리했다는 희망의 찬가가 과연 가능한 것인가에 대한 비판적 논의도 필요하다. 2020년 4월 8일 76일간 지속되던 우한에 대한 도시 봉쇄가 해지되고, 우한의 전쟁터였던 레이선산 병원이 확진자 0명으로 문을 닫으면서 중국 정부는 성공적으로 감염병을 통제했다는 자부심을 각종 언론 매체를 통해 선전하였다. 그러나 2003년 사스와의 전쟁에서도 '승리'를 선언했던 중국 정부가 17년이 지나서 다시 반복된 감염병과의 전쟁에서 각종 문제점을 드러냈음에도 불구하고 '승리'를 말하는 것이 합당한가, 라는 의문이 든다. 과연 2003년 사스와 2020년 코로나19를 통해서 중국 정부는 어떠한 교훈을 얻었으며, 이를 통해 감염병과 관련된 방역 시스템을 어떻게 개선했는가? 이에 대한 답변은 감염병과의 전쟁에서 '승리'는 불가능하다는 현실 인식과, 어쩌면 새로운 감염병과의 공존의 시대에 어떤 대응과 준비를 해야 하는가, 라는 비판적 성찰을 통해서 이루어져야 할 것이다. 그러므로 이제부터라도 '승리'의 서사를 거두고, 향후 다가올 새로운 감염병과의 공존의 시대에 무엇을 준비하고, 지역사회를 넘어선 초국가적인 방역 시스템을 구축하기 위해 어떤 노력을 전개해야 할지에 대한 책임감 있는 자세를 보여야 할 것이다.

제6부

코로나19,
시민의 힘을 깨우다

'유느님'을 울린 의료인과 파업에 나섰던
의료인은 다른 사람인가?

박윤재 2020.4.30

'유느님'이 울었다. 자신의 성姓인 '유'에 하느님의 '느님'이 붙는 개그맨 유재석이 울었다. 울린 사람은 의료인이었다. 대구에서 코로나 환자를 치료하던 간호사였다. 그는 대구에서 지내는 생활이 괜찮으시냐는 유재석의 물음에 "걱정 말라"고 했다. 당시 대구는 31번 환자로 인한 지역감염이 급속도로 확산되고 있었다. 신규 확진자 수는 매일 수백 명을 넘고 있었다. 당연히 걱정을 일으키는 상황이었다. 하지만 간호사는 "잘 지내고 있으니 걱정 말라"고 대답했다. 그 이야기를 들은 유재석은 조용히 눈가를 훔치기 시작했다. 힘들텐데도 내색을 하지 않는 그에게 고마움과 미안함을 함께 느꼈던 듯하다. 유재석이 출연한 프로그램의 이날 부제목은 'warriors전사들'이었다. 의료인은 국민을 지키는 '전사戰士들'이었다.

지난 4월 4일 당시 야당 대표는 한 의료인을 추모하며 "그대는 우리 시대의 진정한 영웅"이라고 표현했다. 코로나19에 감염된 환자를 치료하다 숨진 의사였다. 그는 확진자를 통해 감염된 후 폐렴 증세가 악화되어 사망했다. 의료인 중 첫 희생자였다. 야당 대표는 의료인의 노고와 헌신을 기억하겠으며, 잊지 않겠다고 약속했다. 의료인은 코로나라는 적에 맞서는 우리의 영웅이었다.

최근 한 금융회사는 얼굴에 반창고를 두껍게 붙인 간호사의 모습을 전면에 담아 광고를 만들었다. 의료인들은 감염을 막기 위해 방역용 고글을 써야 했고, 장시간 고글 착용으로 인해 얼굴에 상처가 생겼다. 그럼에도 불구하고 계속해서 고글을 쓰기 위해 두껍게 붙인 반창고는 의료인의 상징이 되었다. 살포시 웃고 있는 간호사 옆에는 시가 한 편 적혀 있었다. 〈봄길〉이라는 시였다. 그 시에서 간호사는 "스스로 봄길이 되어 끝없이 걸어가는 사람"이었다. 의료인은 얼어붙은 한국에 봄을 가져오는 사람들이었다.

한국 현대사에서 의료인이 이렇게 존경받고 사랑받던 시기가 있었나 싶다. 유재석이 그렇듯이 국민 누구나 의료인에게 고마움을 느끼고 감사함을 표하고 있다. 병원에 쏟아지는 응원의 편지와 선물은 그 마음을 알려준다. 대구에서 자원 봉사한 의료인에 대해 수당 지급이 늦어졌다는 소식이 전해지자 네티즌들이 분노한 이유도 거기에 있다. 지난 4월 치러진 총선에서 주요 정당들의 비례대표 1순위는 의료인이었다. 더불어시민당은 명지병원의 역학조사팀장, 민생당은 가톨릭대 보건대학원 교수, 국민의당은 대구의 거점병원인 대구동산병원의 간호부원장을 1순위로 모셨다. 정은경 질병관리본부장은 정당들이 못 모셨을 뿐이지, 다음 총선의 영입 1순위일 것이다.

그러나 20년 전 의료인, 특히 의사를 바라보는 국민들의 시선은 지금과 달랐다. 당시 김대중 정부는 의료계의 숙원인 의약분업을 추진하고 있었다. '진료는 의사에게, 약은 약사에게'라는 구호로 상징되는 의약분업은 병원과 약국을 협업시키는 동시에 상호 견제하게 하는 데 목적이 있었다. 그 견제를 통해 의약품의 오남용 방지라는 목적을 이루고자 하였다. 당시 한국은 항생제 내성률이 높았다. 의약분업을 실시하던 국가를 넘어 미실시 국가 중에서도 높았다. 이 문제를 해결하는 방편의 하나로 국민의 약국 이용을 불편하게 할 필요가 있었다. 약국에서 약을 쉽게 사먹는 문화를 개선할 필요가 있었다는 말이다. 약을 구입하려면 의사의 진료를 먼저 받게 한 것이다. 사실 의약분업은 이용편이의 측면에서 보면 불편한 제도이다.

그러나 의약분업의 실시를 앞두고 먼저 '불편함'을 호소한 사람은 의사들이었다. 그들도 원론적으로 의약분업에 찬성하고 있었다. 1999년 5월, 의사를 대변하던 대한의사협회는 시민단체의 중재 아래 대한약사회와 함께 의약분업 안에 합의하였다. 이 합의는 이해당사자들 사이에서 이루어졌다는 점이 중요했다. 그동안 의사와 약사는 서로의 이해관계가 충돌함에 따라 합의에 이르지 못하고 있었다. 그 합의를 이룬 것이었다.

그러나 1999년 9월 이후 상황은 바뀌었다. 의사들이 입장을 선회했다. 그들은 대체조제나 임의조제 문제를 선회의 명분으로 내세웠다. 의약분업의 취지에 맞지 않게 약사들의 재량권이 지나치게 넓어진다는 것이었다. 반대로 자신들의 진료권은 침해당한다고 주장했다. 의사들은 자신의 요구를 '의권 쟁취'라는 말로 집약했다. 하지만 실질적인 이유는 실거래가상환제에 있었다. 이 제도는 의약품의 실제 거래 가격과 건강보험제도의 상환 가격을 일치시키자는 취지에서 만들어졌다. 쉽게 말하면 약가 마진을 없애자는 취지였다. 그동안 의사들에게 약가 마진은 의료보험제도 아래서 생존을 유지하는 한 방법이었다. 의료보험 수가가 낮았기 때문이다. 이 상황에서 약가 마진이 사라진다면, 의료기관 전체가 도산에 빠질 수 있었다. 의사들은 처음에는 집회와 항의로, 나아가 파업으로 자신의 처지를 호소하고 주장을 관철시키고자 했다.

2000년 들어 한국은 그 이전에 보지 못했던 모습을 목격했다. 직업군의 최상위에 위치한 의사들이 그동안 힘없는 노동자들이나 한다던 파업에 나선 것이다. 의사들이 집회에 참여하고 거리에서 투쟁을 전개하면서 그들의 일터인 병원은 비워졌다. 국민들은 경악했다. 의사들이 어떻게 병원을 비울 수 있냐고 목소리를 높였다. 환자와 그 가족이 느끼는 불안감은 극도에 달했다. 그들은 '본래 의사들은 적에게도 인술을 베푼다'며, 환자 치료를 거부하는 것은 의료인이기를 포기하는 행위라고 비판했다. 의사들의 파업은 "국민을 상대로 한 집단인질극이자 테러행위"였다. 비판자들에게 의사는 돈 벌 생각만 하는 사람들이었다. 마침내 "의사들을 모두 수입해오자!"는 주장까지 나왔다. 2000년 당시 한국인이 의사들에 대해 가졌던 감정은 불신과 분노였다.

'유느님'을 울린 의료인과 파업에 나섰던 의료인은 다른 사람일까. 아니다. 물론 앞의 '의료인'은 간호사이고 뒤의 '의료인'은 의사였다. 하지만 그 차이는 크지 않다. 앞의 간호사는 의사를 포함하여 코로나19 의료 현장에 있는 이들을 대표한 사람일 뿐이다. 그들은 의료인이라는 점에서 같다. 그들은 국민의 건강과 생명을 지키는 사람들이다. 문제는 그들이 자신의 생활과 가정을 지켜야 하는 직업인이기도 하다는 점이다. 그들에게 의료는 사명이자 직업이다. 사명과 직업, 둘 중 어느 하나의 가치를 무시해서는 안 된다. 다만, 둘 사이의 중심잡기가 필요하다.

1930년대 중반에 일어난 한 사건은 그 중심잡기가 쉽지 않음을 알려준다. 당시 서울의 대형병원에서 뜻하지 않게 환자가 사망했다. 환자를 진찰한 의사는 종양을 발견하고 위암이나 간장암을 의심했다. 좀 더 정밀한 진찰이 필요했다. 주사기로 간장의 농을 뽑았다. 나온 것은 거무스름한 피였다. 의사는 간장암이라고 진단했다. 문제는 검사과정에 있었다. 나중에 해부를 통해 확인한 결과 간장에 주사기 구멍이 필요 이상으로 크게 뚫어졌고, 그 결과 다량의 출혈이 일어났다. 환자는 사망했다.

언론은 4~5일에 걸쳐 이 사건을 보도했다. 언론은 의사가 "주사기를 사용할 때 손이 떨리거나 함부로 사용"한 데서 문제가 발생했다고 썼다. 한마디로 의사의 실수라는 것이었다. 하지만 모두가 그 결론에 동의한 것은 아니었다. 유상규는 다르게 보았다. 그는 경성의학전문학교를 졸업한 의사이자 상해임시정부에서 활동한 적이 있는 독립운동가였다. 상해에 있을 때는 안창호를 도왔는데, 그의 비서라고 불릴 정도로 열심히 활동했다. 1920년대 중반 귀국한 유상규는 당시 경성의학전문학교 강사로 재직하고 있었다. 의사인 그가 보기에 환자의 사인은 복잡했다. 언론의 단언과 달리 간단히 결정을 내릴 수 없었다. 하지만 언론은 성급하게 판단을 내리고 있었다. "의사가 죽였다"는 결론을 내려 놓고 기사를 쓰고 있었다. 언론은 의사를 공격하고 있었다.

유상규는 고민했다. 왜 언론은 의사를 공격하고, 사람들은 여기에 동조하는 것일까. 왜 환자가 죽으면 그 이유를 찾기보다 "의사가 사람을 죽였다고 떠들 뿐" 아니라 "죽었다는 사실만으로 그 의사를 비난 공격"하는 것일까. 유상규는 당시의 의료 관행에서 원인을 찾았다. 의사들은 진료 과정에서 폭리를 취하고 있었고, 진료비가 없을 경우 치료를 거절하였다. 통일된 진료비 규정이 없던 때였다. 의사들은 자율적으로 진료비를 정했고, 폭리를 취해도 막을 방법은 없었다. 건강보험도 없던 때였다. 의료보험은 그로부터 40년 후에 실시되었다. 가난한 환자는 의사의 청진기 한 번 몸에 대보고 죽는 것이 꿈이라고 말하던 때였다.

유상규는 더 나아갔다. 의료 관행의 문제점을 인정하면서 의사들을 변호했다. "아무리 나쁜 의사도 늘 위험 중에서 여러분 생명의 안전을 위하여 출동할 준비를 하고 있는 것이라는 것을 한번 다시 인식"해 달라고 요청했다. 사람들의 건강과 생명을 보호하기 위해 의사들은 헌신할 준비가 되어 있고, 그런 의사들을 이해해 달라고 독자들에게 호소한 것이다. 유상규는 동료 의사들이 비난받는 사실이 억울했다.

2020년 우리는 위험을 무릅쓰고 대구로 달려간 의료인들을 보았다. 간호사들도 있었지만, 의사들도 있었다. 그들 중 40대 이상은 거의 모두 2000년 파업에 참여했을 것이다. 40대 의사는 당시 전공의였을 것이고, 60대 교수는 당시 40대 중견 학자였을 것이다. 그들은 코로나의 공격을 막기 위해 자신의 공간에서 최선을 다했을 것이고, 다하고 있을 것이다. 그들 중 한 명은

덕분에 챌린지 엠블럼
덕분에 챌린지는 코로나바이러스감염증-19 사태를 맞아 헌신하는 의료진의 사기를 진작하고
격려하기 위해 2020년 4월 16일 중앙재난안전대책본부가 시작한 국민참여형 의료진 응원캠페인.

목숨까지 잃었다.

의료인에 대한 예우는 중요하다. 그들은 예우를 받을 자격이 있다. 사회적 예우도 중요하겠지만, 2000년의 경험은 경제적 대우 역시 중요하다는 사실을 알려준다. 그들은 마을사람들에게 공짜로 진료를 해주던 유의儒醫들이 아니다. 인술仁術은 고귀한 말이지만, 중세의 용어이다. 경쟁적으로 이익을 탐하지 않던 평화로운 조선 시기에 어울리는 용어이다. 의료인들에게 일방적인 헌신을 요구할 수도 없다. 헌신에는 한계가 있다. 국민들은 의료인에 대한 예우와 대우를 고민할 필요가 있다.

의료인들의 노력도 필요하다. 유상규는 의료의 본질은 "숭고한 예술에 속하는 것"이라고 말했다. 의학은 불완전할지 모르지만 의사는 완벽한 작품을 만드는 예술가처럼 최선의 노력을 다해야 했다. 지적 재능이 뛰어나고 숙련된 기술을 가져야 했다. 나아가 "따뜻한 마음, 아름다운 정서"를 가져야 한다고 주장했다. 환자를 대할 때 가져야 할 태도였다. 이번 코로나 사태를 겪으면서 의료인들은 그런 태도를 보였다. 그들은 경제적 직업인을 넘어 사명감 있는 인격자의 모습을 보였다.

'유느님'이 울지 않았으면 좋겠다. 그는 우리를 웃겨야 할 사람이지 울 사람이 아니다. 유느님이 울지 않기 위해서는 그런 상황이 만들어지지 말아야 한다. 무엇보다 의료인들에게 헌신을 요구하는 상황이 만들어지지 않아야 한다. 전사는 전시에 필요한 법이다. 전쟁이 끝나면 우리는 평시로 돌아가야 한다. 이른바 노멀normal이다. 2000년, 2020년의 경험은 그 노멀이 의료인에 의해서만 이루어지지 않을 것임을 알려준다. 그들은 상황에 따라 파업에 나섰지만, 다시 상황에 따라 자신의 목숨을 걸고 국민의 생명을 지켰다. 상황은 언제든지 바뀔 수 있다. 그 변화 속에서 중심을 잡아야 할 사람 중 하나는 국민이다.

유비무환을 위한 시민의 창조적 노력

김현수 2020.3.28

『좌전左傳』 양공11년襄公十一年에서는 옛 글을 인용하여 다음과 같이 말하고 있다: "편안할 때 위태로움을 생각하라. 생각하면 대비하게 되고, 대비하게 되면 환난이 없게 된다居安思危, 思則有備, 有備無患."

이 말이 우리가 익히 알고 있는 '유비무환' 고사성어의 출처이다. '유비무환'이 경구로서 힘을 갖는 이유는 다음과 같은 사실에 기반하고 있기 때문이다. 즉 그것은 "대비하지 않으면 환난이 있게 된다"는 '무비유환無備有患'이다. 대비하지 않았기에 어려움을 겪었던 경험적 사례는 누구나 떠올리고 예화할 수 있을 정도이기에 구체적 언급은 불필요하다.

'유비무환'을 연역적 삼단 논법으로 재구성하면 다음과 같다.

전제1. 대비하게 되면 환난이 없게 된다.

전제2. 대비한다.

결론. 환난이 없게 된다.

적어도 논리적으로는 '환난이 없게 된다'는 결론이 필연적으로 도출된다. 후건 부정을 통해 필연적으로 도출되는 결론은 한 가지 더 있다.

전제1. 대비하게 되면 환난이 없게 된다.

전제2. 환난이 없지 않다.

결론. 대비하지 않았다.

우리는 현실에서 '환난'이라고 할 만한 어려움에 종종 맞닥뜨리게 된다. 그렇다면 그 이유는 위의 후건 부정식에서처럼 우리가 환난에 대비하지 않아서일 뿐일까? 또한 우리가 환난에 대비하지 않거나 못한 이유는 단순히 개인의 선택에만 한정되는 문제일까? 그 이유는 환난과 불가분하게 연결되어 있는 '대비준비, 대책, 대응 등' 개념의 외연이 분명하지 않기 때문이다. 코로나19와 관련하여 말한다면, "코로나19에 대비하게 되면 코로나19 감염의 환난이 없게 된다."는 것이다. 그러나 코로나19의 대비는 결코 손을 깨끗하게 수시로 씻고 사람이 많은 곳에서 마스크를 착용하는 행위에만 한정되지 않는다.

현재 한국 정부와 세계 각국이 코로나19의 대비책으로 선택하고 있는 '사회적 거리두기'의 의미도 그 외연이 상당히 넓고 구체적이지 않다. 그럼에도 우리는 그 구체적이지 않은 '사회적 거리두기'가 개개인들에게 요구하는 더 많은 노력을 수용하고 때로는 창조적 모색을 통해 실천한다. 이는 개개인이 그러한 요청을 수용하고 기꺼이 동참의 노력을 행할 수 있는, 의식을 지닌 시민이라는 공감대 위에서 이루어진다.

호주 출신 디지털 아티스트 보스로직 instagram.com/bosslogic 이 〈기생충〉,

〈어벤져스: 인피니티 워〉 등 유명 영화의 포스터 속 등장인물들을 '사회적 거리두기' 버전으로 바꿔 패러디한 것이 그러한 시민의식의 일례이다.

코로나19로 늦겨울부터 움츠러들었던 이들이 생명이 약동하는 봄의 기운을 흠뻑 맛볼 수 있는 꽃놀이에 나서거나, 강도 높은 학업생활에 지친 채 귀국한 유학생이 심신의 피로를 회복시켜 줄 제주 여행길에 오르는 것은 '그들에게는' 중요할 수 있다. 그러나 그들 또한 '시민공동체'의 일원임은 분명하며 그들에게 환난이 닥쳤을 때, 선의의 피해자라는 항변은 대다수 공동체 구성원의 창조적 노력을 고려할 때 변명으로 들릴 수밖에 없다.

중국 진대晉代 갈홍葛洪: 283363은 도교사에서 신선학을 가장 먼저 그리고 체계적으로 정립한 인물이다. 그의 신선학은 크게 신선존재론神仙存在論, 신선가학론神仙可學論, 신선명정론神仙命定論의 세 부분으로 이루어져 있으며 이들 내용은 갈홍의 대표적 저술『포박자抱朴子』내편에서 다루어지고 있다. 신선존재론은 비록 우리가 눈으로 확인할 수 없더라도 신선이 실재한다고 주장한다. 신선가학론은 신선이 되는 것이 배움을 통해 가능하다고 주장한다. 그리고 신선명정론은 신선이 된 모든 이들은 신선의 기운 혹은 운명을 타고났다고 주장한다. 신선이 존재하고 또한 배워서 될 수 있다고 주장하면서도 신선의 기운이나 운명을 타고난 이와 그렇지 못한 이가 애초부터 구분된다고 말한다면, 후자에 해당하는 이들은 신선이 되는 방법을 배우더라도 결코 신선이 될 수 없다. 이 때문에 갈홍의 신선가학론과 신선명정론은 모순된다는 비판을 받는다.

그의 핵심 주장은 가학성선可學成仙이다. 갈홍의 신선학에서 타고난 신선의 기운이나 운명은 '성선'을 위한 필요조건이긴 하나 그 자체로 '성선'의 결과를 이끌어낼 필요충분조건은 결코 아니다. 즉 '가학성선'을 그의 핵심 주장이자 하나의 시점으로 이해할 때, 신선가학론은 '가학성선'의 시점부터 작동하며 신선명정론은 그 이전에 작동하는 원리이다. 다만 신선의 기운이나 운명은 어머니의 뱃속 안에서 신선의 길을 믿는 성품을 형성시키므로 신선에 대한 정보를 접했을 때, 그에 대한 관심과 열정이 생기도록 추동한다. 그리고 갈홍이 그러했듯이, 자신을 이끌어줄 지혜로운 스승을 찾아 모시고 그가르침이 어렵더라도 완수해 내고야 마는 의지를 발휘하게 된다. 그러나 이 과정들이 신선의 기운이나 운명을 받는 때로부터 결정되거나 확정되지는 않는다. 따라서 갈홍의 신선가학론과 신선명정론은 모순되지 않으며 그의 신선명정론이 우리가 익히 아는 숙명론과 다른 지점이 된다.

운명과 관련하여 우리가 맞닥뜨린 사태를 '어쩔 수 없는 것'과 '어쩔 수 있는 것'으로 나누어 볼 수 있다. 그러나 '어쩔 수 없는 것'은 다시 '어찌 해도 어쩔 수 없었던 것'과 '어찌 하면 어쩔 수 있었던 것'으로 나눌 수 있다. 코로나19 방역 대처를 위한 기본적 노력이나 창조적 노력은 '어찌 하면'에 해당한다. 그 결과로서 '어쩔 수 있었던 것'은 코로나19의 전파 방지와 극복의 일조에 해당한다. 코로나19는 결코 어찌 해도 어쩔 수 없는 것이 아니다.

상호주관성과 시민성
— 사랑과 연대

최우석 2020.4.30

군대 모습을 닮은 한국의 학교에서 학생들은 성적과 입시 불안으로 스트레스를 받고 있으며, 세계 그 어떤 나라의 학생들보다 자살충동을 많이 느끼고 있다. 대학생이 되어도 학생들은 등록금을 마련하기 위해 부모의 '등골 브레이커'나 '돈 먹는 하마'가 되든지 아니면 대출을 받아 빚쟁이가 되든지 학업과 아르바이트를 병행하든지 해야 한다. 대학 교정을 얼른 벗어나려고 해도 낙타가 바늘구멍 들어가기보다 어렵다는 취업의 관문은 좀처럼 뚫리지 않는다. 코로나 사태로 인해 기업의 신규채용 소식은 좀처럼 들려오지 않으며 그나마 채용을 한다는 곳은 신입직이 아닌 경력직이다. 인문계 출신의 9할⁹⁰%은 놀고 있다는 의미인 '인구론'은 자연스러운 현상이 되었으며, "문과라서 송구합니다"라는 의미인 '문송합니다'는 인문계열 전공자의 절박한 현실을 자조적으로 표현하는 유행어가 되었다. "경력이 없어서 취업을 못하고", "취업이 안 되니 경력을 쌓지 못하는" '경력의 뫼비우스의 띠'는 계속될 뿐이다. 운 좋게 취업했어도 직장의 안정성은 보장되지 않는다. 언제 해고될지 모르는 불안을 안고 "더러워도" 참고 버텨야 한다. 그뿐인가? 주거 마련의 불안은 우리 사회의 최대 문제라고 해도 과언이 아니다. 서울에서 온전한 내 집 마련의 어려움은 자세하게 말할 것도 없다. 왜냐하면 대한민국 성인들의 최대 관심사가 곧 '부동산'임은 아무리 강조해도 지나침이 없기 때문이다. 괜찮아 보이는 아파트는 모두 호가가 수억, 수십억을 하니 사회에 새롭게 진출하는 청년들에게 내 집 마련은 꿈 속 이야기나 다를 바 없다. 직장의 안정성도, 내 집 마련도, 더 나아가 자녀의 교육비, 노후의 불안 등 개인들을 덮고 있는 불안은 우리를 늪에 빠져 허우적대게 만든다. '헬조선' 속에서 탈출구란 좀처럼 보이지 않는다.

  자영업을 하시는 분들은 요즘 불안감, 스트레스, 불면증, 소화불량과 같은 병을 달고 산다고 한다. 이런 고통이 특히 최근 몇 달 사이 일상이 되어 버렸다니, 자영업자 비율이 높은 한국사회에서 이와 같은 일상을 안고 버티는 이들은 적지 않을 것이다. 이 와중에도 수백억 원 대의 건물을 소유하여 '갓물주'로 등극한 유명 연예인들의 소식, 집값이 천정부지 오르는 현상들, SNS 상에 부러워할 만한 일상을 공개하는 군상들을 보며 대다수의 사람들은 상대적 박탈감을 느낄 따름이다. 은행에서 대출 받아 아파트에 투자하지 못하는 사람이야말로 바보 멍청이가 되는 시대이다. 남들은 집 사고, 땅 사서 불로소득을 불릴 때, 치솟는 땅 값, 집값만 바라보는 사람은 낙오자가 된다. 아마도 상대적 박탈감을 느끼는 대부분의 사람들의 심리는 '소외'와 '원망', '불안'과 '답답함'일 것이다. 신자유주의 시대의 소비사회의 규범이 소비의 자유라면 대다수의 사람들에게 자유란 차별적인 것, 심지어 누릴 수 없는 것이다. 그런 자유란 가난한 사람에게는 상상 속에 있다. 상상 속에서 일주일을 행복하게 지낼 수 있어서 로또를 구입한다는 말은 우스갯소리가 아니다.

힘과 권력 있는 자들의 만용은 자연스러운 관례이다. 큰 학문, 진리를 탐구한다는 대학도 재벌을 닮아 '취업전문 알선학교'로 변모했다는 것은 이미 오래전부터 유행한 말이다. 대학들의 교육환경은 고스란히 '성공만을 바라보는 사회' 속에서 살아남는 법에만 몰두하는 형세이다. 입시학원에서 대입 성과 플래카드가 휘날리듯, 대학에서도 각종 주요 국가시험 합격자들이 대학의 성과로서 자랑으로 게시된다. 2020년 1학기, 즉 이번 학기에 교양과목을 강의하면서 나는 학생들에게 "공정한 사회 정의를 만들기 위한 바보의 삶을 선택할 것인가?" 아니면 "정의롭지 못한 일에 눈을 감는 현명한 삶을 살 것인가?"를 설문한 적이 있다. 기대와는 다르게 대다수가 압도적으로 후자의 삶을 선택하겠다고 응답했다. 심지어 다수의 학생들은 '바보의 삶'은 가능하지 않다는 회의적 태도를 내비쳤다. 아마도 학생들에게 '정의'와 같은 것은 살아가면서 유용하지 않은 공상적 이상에 가까운 것이리라. 2015년에 개봉한 영화 〈내부자들〉에서 안상구 역을 맡은 이병헌이 내뱉은 대사, "정의, 그런 달달한 것이 대한민국에 남아 있기는 한가?"는 '성장의 신화' 속에서 우리가 잃어가고 있는 게 무엇인지를 되묻게 한다.

오늘날 우리의 일상은 느닷없이 기습한 코로나로 집중되어 있다. 하지만 언젠가 이 사태가 잠잠해지면 코로나로 향하던 우리의 시선은 다른 곳을 향할 것이다. 아마도 그 시선의 지향점은 원래부터 수면 위를 부유하던 앞서 언급한 문제들일 것이다. 코로나는 피할 수 없던 악재이며, 그로 인한 피해는 어느 정도 감내해야 한다고 생각할 수 있겠지만, 어떻게 보면 처음부터 안고 있던 문제에 더 큰 문제가 덮여진 꼴이었다. 엎친 데 덮친 격이었다고 할 수 있겠다. 시급한 문제가 해결되었다고 휘파람을 불어도 어두운 현실에서 벗어난 게 아니다.

오늘, 2020년 4월 30일에 코로나19 국내 발생 신규 확진자가 '0'명이라고 발표되었다. 무지막지한 전염병의 공포는 어느 정도 물러가는 실정으로 보인다. 강원도의 숙박업소 예약률과 제주도로 향하는 항공편 예약률이 평균 수치를 회복했다는 소식은 이를 방증한다. 그러나 코로나가 물러가도 우리는 '공포'나 '불안', '억눌림'과 같은 단어로 설명되는 현실을 마주할 것이다. 우리는 이러한 현실을 치유하고 극복하기 위해 무엇이 필요한지를 성찰해야 한다. 코로나 사태 이후 우리가 생각해야 할 문제, 지속적으로 고민해야할 주제가 바로 그것이다. 불안과 공포가 만연한 대한민국 사회를 더 건강하게, 더 좋게, 그리고 우리 모두가 더 행복하게 살 수 있는 사회를 모색해야한다. 하지만 그 해법은 그리 단순해 보이지 않는다.

"생존해야 한다"라는 절박한 상황에서 각자도생하는 우리는 '윤리적 이념들'을 잃어 가고 있다. 우리는 '정의'를 잃어 가고 있으며, '포용'과 '관용'이 SNS용 허세나 생색, 혹은 광고로 전락하는 사회에서 살고 있다. 우리는 서로 '연대'하며 '공존'하는 법을 상실하고 있다. 불안사회 속에서 우리를 압도적으로 휩쓰는 것은 공포와 분노이지 공감과 사랑이 아니다. 우리는 잃어가는 것들을 되찾아야 한다. '공감'과 '사랑'은 사회적 인간이 타인과 더불어 살아가려고 할 때 갖추어야 할 필연적 덕목이다. 사회적 구조의 문제가 복잡하다고 해도 사회를 바꿀 수 있는 최소한의 당위는 바로 공감하고 포용하며 인간을 존엄하게 대하며 사랑하는 것이다. 개인은 상호적일 수밖에 없는데, 만일 필연적으로 그러하다면, 더불어 살아가는 시민으로서 우리는 최소한의 조건으로서 이러한 윤리적 태도를 갖추어야 한다. 더 좋은 사회를 간구하는 일은 우리 스스로가 윤리적으로 변모하는 것에서 출발한다.

플라톤은 일찌감치 『국가』에서 다음과 같이 이야기했다: "올바름이란 자신을 잘 조절하고 스스로 자신을 지배하며 다스리고 화목함으로써, 전체가 조화를 이룬 상태를 가리키는 말이지. 이렇게 절제 있고 조화된 하나의 인격이 생긴 뒤에야 무슨 행동이든 할 수 있네. 사람에게 그런 마음 상태를 유지하도록 해주고 조성하도록 하는 데 기여하는 행위를 올바르고 아름다운 행위라고 하지." 올바름을 아는 인격은 품위를 지키는 인격이다. 모든 경우에 자신을 단정하고 조화롭게 지키는 사람을 우리는 덕성이 있는 사람, 인격을 겸비한 사람이라고 부른다. 동양에서는 이러한 태도를 '신독愼獨'이라고 부르며 지켜 왔다. 개인이 상호적이라면 개인의 품위는 필연적으로 상호적일 수밖에 없으며, 그러한 상호성은 공동체, 더 나아가 나라 전체로 확대될 수 있다. 나라와 국민이 별개가 아니라면 국민의 품위는 곧 나라의 품위가 될 것이며, 나라의 품위는 국민의 품위의 결과라고 볼 수 있다. 이는 '미끄러운 경사면의 오류'가 아니다

사랑은 연대하는 법을 알려준다. 사랑은 상호주관적 개인들을 연대할 수 있게 한다. 인간에 대한 사랑은 타자를 공감하게 하며, 불안과 공포의 현실

에 함께 연대하게 만든다. 성서에서도 사랑은 제일 중요한 것이라고 강조한다. 단테의 『신곡』 '천국 편'에는 이런 말도 있지 않은가? "사랑은 해와 다른 별들도 움직이게 하는 것!" 앞선 다른 글에서 나는 사회적 규범과 코로나 사태는 개인의 '윤리'를 더 생각하게 한다고 주장했다. 온라인에서든 오프라인에서든 우리는 이미 연결되어 있다. 절망 속에서 희망을 만드는 최소한의 개인의 역할은 곧 윤리적 태도이다. 윤리적 태도란 바로 나를 사랑하는 태도, 타자를 사랑하는 태도, 그리고 더 나아가 공동체를 사랑하는 태도이다. 올바름을 아는 인격의 품위는 사랑하는 태도로 발현된다. 교과서적 이야기, 쉬운 말, 당연한 말처럼 보이지만 사랑의 태도는 더 나은 '나', 더 나은 '공동체'를 형성하는 기초적 해법이다. 분노와 혐오, 폭력과 억압, 박탈과 착취가 만연할수록 더 분노하고 억압할 게 아니라 사랑으로 연대해야 한다. 그렇기에 당연한 말처럼 보이는 사랑의 자세는 쉬운 게 아니다. 현상학을 창시한 후설 E. Husserl은 이와 같은 윤리적 태도로서 사랑을 실현하는 게 어려운 일인 만큼 나부터 성찰하고 끊임없이 노력하여 변화해 가는 '쇄신' Renewal이 필요하다고 말한다. 후설에 따르면 그러한 개인의 쇄신은 필연적으로 사회로 확대된다. 왜냐하면 개인의 본질은 상호주관적이기 때문이다. 개인이 상호주관적이라면 시민으로서 개인이 갖춰야 할 기초적 역량은 'cogito', 즉 이성적으로 생각 해 보는 것보다, 'amo', 즉 사랑하는 것이다. '로고스' logos에 앞서 '파토스' pathos가 선행되어야 한다. 그러한 파토스, 즉 그중에서도 사랑으로 형성된 시민성은 필연적으로 연대하는 시민성을 이룬다.

"저리고 쓰린 슬픔은 힘이 되고 열이 되어"

이은영 2020.4.13, 4.30 일부 추가

해마다 이맘때쯤 학교 경희대학교 본관 앞은 이른바 '본관놀이'로 들썩였고 따사로운 햇살과 흩날리는 벚꽃은 오가는 사람들의 마음도 말도 부드럽게 만들어주곤 했다. 죽음은 삶을 부여받은 모든 존재에게 이미 드리워진 그림 자이지만, 생명의 에너지로 넘치는 봄의 생기와 화사함은 죽음의 그림자를 덮는다. 그러나 6년 전부터 우리에게 4월의 봄, 특권과도 같은 봄의 생명 에 너지, 죽음을 덮어버리는 삶의 충만함은 얼마간 퇴색해버렸다. 2014년 4월 16일. 아직 제대로 피어보지도, 한창이지도 못해본 아이들이 차가운 바다에 서 끝내 헤어 나오지 못했던 그날부터 우리는 이 화사한 봄에 드리워진 슬 픔의 그림자를, 서서히 바닷물 속으로 가라앉던 배와 죽어간 아이들의 잔상 을 지우지 못한다.

그 봄, 거리의 나무에, 상점의 문고리에, SNS의 프로필 사진에 노란 리본 이 달렸다. 그리고 그 후로도 오랫동안 노란 리본은 많은 이들의 가방에, 옷 에 달려 있었다. 그것은 처음에는 도저히 잊히지 않을 것 같은 슬픔의 표출이자 죽어 간 아이들, 그 부모들과 슬픔을 나누겠다는 연대의 징표였고, 그후로는 언제까지나 잊지 않겠다는 약속과 다짐의 징표였다. 그렇게 1년, 2년, 3년이 지나도록 길거리에서도 강의실에서도 흔하게 보이던 노란 리본은 어느덧 세월의 흐름과 함께 대부분 서랍 속으로 퇴장했다. 그러나 버리지도 못하고 달지도 못한 채로 서랍 속에 잠긴 노란 리본처럼, 그날의 슬픔과 트라우마는 완전히 치유되지도, 온전히 기억되지도 못한 채로 단지 옅어져 갔다. 때로는 여전한 아픔으로 보듬어지고 때로는 정치적 악담으로 오염되면서, 여전히 그날의 그 배는 우리 마음의 바다 깊숙이 가라앉아 있다.

이번 코로나19의 전 세계적 확산은, 흡사 지옥도와도 같은 그림을 그려 가고 있고 아직도 종식은 멀어 보인다. 그럼에도 불구하고 한국은, 물론 아직 경계를 늦출 수는 없지만 꽤 성공적인 대응을 하고 있다. 2월 중순 대구를 중심으로 일어난 가파른 확산의 위기를 효과적으로 통제하면서 한국의 대응은 국내 언론보다도 먼저 세계 각국 정부, 해외 언론의 주목을 받았다. 이제 코로나19에 맞서는 한국의 방역은 이른바 선진국이라고 자타가 공인하던 나라들까지도 롤 모델로 삼고 벤치마킹하는 모범이 되었다. 한국은 공격적으로 검사했고 증상의 경중을 나누어 음압병실의 격리 치료부터 생활치료센터의 입소, 자가격리로 나누어 환자들을 관리했다. 그러나 감염이 심각한 지역을 봉쇄하지도 않았으며 경제와 일상 활동을 완전히 차단하지도 않았다. 잠시 마스크를 둘러싼 갈등이 있었으나 그 후로 다른 나라들에서 벌어진 심각한 사재기와 개인을 넘어 국가 간 벌어진 의료물품 쟁탈전과 비교해 보면 마스크 유통과 보급이 만족스럽지 않았던 것은 큰일도 아니었던 셈이 되었다. 법적 처벌과 강제보다는 도처에서 볼 수 있는 포스터, 공익광고, 안전 안내 문자로 시민의 자발적인 위생 수칙 준수와 사회적 거리두기 실천을 이끌어냈다.

이러한 성공의 이유로 많은 이들이 메르스의 교훈을 말한다. 메르스는 분명 우리에게 뼈아픈 교훈이 되었다. 메르스는 체계적인 감염관리의 중요성과 필요성을 일깨워 주었으며, 오늘의 한국이 감염병에 준비된 나라, 체계가 있는 나라가 되게 해 주었다. 확진자 이동 동선 공개는 자칫 인권과 사생활 침해라는 비판이 제기될 수 있다. 그러나 동선 공개에 대해 전 사회적 합의가 비교적 손쉽게 이루어졌던 이유도 메르스 사태 때 이미 정보의 은폐가 많은 이의 생명을 위협할 수 있음을 경험했기 때문이다. 그러나 단지 메르스, 그 쓰라린 방역 실패의 상처로부터만 우리가 배웠을까? 혹은 우리 사회가 패닉에 빠지지 않고도 국가와 시민이 협력해서 감염병에 대처할 수 있었던 것은 그만큼 민주주의와 시민의식이 자리를 잡았기 때문이라는 분석도 있다. 이번 사태에서 한국은 국내외적으로 쇄국과 차별이 아니라 비교적 자유와 평등의 가치를 지키고, 정부의 강제성을 최소화하고 시민의 자율성에 호소한 것이 사실이다. 그러나 한국보다 더 보건의료 체계가 뛰어나고 한국보다 더 민주주의가 정착되어 있는 나라들도 이 사태 앞에서 우왕좌왕하고 있으며 확진자와 사망자 곡선이 가파르게 상승하는 것을 제어하지 못하고 있다. 이런 것을 보았을 때 단지 보건의료 체계의 우수성이나 민주주의의 정착만으로는 한국의 성공적 대처를 설명하지 못한다.

그래서 필자는 코로나19에 임하는 정부와 의료진, 시민의 마음과 행동에는 메르스의 교훈, 민주주의와 시민의식의 정착 이상의 무엇인가가 있다고 생각한다. 그리고 그 무엇인가가, 필자는 6년 전 그날부터 여전히 우리 안에 잠겨 있던 슬픔의 힘이라고 생각한다. 세월호를 통해 전 국민은 슬픔의 연대를 경험했다. 내 아이, 내 조카, 내 친구, 내 학생이 아니더라도 내 아이 같은, 내 조카 같은, 내 친구 같은, 내 학생 같은 아이들이 죽어 가는 모습을 지켜보면서 울었던 마음이 있었다. 살리지 못했다는, 최선을 다하지 못했다는 슬픔과 미안함이 우리에게 멍울로 남았다. 바로 이 몇 년 묵은 슬픔과 트라우마, 필자는 대통령과 질병관리본부를 비롯한 정부, 의료진, 시민들의 마음가짐에서 그것을 본다.

실제로 세월호 6주기를 맞아 문재인 대통령은 추모 글에서 "코로나19에 대응하는 우리의 자세와 대책 속에 세월호의 교훈이 담겨 있다"고 했다. 문 대통령은 "우리는 세월호를 통해 우리가 서로 얼마나 깊이 연결된 존재"인지 알게 되었고 "지금 코로나19를 극복하며 우리의 상호의존성을 다시 확인"하고 있다고 했다. 그리고 국민들이 마스크를 쓰고 사회적 거리두기와 자가격리를 지키는 것에는 "누구도 속절없이 떠나보내지 않겠다"는 마음이 담겨 있다고 했다.* 강경화 외교부 장관 또한 프랑스 공영 국제방송인 프랑스24와의 인터뷰에서 한국의 신속하고 선제적인 대처는 "한국인 전체에 트

---

* 문재인, 「세월호의 아이들이 우리에게 '공감'을 남겨주었습니다」, 청와대홈페이지, 2020.4.16. https://www1.president.go.kr/articles/8497

라우마로 남았던" 세월호 참사의 경험이 반영된 것이라고 했다.* 정부, 의료진, 시민이 비상非常할 정도로 헌신적이고 간절하게 코로나19에 대처하게 된 배경에는 세월호를 통해 경험했던 아프고 슬픈 공감의 기억, 즉 타인의 슬픔이 곧 나의 슬픔이 되어 내 가슴을 저미던 기억이 있는 것이다.

2020년 4월 28일, 국내에서 처음으로 코로나19 환자가 보고된 지 100일이 되었고, 한때 하루 신규 확진자가 800여 명이 넘었던 국내 상황은 이제 하루 10명 내외를 유지하고 있다. 이렇게 되기까지 정은경 질병관리본부장은 3월 한 달 업무추진비 사용액이 5만 800원에 불과할 정도로 코로나바이러스와 밤낮없이 사투를 벌여왔다.** 2월 25일 이성구 대구시의사회장은 전국의 의사들을 향하여 "생명을 존중하는 히포크라테스 선서의 선후배 형제로서 우리를 믿고 의지하는 사랑하는 시민들을 위해 소명을 다합시다"라고 호소했으며,*** 이에 답하여 전국의 의료진 3000여 명이 대구로 향했다. 공중보건의 700명과 75명의 간호장교, 공공병원 의사와 간호사도 합류했다.**** 방역소독과 물품 제작·배부 등으로 코로나19 대응에 참여한 자원봉사자는 현재

---

* 김용래 기자, 「강경화 "세월호참사 집단트라우마…현정부는 다르다"」, 《연합뉴스》, 2020.4.13, https://www.yna.co.kr/view/AKR20200413162500081

** 유진선 기자, 「"고작 5만 8백원"…3월 한 달간 정은경 본부장이 쓴 업무추진비 금액」, 《인사이트》, 2020.4.25, https://www.insight.co.kr/news/280924

*** 임솔 기자, 「이성구 대구시의사회장 "의료인력 턱없이 부족…의사들이여, 대구로 달려와달라"」, 《메디게이트뉴스》, 2020.2.25, http://www.medigatenews.com/news/3243059780

**** 오경묵 기자, 「"대구로 와달라"한 의사의 호소…'코로나 의병' 3천여 명 응답했다」, 《한국경제》, 2020.4.21, https://www.hankyung.com/society/article/202004200236i

전국적으로 43만 5000명이 넘은 것으로 집계되었다.[*]

이처럼 지극한 마음가짐을 갖는 데에는, 헌신적인 행동을 하는 데에는 지성과 인성만으로는 부족하다. 적절한 판단과 올바른 성품을 갖추고 있다 하더라도 그것이 곧 헌신적인 행동으로까지 이어지는 것은 아니다. 밤낮으로 간절하게 헌신토록 이끄는 힘, 나와 내 이웃을 위해 인내하고 합심하게 만드는 힘은 한때 전국을 노란 물결로 뒤덮었던 참담한 슬픔의 힘이다. 고통스럽지만 기억하겠다고, 다시는 이런 비극이 일어나지 않게 하겠다고 다짐했던 쓰라린 아픔의 힘이다. 타인을 향한 슬픔은 연민을 낳으며, 연민은 우리의 몸을 일으켜 행동하게 만든다.

보리수나무 아래에서 깨달음에 이르렀던 붓다는 한동안 자리에서 일어나지 않고 열반의 안락과 기쁨을 누리고 있었다고 한다. 남아 있는 고통도, 무엇인가를 더 이루거나 더 가져야 하는 결핍도 없어진 붓다에게는 자리에서 일어나 행동을 해야 할 이유가 없었다. 초기경전은 여기에 신화적인 이야기를 덧붙인다. 하늘에서 범천신이 내려와 고통받는 사람들을 위해 설법을 해 달라고 세 번이나 청했다는 것이다. 범천신의 간청에 비로소 붓다는 자리에서 일어나고 맨발로 보드가야부터 사르나트까지 장장 250km의 길을, 어쩌면 자신의 이야기를 알아들을지도 모를 옛 동료 수행자들을 만나러 걸어간다. 신화적인 덧붙임을 제거했을 때, 붓다의 마음을 움직인 범천신의

---

[*] 송민섭 기자, 「코로나19 자원봉사, 이젠 체계적으로 참여하세요」, 《세계일보》, 2020. 4. 27,
https://www.segye.com/newsView/20200427515258

나를 슬퍼하고 너를 슬퍼하고 우리를 슬퍼하기를, 슬픔이 힘이 되고 열이 되어 전 인류에 대한 연민의 마음과 행동을 일으키기를 바란다.

간청도 사실 붓다의 마음에 일렁인 슬픔, 다른 이의 고통에 슬퍼하고 그 고통을 없애주고 싶다는 연민의 마음이었을 것이다. 대개 연민compassion으로 번역되는 비심悲心, 즉 까루나Karuṇa의 본래 뜻은 슬픔이기도 하다.* 슬픔이 자신의 고통만을 향할 때 그것은 우리를 절망케 하는 죽음의 에너지이다. 그러나 슬픔이 타인을 향할 때 그것은 희망과 생명의 에너지가 된다. 타인의 고통을 슬퍼하는 마음은 그들에 대한 연민의 마음과 행동으로 이어진다. 깨달아지성 완전한 성품인성을 갖춘 자, 오래도록 정좌하고 있던 붓다를 마침내 일으켜 걷게 한 힘은 슬픔감성이었다.

---

* 우리에게는 자비(慈悲)가 한 단어로 익숙하지만 이것은 본래 자(慈, maitrī)와 비(悲, karuṇa)가 합쳐진 복합어이다. Maitrī의 본래 의미는 우정(friendship), 호의(friendliness), Karuṇa의 본래 의미는 슬픔(sorrow), 애처로운 감정(pathetic sentiment)이다. 보통 慈와 悲 각각을 나누어 지칭할 때 우리말로는 '자애'와 '연민'으로 번역한다. 자애는 중생의 안락을 바라는 마음이고, 연민은 중생에게서 고통이 사라지기를 바라는 마음이다. 본래의 사전적 의미를 반영해서 慈와 悲를 이해하자면, 慈는 동등한 위치에서 우애와 공감의 마음으로 타인의 행복과 안락을 바라는 마음이고, 悲는 타인의 고통에 슬퍼하고 안타까워하면서 그들에게서 고통이 사라지기를 바라는 마음이다.

저리고 쓰린 슬픔은 힘이 되고 열熱이 되아서
어린 양羊과 같은 작은 목숨을 살어 움직이게 합니다.
님이 주시는 한숨과 눈물은 아름다운 생의 예술입니다.
- 한용운, 「생의 예술」, 『님의 침묵』

코로나19가 전 세계를 휩쓰는 아픔과 고통의 시간에, 필자는 한국이 자국
민을 넘어 전 인류에 대해 슬픔의 힘을 보여주기를 바란다. 나를 슬퍼하고
너를 슬퍼하고 우리를 슬퍼하기를, 슬픔이 힘이 되고 열이 되어 전 인류에
대한 연민의 마음과 행동을 일으키기를 바란다. 세월호의 아픔 속에서 경험
했던 슬픔의 연대가, 나를 넘어 타인에게로 향했던 연민의 감정이 온 세상
과 사람을 살리는 생명의 에너지로, 인종과 성별과 지역과 국가를 넘어 전
인류를 향한 슬픔과 연민의 연대로 이어지기를 바란다. 그리고 이를 통해
세월호의 슬픔과 트라우마로부터도 비로소 우리가 치유되기를 바란다. 지
켜주지 못해서 미안했던 마음, 그 트라우마로부터 우리 자신이, 우리 사회가
이제는 치유되기를. 그때는 살리지 못했던 우리 곁의 약자들, 이번에는 최
선을 다했다.

님이여 당신은 봄과 광명光明과 평화平和를 좋아하십니다
약자弱者의 가슴에 눈물을 뿌리는 자비慈悲의 보살菩薩이 되옵소서
님이여 사랑이여 얼음바다에 봄바람이여
- 한용운, 「찬송」, 『님의 침묵』

제7부

코로나19,
미래를 생각한다

코로나19 이후, 우리는 무엇을 기억하게 될 것인가

최성민 2020.4.30

　2000년대 이후 서사문학 이론은 무엇보다 '기억'을 중요시하고 있다. 문학이 인간의 욕망을 담는 것이라는 시각이 주류를 이룰 때도 있었지만, 문학은 인간의 경험, 그중에서도 기억된 경험을 재현하는 것이라는 시각이 특히 주목을 받게 되었다. 누구나 경험을 하지만, 누구나 기억을 하는 것은 아니다. 데카르트를 변형하여, '나는 기억한다, 고로 나는 존재한다'는 명제를 인간 정체성의 핵심으로 내세우는 경우도 있다.

　한국의 근현대문학사의 한 페이지를 장식하는 염상섭의 소설 「만세전」은 1924년 발표되었지만, 제목에서처럼 1919년 삼일운동 직전을 배경으로 하고 있다. 1918년 겨울의 조선이다. 주인공 이인화는 일본에서 유학 중에 아내가 위독하다는 전보를 받고 귀국하지만, 그다지 서두르는 기색 없이 느릿느릿 경성으로 향한다. 목욕탕을 가거나 공동묘지에 대한 논쟁이나 하면서 말이다. 고등학교 때 이 소설을 처음 읽었지만, 스페인독감의 대유행으로 1918년 식민지 조선에서만 무려 14만 명이 사망한 사실은 알지 못했다.

적어도 이 소설 안에서, '스페인독감'은 기록되거나 기억되지 못했다. 당시 스페인독감이 습격해 왔던 조선의 현실은 그저 '구더기가 들끓는 무덤'으로 표현되고 있을 뿐이었다.

2020년 4월 30일, 국내 추가 확진자는 네 명, 그 네 명 모두 해외입국자로서 국내 발생 추가 확진자는 0명이 되었다. 물론 안심을 하기는 이른 상황이다. 추가 확진자 수가 크게 줄어든 지금 시점에도, 감염경로가 불명확한 환자들이 계속 나타나고 있으며, 단 한두 명의 환자로부터 폭발적인 집단감염이 일어날 수도 있다는 사실을 우리는 잘 알고 있다.

"감염내과 전문의들을 겸손하게 만드는 바이러스" 엄중식 가천대 감염내과 교수라는 말처럼, 코로나19 바이러스는 증상이 심해지기 전 감염 초기 전파력이 강한 보기 드문 바이러스인 탓에 방역과 대응이 쉽지 않다. 잘 알려져 있다시피, 일반적으로 바이러스는 치명률이 높을수록 감염률은 낮고 감염률이 높을수록 치명률은 낮은데, 코로나19는 높은 감염력을 보이면서도 일정 수준의 치명률을 갖고 있다. 앞으로 더 많은 돌연변이가 일어나 지금보다 더 큰 위협이 되지 않으리라는 법도 없다. 《뉴욕타임스》가 2020년 4월 3일 자 특별판에 코로나19의 염기서열을 모조리 밝혀 옮겨 게재*하였음에도 불구하고, 우리는 아직 코로나19를 이겨내는 방법을 정확히 알지 못한다.

그럼에도 언젠가 우리가 이것을 이겨낸다면, 지금의 상황을 어떻게 돌이

---

* https://www.nytimes.com/interactive/2020/04/03/science/coronavirus-genome-bad-news-wrapped-in-protein.html

켜볼 것인가가 중요하다. 코로나19와 관련한 우리의 경험을 어떻게 기억하고, 결국 어떤 교훈을 얻게 될 것인가를 짚어보아야 한다.

많은 이들이 이번 코로나19를 경험하면서, 의료진들에 대한 응원과 격려를 보내며, 감사와 존경의 마음을 표현하고 있다. 수전 손택은『은유로서의 질병』에서 질병에 대한 과도한 전쟁의 은유를 비판한 바 있다. 그러나 이번 코로나19에 대한 '싸움', 혹은 '전쟁'은 그저 단순한 은유가 아니었다. 특히 주목할 만한 것은 '질병과의 싸움'의 주체가 환자가 아니라, 의료진과 방역 당국, 그리고 '사회'라는 사실이다. 환자가 가족과도 격리되어 낯선 바이러스와 마주했을 때, 그 곁을 지키는 것은 오로지 의료진들뿐이었다. 치료제도 없는 상황에서, 의료진은 마스크와 방호복을 전투복 삼아 중증 환자들의 가래를 받아내고, 그들의 기도氣道에 삽관을 하며, '싸우고' 있었다.

코로나19는 전 지구가 하나가 된 줄 알았던 글로벌 사회에서, '국가'라는 단위의 사회가 얼마나 중요한 의미인가를 새삼 깨닫게 해주었다. 코로나19가 짧은 시간 안에 전 세계로 확산되면서 우리가 얼마나 '글로벌' 사회를 살아가고 있는지 깨닫기도 했지만, 팬데믹 선언이 나온 직후 세계 각국은 국경을 폐쇄하고 항로를 닫아 버렸다. '하나의 유럽'을 표방하던 유럽 국가들도 '솅겐조약'을 무력화시키며, 국가 단위의 봉쇄를 강화했다. 역설적으로 '봉쇄'는 국가 단위의 방역 능력이 각 국민들에게 얼마나 큰 영향을 미치는지도 고스란히 드러내 주었다.

우리의 경우, 마스크로 대표되었던 개인 방역 대책은 그저 나를 지키기 위한 수단이 아니었다. 너도나도 할 것 없이 마스크 착용을 당연시했던 것은 '사회적 방역'에 있어 공동체의 일원으로 참여하는 개개인의 의지가 반영된 것으로 볼 수 있을 것이다. 다시 말해서, 우리 국민들 각자가 '공동체적 사고'를 하였다는 것, 그래서 코로나19와의 사회적 싸움에 개개인이 공동체의 일원으로 동참했다는 것에 대한 방증이다. 우리가 완전한 봉쇄 없이, 일상을 어느 정도 유지하면서 방역을 해 올 수 있었던 것은 그 덕분이 아니었을까 싶다.

우리가 얻게 될 세 가지 교훈

이렇게 볼 때, 우리가 이러한 인식을 통해 새겨 두어야 할 교훈은 '보다 강력한 봉쇄정책이 필요했다'는 것이 아니라, 오히려 그 반대인 '공동체로서의 책임과 협력'이었다고 본다. 감염원과 확산지로부터의 물리적 봉쇄가 유일한 대책이라면, 1월 말에 전 세계는 국경과 공항, 항만을 봉쇄했어야 하고, 2월 말에 우리는 대구 경북을 봉쇄했어야 했다. 5~6년 뒤 어떤 미지의 바이러스가 다시 퍼졌을 때 우리는 어떠한 선택을 하게 되어야 할까. 2월 말 한때, 대구·경북에는 하루 천 명 가까운 확진자가 쏟아져 나왔다. 기존 환자와 병동 재배치조차 실시하지 않은 상태에서 메르스 때 매뉴얼대로, 경증 환자를 포함한 모든 확진자를 격리 입원시키려 했던 것은 실수였다. 국지적 지역에 환자가 쏟아져 나오는 상황에서 의료 시스템의 부분적 마비가 발생하고, 입원도 못해 본 사망자의 발생으로 이어진 것은 뼈아픈 경험이 될 것이다.

강력한 봉쇄 정책이 능사가 아니었음은 이탈리아 북부의 상황에서 짐작해 볼 수 있다. 이탈리아는 유럽에서는 가장 빠른 2월 초에 중국과의 직항로를 폐쇄했고, 감염 확산 직후 북부 지역을 사실상 봉쇄하였으나 그 이후로도 급속한 감염 확산과 사망자의 속출을 막을 수 없었다. 오히려 의료 체계가 붕괴되고 의사가 치료하여 살릴 사람을 사실상 선택할 수밖에 없는 상황에 내몰렸다. 중국도 현재 방역에 성공했다고 자평하지만, 우한 봉쇄 정책으로 인해 우한에서의 엄청난 규모의 희생이 있었음을 잊어서는 안 된다. 지역 봉쇄는 국지적 지역의 환자 치료를 더욱 어렵게 하고, 사망자를 늘리는 정책임이 판명되고 있다. 우리 정부와 당국은 초기부터 중국인 입국 금지를 주장하는 수많은 여론에도 '봉쇄'라는 손쉬운 길을 선택하지 않았다. 권준욱 중앙방역대책본부 부본부장은 "전면적인 입국차단이라는 방법 자체가 언뜻 보기에는 상당히 효과적이지 않느냐, 간단하게 시행할 수 있지 않느냐고 판단하실 수도 있겠으나 … 감염원이 아닌 건강한 사람의 아주 필수적인 국제교류도 있기에 이를 합리적이고 이성적으로 걸러내는 게 중요하다."고 밝히며, "입국 막는 투박한 정책보다는, WHO가 권고하는, 민주적이고, 자유주의에 입각한 합리적이고 이성적인 정책을 펴려고 한다."*고 말했다.

우리의 지향은 지역 간 연대와 협조여야 한다. 그리고 그것을 교훈으로

남겨야 한다. 실제로 대구 경북에서 환자가 폭증했을 때, 대다수 국민들은 대구 경북을 향해 응원을 보냈다. 전국의 의사와 간호사들이 대구 경북으로 자원하여 모여들었다. 모자란 의료시설을 보충하기 위해 대기업들도 연수원을 생활치료시설로 내놓았다. 일반 국민들의 기부와 자원봉사, 물품 기증 등도 줄을 이었다. 각 지자체는 각각의 상황에 맞게 대구 경북의 환자들을 받아들여 치료하였다. '혐오와 봉쇄'가 아니라 '연대와 협조'로 문제를 해결해 나갔던 것이다.

현대의 감염병에 효과적으로 대처하기 위해서는 한 나라의 내에서만 연대가 필요한 것이 아니라, 국가 간 연대가 필요하다. 중국의 반대로 대만은 한동안 WHO의 회원국 자격은 물론 옵서버 자격도 얻지 못했었다. 2003년 사스 유행을 계기로 대만이 WHO의 옵서버 자격을 얻게 되었을 때 중국은 반대하지 않았다. 감염병의 세계적 확산이 국가 간 갈등을 극복하는 계기가 될 수 있다는 한 사례이다.*

이번에도 초기 조치의 실패, 정보의 불확실성 등의 문제가 있었지만, 최초 발원지였던 중국의 정보 공유와 협조가 없었다면, 코로나19 바이러스의 검진키트 개발조차 불가능했다. 전 세계적 확산 초기에는 중국과 우리나라가 가장 많은 임상 경험을 가지고 있는 나라였다. 여러 국가에서 우리나라에 경험과 정보 제공, 그리고 기술적 지원을 요청해 온 것도 아마 그런 이유

---

* 참고로 대만은 2017년 이후 다시 옵서버 자격을 상실했다.

일 것이다.

우리가 얻어야 할 두 번째 교훈은 우리 사회가 가장 주목하기를 바라는 부분으로, 바로 '사회 투명성의 확산과 제고提高'이다. 메르스 사태 이후에도 물리적·정책적으로 개선되지 못한 부분이 적지는 않지만, 방역 정보와 관련한 투명성이 크게 높아졌던 것은 사실이다. 그럼에도 바이러스는 우리 사회에서 가장 투명하지 않은 곳들로 스며들었다. 신천지 교회, 정신병동, 요양시설, 콜센터 등이 바로 그런 곳들이다. 드러내놓지 않고 감춰져 있던 곳들, 우리 사회에 존재하고는 있었으나 쉽게 눈길을 주고 살펴보지 않았던 곳들에서 바이러스는 터져 나왔고, 그곳들이 우리 각자와 밀접하게 연관되어 있었다는 사실을 우리는 뼈저리게 경험하고 있다. 단기 입국 외국인들의 일손에 의해 수확이 이루어지던 농촌이나 열악한 노동 현장들 역시 투명하지 않게 감춰져 있던 곳이다. 국제간 이동이 봉쇄 또는 제한되면서, 그곳에서 일하던 노동자들의 존재는 역설적으로 부각될 것이고, 국제 경제의 후폭풍은 당분간 심화될 전망이다.

세 번째 교훈은 가장 근본적인 것인데, 소위 환경감염병 에코데믹; ecodemic* 에 대한 전 지구적 대처의 필요성이다. 전통적인 설화나 민담들에서 깊은 숲속으로 들어간다는 것은 항상 엄청난 위험이 뒤따르는 일이었다. 야생은

---

* '환경감염병', 즉 '에코데믹'은 수의학자이자 언론학자인 마크 제롬 월터스가 제안한 개념이다. 인류가 지구환경을 파괴한 결과 나타난 생태 변화와 밀접하게 연관된 감염병을 뜻한다. 그는 에코데믹의 예로, 광우병, 에이즈, 한타바이러스, 사스 등을 들고 있다. 마크 제롬 월터스, 이한음 역, 『자연의 역습, 환경전염병』, 책세상, 2008.

낯설고 위험한 곳이어서, 인간의 생활공간과 분리되어야 하는 곳이었다. 인수공통 감염병이 늘어난 근본 원인은 야생동물의 안전한 생활 터전이 줄어들면서, 그들과의 접촉 가능성이 커진 탓이다. 낙타 고기를 먹지 않고, 천산갑을 약재로 쓰지 않았다고 해서 우리의 죄가 없는 게 아니다. 무분별한 개발과 도시화의 성과를 누리는 그 모든 사람이 책임에서 자유로울 수 없다. 그 책임을 각자 느끼는 데에서 근본적 해결의 출발점을 잡아야 할 것이다.

아직 안심하거나 방심할 수 있는 상황은 아니지만, 적어도 지금의 한국이 코로나19 감염 확산을 비교적 잘 대응한 국가로 꼽힐 수 있었던 요인이 무엇이었는지도 기억해야 한다. 2020년 4월 10일 서울대 코로나연구네트워크와 한국국제협력단KOICA이 공동 개최한 〈코로나19 시대, 재난 거버넌스의 형성과 전망: 국제비교연구를 위해〉 학술대회에서 김석호 서울대 사회발전연구소장의 발표 중에 상당히 의미심장한 부분들이 있었다. 「세계의 코로나19 조사 현황과 국제 비교 조사의 방향과 전략」이라는 제목의 이 발표*는 한국 방역의 핵심적 특징을 '정부와 시민의 적극적 협력과 협조'로 요약한다. 그것이 저절로 이루어졌던 것은 아니다. 2월 말부터 4월 초까지 이루어진 26개국의 조사 결과들을 통해 비교해 보았을 때, '코로나19'에 대한 우리 한국인들의 공포 심리는 확산 국면에서도 급격히 높아지지는 않았지만, 사람

---

* 김석호, 「세계의 코로나19 조사 현황과 국제 비교 조사의 방향과 전략」, 〈코로나19 시대, 재난 거버넌스의 형성과 전망: 국제비교연구를 위해〉, 서울대 코로나연구네트워크 학술대회, 2020.4.10, https://www.youtube.com/watch?v=bOk1QbAhjNg

이 많이 모이는 곳을 기피하는 심리는 매우 높았다. 그리고 개인위생에 대한 경각심도 다른 국가들에 비해 독보적으로 높았다. 정부 정책에 대한 신뢰도는 2월말 잠시 낮아졌지만, 대체로 비교적 높은 수준을 유지했다. 종합하자면, 우리 시민들이 바이러스에 대한 적당한 공포심을 유지한 채, 정부의 정책을 신뢰하면서, 개인위생과 방역 지침을 잘 지켜왔다는 것이다.

현재의 팬데믹은, 그렇지 않게 되길 바라지만, 상당 기간 지속될 듯하고, 경제적으로는 세계적 불황으로 이어질 조짐도 엿보인다. 그럼에도 불구하고, 따뜻한 희망의 불씨를 보게 된다. 텅 빈 밀라노 대성당에서 안드레아 보첼리는 오직 한 명의 오르간 연주자와 함께 "생명의 양식Panis Angelicus"과 "아베 마리아Ave Maria"를 노래하였다. 그리고 그 영상은 유튜브를 통해 전 세계에 전해졌다.* 앞을 보지 못하는, 60이 넘은 이 노 성악가의 목소리는 종교를 넘어, 음악 장르와 언어 장벽을 넘어, 숭고하게 울려 퍼질 수 있었다. 팝스타 레이디 가가의 제안으로 대중음악 뮤지션들이 모여들었다. 만 18세의 빌리 아일리시로부터 77세의 폴 매카트니까지 수많은 뮤지션들이 각자의 집에서 각자의 목소리로 노래하며, 의료진을 응원하고, 격리와 봉쇄에 지친 대중들을 위로하였다.** 1985년의 "라이브 에이드Live Aid"나 "위 아 더 월드We are the world"는 서구와 북미의 대중음악인들이 저 멀리 아프리카 땅의 기아 구제를 위해 모인 것이었다면, 이번 공연은 그들이 '자신' 스스로를 위

---

* https://youtu.be/huTUOek4LgU
** 〈ONE WORLD : TOGETHER AT HOME〉 (https://youtu.be/nTd5Trp1pbg)

로하고 있었다는 점이 큰 차별점이었다.

이번 코로나19 팬데믹은 선진국임을 자처하던 국가들, 특히 미국, 프랑스, 영국, 스페인, 이탈리아 등에 큰 충격을 안겨 주었다. 먼저 중국에서, 그리고 곧이어 한국에서 확진자가 속출할 때만 해도 믿고 있었던 자신들의 방역 체계와 의료 시스템이 무너져 내리는 것을 목격하게 되기까지는 그리 오랜 시간이 필요하지 않았다. 처절한 순간에도 우리는 서로를 격려하고 응원하는 힘을 갖고 있다. 매일 오후 7시에 뉴욕 시민들은 의료진을 위해, 그리고 서로를 위해 박수를 친다.* 이탈리아 북부의 주민들은 발코니에 나와 "하늘은 언제나 푸르다 Ma il cielo è sempre più blu"라는 노래를 함께 부른다.**

사회와 국가, 세계가 이번 코로나19 감염병 이후에, 그리고 또 다른 감염병의 등장 이전에, 이제 우리가 무엇을 준비할 것인가에 대해 논의하는 것이 필요하다. 기본소득제도를 비롯해 노동과 교육의 혁신에 대한 논의도 이 불행을 계기로 더 활성화되어야 한다. 콜레라 대유행 이후 도시 위생에 대한 혁신적 발전이 이루어진 것처럼, 당장의 고통스러운 경험을 기억과 교훈으로 연결시켜 왔던 것, 그것이 인류가 지금까지처럼, 그리고 다시 또 함께 걸어갈 길이 될 것이다.

---

* https://youtu.be/-5XqjyfI68c
** https://youtu.be/UZzZJqDw_pI

코로나19 이후의 뉴 노멀 New Normal

최성민 2020.4.13

　벚꽃이 피고, 또 지는 계절이 되었다. 해마다 피는 벚꽃이건만, 올해의 벚꽃은 이전과 다르다. 바이러스의 숙주에 지나지 않음을 확인한 인류의 눈에 자연의 신비는 더 이상 일상적이지 않다.

　코로나19는 우리에게서 많은 것을 앗아갔다. 4월 12일 현재, 전 세계에서 10만 명 이상이 목숨을 잃었고, 180만 명 가까운 사람이 이 신종 바이러스에 감염되었고, 수십억 인구가 평범한 일상을 잃었다.

　또한 코로나19는 우리에게 많은 것을 일깨워주었다. 오염된 물에 의해 전염이 확산되는 콜레라와 같은 세균성 '전염병'과 달리, 코로나19 바이러스는 사람을 가리지 않는다. 국적이나 인종, 종교는 물론, 소득 수준, 직위, 생활환경은 바이러스 전파에 아무런 장애가 되지 않았다. 영국의 보리스 존슨 총리와 찰스 왕세자가 확진 판정을 받았고, 이란에서는 국회의원을 비롯한 고위공직자들이 사망하기도 했다. 소위 선진국들의 보건 의료 체계의 신뢰성은 이 새로운 바이러스에 의해 큰 타격을 입었다. 평범한 이들의 마스크 착용은 감염병 예방에 큰 도움이 되지 못한다거나, 감염병 예방을 위해서는 봉쇄 정책이 최우선이라거나, 호흡기 질환은 증세가 심해져야 전염성이 높아진다거나 하는 이론들은 전면 재검토되거나 '오류'의 딱지를 받고 도태될 판이 되었다.

새로운 학기의 들뜨고 붐비던 시작도, 매일 밤 열리던 야구 경기의 열기도, 월급과 용돈을 모아 떠나던 글로벌 여행도, 언제 다시 즐길 수 있게 될지 알 수 없는 상황이다. 회의도, 쇼핑도, 외식도 쉽지 않은 결심이 필요한 일이 되었다. 그리고 그 외의 수많은 평범하던 일상들이 얼마나 소중했던 것인지를 깨닫고 있다. 그나마 어느 정도의 일상을 이어가고 있는 우리와 달리, 유럽의 여러 나라들은 산책과 출퇴근도 허가를 받아야 하는 삶을 살아가고 있다.

지금까지와는 다른 세상

이왕준 명지병원 이사장은 3월 22일 자신의 페이스북을 통해 "얼마간 사회적 거리두기를 더 열심히 하면 조기 종식이 가능하고 정상으로 돌아갈 수 있다는 바람은 소모적인 희망고문이 될 수 있다."며 "이제는 과거의 일상으로 돌아갈 수 없다. 감염병 시대의 '뉴 노멀'을 준비해야 한다."고 말했다. WHO의 팬데믹 선언으로부터 한 달이 흐른 4월 11일, 권준욱 중앙방역대책본부 부본부장은 오후 정례브리핑에서 이렇게 말했다. "거듭거듭 말씀드립니다만, 코로나19 발생 이전의 세상은 이제 다시 오지 않습니다. 이제는 완전히 다른 세상입니다. 생활 속에서 감염병 위험을 차단하고 예방하는 방역

활동이 우리의 일상입니다."

이미 세상은 그렇게 다른 세상이 되어 가고 있다.

정보기술 분야의 혁신적 발전이 만들어낸 새로운 변화의 물결은 인문학에도 영향을 끼쳐, '4차 산업혁명', '인공지능'과 같은 단어들도 인문학 분야 학술대회 주제나 연구 과제로도 등장하였다. '사물인터넷', '초연결사회', '빅데이터', '디지털 트랜스포메이션' 등의 용어들도 더는 낯설지 않게 되었다. 필자 자신도 인문학자치고는 그러한 용어들을 자주, 즐겨 사용하는 편이었지만, 이렇게 급격하게 우리의 삶을 바꿔놓는 순간이 올 것이라고는 생각해 보지 못했다.

대학들은 3월 중순부터 온라인으로 강의를 대신하고 있다. 중고등학교도 4월 9일부터 3학년을 시작으로 온라인 개학이 단행되었다. 가르치는 사람도, 배우는 사람도, 그리고 학교도 그 누구도 충분히 준비하지 못했지만, 온라인 교육은 이제 불가피한 선택이 되었다. 다시 대면 수업이 재개된다고 하더라도, 대학에서 수백 명의 학생을 강의실 안에 몰아넣는 방식의 수업을 하거나 초중고등학교에서 학생들이 밀집된 급식실 공간에 모여 밥을 먹이는 상황에 대해서는 대안이 모색되어야 할 것이다. 스승의 문하에 들어야 했던 도제식 교육이 산업화와 제국주의 물결 속에서 학교 시스템에 의한 근대적 제도 교육으로 변화했는데, 이제 코로나19는 온라인 교육을 강제적으로 확산시키고 있다. 앞으로도 이러한 온라인 교육이 보편화된다면 시계와 달력에 근거했던 근대적 교육 체계를 또 한 번 뒤흔들 것이고, 교문과 교단의 높은 권위를 허물어뜨리게 될지도 모를 일이다.

성장과 효율을 전제로 발전해 왔던, 다른 말로 바꾸면 빚으로 생산과 소비를 촉진하며 규모를 키워 왔던 자본주의도 중대한 국면을 맞이하게 되었다. 1990년대 공산권의 붕괴 이후 기술과 자본은 물론, 노동시장마저 이익을 쫓아 '세계화'하였고 '분업화'하였다. 그것이 가능한 전제는 전 세계 교역과 이동의 자유였다. 코로나19는 전 세계의 공항과 항만의 기능을 수십 년 전의 수준으로 되돌려 놓았다. 고도화되지 않은 저렴한 노동력이 요구되는 봉제공장을 제3세계로 떠밀어낸 선진국들은 마스크 하나 공급받기 쉽지 않은 상황에 처해 있다. 지금의 사태가 진정된다고 하더라도, 단기 이주노동자들에 의해 유지되던 농업 분야를 비롯한 산업 전반에 큰 충격이 이어질 전망이다. 이익과 효율이 모든 가치 판단의 근거가 될 수 없다는 것을 자각하게 될 것이다. 소수 좌파 지식인들이나 정치인들에 의해 거론되던 '기본소득제도'에 대한 논의가 본격화되는 것도 불가피할 것이다.

이른바 4차 산업혁명과 관련된 분야도 이전과는 다른 전망이 필요할 것이다. 대면 접촉을 줄이기 위해 드론과 로봇 분야나 인공지능 분야는 더욱 각광을 받을 것이다. 자율주행 자동차의 상업적 활용도 속도를 내게 될 것이다. 생명과학기술 분야에 대한 투자는 더욱 확대될 것이다. IT 분야 중에서도 클라우드 기술은 가장 급격히 발전될 것이며, 이와 더불어 빅데이터의 활용도 확산될 것이다. 그러나 공유경제를 이념으로 하는 '우버'나 '에어비앤비'와 같은 산업에는 '방역 대책'이라는 과제가 새로 주어진 셈이다. 인력을 모아야만 하는 노동집약적 산업, 항공과 크루즈를 비롯한 여행 산업, 초고층 대규모 주거시설 관련 산업에 대한 관심은 당분간 줄어들 수밖에 없을 것이다.

2차 대전 이후 개인의 자유와 인권은 점차 강조되어 왔고, 첨단 정보기술 시대에도 개인정보보호 문제는 매우 예민한 이슈가 되었다. 최근 한국의 방역과 역학 조사 과정이 전 세계적 주목을 끌었다. GPS 기술과 CCTV, 카드 사용 내역 등을 활용하여 '확진자의 동선'을 추적하는 역학 조사를 진행하고, 이 정보를 지자체나 정부가 공개하는 방식은 큰 성과를 거두고 있지만, 개인 정보 보호와 인권 문제와 관련한 논쟁은 다시 점화될 가능성이 있다. 특히 여론을 등에 업고 추진된 자가격리 이탈자에 대한 '안심밴드' 착용 방침은 매우 부적절한 전례가 될 우려가 있다. 이탈리아, 스페인, 프랑스 등 유럽 각국에서 시행한 지역봉쇄령이나 이동통제령에 대해서도 '자유주의자' 들이 어떤 대안을 내놓을 수 있는지 살펴볼 필요가 있을 것이다.

한국에서 신천지가 일으킨 집단감염 외에도 세계 각지에서 감염 확산의 주범으로 꼽힌 '종교'*가 어떤 방식으로 비종교인이나 타종교인을 포함한 공동체 내에서 역할을 지속해 나갈지 궁금해진다. 국경 봉쇄와 국가 간 협력 사이에서 정치 지도자들이 어떤 묘책을 내놓을 수 있을지도 주목하게 될 것이고, '사회적 거리두기'와 '심리적 연대' 사이의 모순 속에서 인간 삶의 미래를 고민해야 할 인문학의 역할도 있을 것이다.

코로나19 사태 와중에 제한적으로 실시 중인 '원격의료'의 허용 문제도

---

* 김지수, 「전세계 확진 94만 명… 佛, 종교집회로 확산 촉발」,《연합뉴스TV》, 2020.4.2, https://news.v.daum.net/v/20200402193237000

'전제'와 '악용'의 다양한 가능성 아래에서 재점검해 봐야 한다. 집단감염이 일어난 요양병원이나 정신병동과 같은 폐쇄적이거나 열악한 의료시설을 어떻게 개선해야 할지도 논의해야 한다. 공공의료 시설이 부족한 가운데, '건강보험 당연 지정제'에 의해 실질적으로 사립 병원들이 공공 병원 역할을 할 수 있었던 원동력이나 군복무를 대체하는 '공중보건의' 제도의 역할에 대해서는 재평가도 필요하다. 이탈리아 북부와 뉴욕에서처럼 치료와 방치를 '선택'하거나, 삶과 죽음을 사실상 '심판'해야만 하는 '의료 체계 붕괴' 상황이 다시 또 오게 된다면, 의료인은 무엇을 기준으로 어떻게 해야 하는가를 냉정히 돌이켜 봐야 한다.

새로운 문제들

그러나 이른바 '뉴 노멀'에 대한 고민과 전망을 치열하게 한다고 해도, 현실의 상황은 그리 간단하지가 않을 것이다. 지금 당장의 변화 상황만 보아도 그렇다. 현재의 현실에서 학교는 사회적 교육기관이면서, 부모 세대의 사회적 노동을 가능하게 하는 보육기관이기도 하다. 4월 9일부터 순차적으로 초중고등학교의 온라인 개학이 시작되자, 학생들은 여전히 집에 남아 있게 되었음에도 아이들의 부모이기도 한 교사들은 모두 학교로 출근을 해야 하는 상황이 벌어지고 있다. 학교 수업이란 단순히 지식 정보의 전달이 아니라 함께 생각하고 고민하고 소통하며 생활하는 '과정'인데, 준비 없이 시작된 지금의 온라인 수업은 그러한 '과정'에 대한 배려가 부족하다. 음성이 포함된 시각적 강의 콘텐츠는 시청각 장애인들을 위한 배려가 추가되어야 한다. 과제 수행 능력이 부족한 학생들을 위해서는 시간적 여유가, 학습 능력이 뛰어난 학생들을 위해서는 보상의 피드백이 보장되어야 하는데, 온라인 수업에서는 한계가 드러나고 있다. 기업들에 재택근무를 하라고 권장하지만, 현장 근무가 불가피한 의료인과 현장공무원들, 생산직 노동자들은 상대적인 고위험에 노출될 수밖에 없다. '코로나 시대의 산타'로 불리며, '자택 칩거'를 가능하게 해 주었던 택배 노동자들이 직면하는 위험은 일반인들이 철저히 칩거를 하면 할수록 증폭될 수밖에 없는 상황이다. '코로나19 시대의 역설'이라고 해야 할지, '코로나19 시대의 문화 지체'라고 해야 할지 모르겠으나, 이러한 모순적 상황은 당분간 지속될 수밖에 없을 것이다.

바로 이 시간, 페이스북에 '뉴 노멀 시대에 살아남는 법'이라는 제목의 광고가 뜬다. '뉴 노멀'의 정체가 무엇이든, 코로나19에 힘겹게 살아남은 우리를 또 다른 생존경쟁에 몰아넣는 것은 아니기를 바란다. 지금 당장의 방역과 검진, 치료가 무엇보다 중요하겠지만, 그 이후 다가올 '뉴 노멀'에 대한 공감의 확산, 그리고 새로운 형태의 공동체 의식과 연대 의식을 세워 나가기 위한 고민이 필요한 이유이다.

혐오의 시대
— '올드 노멀(old normal)'을 꿈꾸며

조태구 2020.4.28

오랜만에 학교에 나왔다가 집으로 돌아가는 길이었다. 마주 걸어오던 학생 둘이 "맞지? 맞지?" 서로를 쿡쿡 찌르며 다가오다 "안녕하세요?" 내 앞에서 꾸벅 인사를 한다. 당황한 나는 "예, 안녕하세요?" 허리 굽혀 인사했지만, 그들이 누구인지 알지 못한다. 마스크 뒤에 감춰진 그들의 얼굴은 보이지 않았다. 아마 마스크를 쓰고 있지 않았더라도 나는 그들을 알아보지 못했을 것이다. 비대면 강의를 듣는 나의 학생들이리라 추측해본다. 짧은 대화도 나눠보지 못한 채, 학생들과 빠르게 멀어져 버렸다.

나는 마스크를 쓰고 있지 않았다. 사실 마스크를 쓰지 않는다. 지속적인 권고에도 불구하고, 선거에 참여하기 위해 마스크를 착용한 것이 근래 나의 유일한 마스크 착용 경험이었다. 집 밖으로 거의 나오지 않았기 때문에 크게 문제가 되지는 않았다. 그날, 부득이하게 학교에 나와야 했고, 마스크를 쓰려고 전날 밤부터 다짐하고는 있었지만, 그만 잊고 말았다. 집으로 돌

"'질병X'라는 세계적 재난의 출현이 3년 주기로 짧아진 현실 속에서 인류가 앞으로 이룩할 문명은, 우리가 살아갈 세계와 사회는 어떤 모습일까?"

아갈까 생각했지만, 그러지 않았다. 오랜만에 타는 버스와 지하철에서, 익숙해진 것인지 아니면 최근 완화된 상황 때문인지, 사람들의 시선이 이전만큼 따갑지는 않았다.

2월 말, 프랑스로 잠시 출장을 다녀온 사이, 한국의 상황은 급격하게 악화되어 있었다. 며칠 사이 감염자가 폭증했고, 사람들은 마스크로 입과 코를 가린 채 서로를 경계했다. 변화된 상황을 인지한 것은 그들의 눈을 통해서였다. 마스크를 쓰지 않은 채 맨 얼굴로 지하철에 들어섰을 때, 차량 안에 있던 사람들은 일제히 나에게 시선을 돌렸다. 단 한 사람 예외 없이 마스크를 쓰고 있었고, 그들의 눈빛이 의미하는 바는 명확했다. 경계와 두려움, 불쾌감과 역겨움. 명백한 혐오의 눈빛이었다. 나는 바이러스였다.

마사 누스바움은 그의 책 『혐오에서 인류애로』에서 두 가지 형태의 혐오를 구분한다. 하나는 배설물과 체액, 시체와 같은 원초적 대상에 대한 혐오이고, 다른 하나는 이러한 원초적 대상에 대한 혐오가 특정한 집단이나 개인에게 확장된 "투사적 혐오"이다. 전자의 혐오는 자연적이지만, 후자의 혐오는 사회적이다. "사회는 구성원들 중 몇몇을 이른바 '오염원'으로 규정하도록 가르친다." 그리고 이를 정당한 것으로 만들기 위해 혐오스런 집단과 개인을 어떻게든 혐오스런 원초적 대상과 연결시킨다. 가령, 더러운 화장실에서 서로의 항문을 탐하며, 서로의 정액을 삼키는 동성애자들.

책에서 누스바움이 입증하고자 하는 주장은 간결하다. "비이성적인 망상"에 의존하고 있는 투사적 혐오는 현대 민주주의 국가에서는 적절한 입법의 근거가 될 수 없다. 따라서 누스바움은 사람들의 만연한 혐오감을 근거로 인간복제를 불법으로 만들고자 하는 레온 카스를 비판한다. 혐오를 근거로 한 입법이 인간복제에만 특별히 한정될 이유가 없다거나, 혐오가 주도했던 사회들이 실제로 역사 속에서 보여준 모습들이 끔찍했다는 점 때문이 아니다. 누스바움에 따르면, 카스의 주장은 단적으로 틀렸다. 카스는 혐오가 "일종의 신뢰할 만한 경고"로서 "모든 이성적 주장보다 깊은 차원에 있는 '지혜'를 내포"한 무엇이라고 주장하지만, 혐오에 대한 심리학적 분석은 혐오가 보여주는 것이 지혜가 아니라, 인간 존엄에 대한 끔찍한 폭력성이라는 점을 알려준다.

그러나 누스바움의 논증이 많은 측면에서 타당하고, 그의 결론이 지극히 정당하다는 점과는 별개로, 혐오를 "일종의 신뢰할 만한 경고"로 여기고, 그것이 어떤 "지혜"를 포함하고 있다고 믿는 태도에는 진화론적 근거가 있다. 즉 누스바움은 원초적 대상에 대한 혐오와 투사적 혐오를 자연적인 것과 사회적인 것으로 구분하지만, 사실 이 둘은 많은 영역에서 생각만큼 명확하게 구분되지 않는다. 실제로 마크 샬러가 제안한 "행동면역계behavioural immune system, BIS"라는 진화의학적 개념은 혐오가 전염성 질병에 대처하는 적응 행동에서 중심적 역할을 해 왔다는 점을 설명한다. 이러한 관점에 따르면, 외국인에 대한 혐오와 여러 문화권에서 공통적으로 나타나는 다양한 성관계에 대한 터부, 그리고 부부 간의 배타적인 성관계에 부여되는 긍정적 가치는 다만 문화적 산물이 아니라, 전염병을 막는 효과적인 행동면역 반응의 진화론적 잔재이다.

문제는 여기에 있다. 이제는 효용성이 다한 진화론적 전략이지만, 혐오는 생존을 위한 인간의 자연적 성향으로서 여전히 남아 있다. 그것은 사회문화적 맥락에 따라 이리저리 방향이 잡히고, 교육과 제도에 의해 직간접적으로 억눌려 왔지만, 현재 인류가 맞이하고 있는 팬데믹 상황은 이러한 인간적 조정이 개입할 여지를 급격하게 줄여 버린다. 여기서 몇몇의 인간을 "오염원"으로 규정하고 "전파자"라 부르는 것은 더 이상 수사나 비유가 아니며, "비이성적 망상"은 더더욱 아니다. 그것은 역학적 탐구를 통해 도출된 과학적 사실에 대한 객관적 진술이다. 객관적 사실로서 한 인간이 혹은 집단이 전염성 질병의 원인, 즉 혐오의 원초적 대상으로 지목된 이상, 그나 그가 속한 집단을 피하고, 경계나 두려움, 불쾌감과 역겨움의 시선으로 바라보는 것은 너무나 자연스러운 행동이다.

그런데 현재 세계 곳곳에서 벌어지고 있는 혐오주의적 행태들의 근원이 문화사회적이기보다는 자연적인 것이라면, 이러한 행태들을 기존의 인종주의적 관점에서 분석하는 것은 큰 의미가 없다. 분명 서양인의 동양인에 대한 혐오주의적 행태가 절대적으로 많은 것은 사실이다. 그러나 이러한 동양에 대한 서양의 혐오는 아주 오래된 인류의 오점이며, '코로나19'를 기점으로 그 혐오의 정도가 강화되고 빈도가 늘었다면, 이는 사회문화적인 요인때문이라기보다는 그 근원지가 중국 우한이었다는 객관적 사실 때문이다. 실제로 현재 세계 곳곳에서 벌어지는 각종 혐오적 행태는 동양인만을 대상으로 하지 않는다. 감염원으로 지목된 사람과 집단은 누구나 혐오의 대상이된다. 인류의 혐오 대상은 바이러스에 감염될 수 있고 그것을 전파할 수 있는 누구나이다. 즉 인종과 성별을 초월한 인류 모두가 혐오의 잠재적 대상이다.

분명 인류는 언제나 그래 왔던 것처럼 '코로나19'라는 이 세계적 위기 역시 극복해 낼 것이다. 그러나 더 큰 위기는 '코로나19' 이후 다가올 새로운세계와 사회 자체일지도 모른다. 4월 13일 정세균 총리는 중앙재난안전대책본부 회의에서 "예전과 같은 일상으로는 상당 기간, 어쩌면 영원히 돌아갈 수 없을지도 모른다."고 말했다. 예전과 같지 않은 일상의 모습은 어떤것일까? 세계 여러 나라들이 서로의 국경을 걸어 잠그고, 도시를 폐쇄하고, 각 가정의 문을 닫고, 얼굴마저 마스크로 가린 채, 서로가 서로에게 혐오의대상이 될 수 있다는 사실을 확인한 이후, 인류는 이제 어떤 일상을 정상적인 것으로 받아들일 수 있을까? '질병X'라는 세계적 재난의 출현이 3년 주기로 짧아진 현실 속에서 인류가 앞으로 이룩할 문명은, 우리가 살아갈 세계와 사회는 어떤 모습일까?

그러나 우리는 너무 빨리 새로운 정상, '뉴 노멀'을 말하고 있는 것은 아닐까? 우리가 예전과 같은 일상으로 돌아갈 수 없다면, 따라서 '새로운 정상'을 준비해야만 하는 것이라면, 각종 매체를 통해 모두가 당연하다는 듯이 말하고 있는 '연대'가 무엇인지 도대체 알 수 없다. 그것은 무엇을 위한 연대인가? 아직 도래하지 않은 '뉴 노멀'을 위한 연대는 어떤 형태의 것이어야 하는가? '뉴 노멀'을 위한 연대에 대해 우리 모두는 그것이 아직 도래하지 않은 것, 즉 알 수 없는 것이라는 이유로 침묵할 수밖에 없다. 반대로 이 연대가 기존의 정상적인 일상을 회복하기 위한 것일 때, 우리 모두는 이 연대가 무엇을 의미하는지 알고 있다. 그것은 개인과 개인이 서로 손을 맞잡고 얼굴을 마주하는 것이다. 개인과 개인이 손을 마주잡기 위해, 얼굴을 마주하기 위해 노력하면서, 서로를 끊임없이 호출하며 대화하는 것이다.

　　2015년 1월 7일, 프랑스 주간지 《샤를리 에브도》에 대한 이슬람 극단주의 세력의 테러가 벌어진 다음 날, 수많은 시민들은 '표현의 자유'라는 근대적 가치를 주장하기 위해 여전히 테러의 위협이 남아 있는 거리를 "내가 샤를리다"라고 적힌 팻말을 들고 행진했다. 그리고 2020년 1월 26일 프랑스의 지역일간지 《꾸리에 피까》가 "황색경보"라는 혐오적 제목을 표지에 게재한 것을 계기로, 유럽에서 벌어지는 동양인에 대한 혐오적 행태에 대한 저항으로 "나는 바이러스가 아니다"라는 해시태그# 운동이 SNS상에서 벌어졌다. 앞의 문구 "내가 샤를리다"에는 '나'라는 개인이 등장하고 그것은 '샤를리'라고 명명된 개인의 상징과 동일시됨으로써, 그것을 매개로 '샤를리'를 자처하는 수많은 다른 개인들과 무한히 연대할 수 있는 가능성을 확보한다. 반면,

뒤의 문구 "나는 바이러스가 아니다"에서 '나'는 다만 바이러스가 아니라고 언급될 뿐, 구체적인 무엇으로 규정되지 못하고, 따라서 연대를 위한 매개를 형성하지 못한다. "나는 바이러스가 아니다"에서 멈출 것이 아니라, "나는 바이러스가 아니라 인간이며, ○○○다"라고 선언했어야 한다. 대화는, 즉 연대는 내가 나를 나로서 규정하고, 너를 너로서 호출할 때 시작된다.

결국, 그날 나는 실수를 했던 것이다. 마스크를 쓴 학생들과 빠르게 멀어질 것이 아니라, 그들에게 말을 걸었어야 했다. 너는 누구냐? 서로를 확인하고, 비록 얼굴은 가렸지만, 손을 맞잡을 수는 없지만, 우리는 대화를 통해 서로를 다만 혐오의 잠재적 대상으로 인지하는 것이 아니라, 연대할 수 있는 '너'와 '나'로 인지할 수 있었을 것이다. 숭고한 개인으로서 마스크를 혐오의 상징이 아니라, 언젠가는 벗겨내야 할 목표로 인식하면서, 운이 좋았다면, 아니 틀림없이, 마스크 뒤에 가려진 서로의 미소를 볼 수 있었을 것이다.

코로나 팬데믹과 사유에 대한 사유

김태우·2020.4.29

코로나 바이러스는 많은 것을 비춘다. 미시의 비인간 존재가 비추는, 우리가 일상으로 기거하던 세계는 생경하고, 두렵고, 또한 아프다. 비가시적이었던 정신과병동 장기 입원자들은 높은 사망률과 함께 그 존재감을 드러낸다. 비밀단체 같던 종교집단은 그 조직과 전파 방식을 뉴스의 전면에 게시한다. 사재기 없는 한국사회를 가능하게 하는 유통업 종사자 분들, 네트워크를 실제 네트워킹 가능하게 하는 사람들을 알게 한다. 감사하게 한다. 사보험 위주의 미국 의료체계가 인종적 racial, 민족적 ethnic 건강불평등 위에 있음을, 사망자 대열 앞줄의 유색인종들은 말하고 있다.[*] 감염의 위험에도

---

[*] 전홍기혜, 「미국의 민낯, 사망자 70%가 흑인, 집단 매장되는 무연고 시신」, 《프레시안》, 2020.4.13. 참조. 의료에 관한 인문사회과학 연구들은, 사보험 위주의 미국 의료체계 속 인종적 민족적 건강불평등을 심도 있게 다루어 왔다. 그중 의료인류학자 베커(Becker)의 다음 논문은, 지금 상황의 "생명을 앗아가는 불평등"을 묵시록적으로 드러내고 있다. Becker(2004) "Deadly Inequality in the Health Care 'Safety net': Uninsured Ethnic Minorities' Struggle to Live with Life-threatening Illnesses" 참조.

디지털 트래킹 digital tracking을 거부하는 유럽인들의 모습은,* '자유가 아니면 죽음을'이라는 말이 그냥 하는 말이 아님을 생각하게 한다.

바이러스의 비춤은, 우리의 일상을 떠받치고 있는 생각과 말들을 돌아보게 한다. 목숨보다 중요한 "자유"는 어떤 자유인가? 감염과 전파의 위험 속에서 허용될 수 있는 "자유"는 무엇이고, 어디까지인가? 2차 대전 이후 최대의 경제위기라는, 앞으로 밀려올 쓰나미는, 일상으로 옷 사 입고, 쌀 사먹고, 마스크 사 끼던 "시장"을 돌아보게 한다. "자유"가 키웠다는 "시장"에 대해 다시 생각하게 한다. 그 말들의 역사를 돌아보게 한다. 이 자유가 언제부터 이 자유였나? 시장과 자유는 언제부터 결속되었나? 자유주의, 신자유주의를 다시 토론하게 한다. 정치철학을, 경제 활동이 의지하고 있는 "주의"들을 돌아보게 한다.**

코로나 팬데믹이 쏘아올린 조명탄은, 눈부심 속에 인류를 멈춰 세우고, "돌아보라!" 권하고 있다. 이 권유는 강권에 가깝다. 생존과 연결된 문제이기 때문이다. 우리는 이 현상을 어떻게 접수하고, 알고, 응대할 것인가? 코로나 이후의 세계는 지금의 세계와 어떻게 달라야 하는가? 질문들을 던지

---

* 바이러스의 전파가 심화되면서 디지털 트래킹을 수용하는 유럽 국가들도 늘고 있지만, 프랑스 같은 국가에서는 여전히 저항이 심한 상황이다. Onishi, Norimitsu and Constant Meheut(2020) "France Weights its Love of Liverty in Fight against Coronavirus," in New York Times(2020. 4. 17). 참조.
** 일상을 받치는 사유와 언어에 대해서는 이 책의 다른 글에서도 논의하고 있다. 「코로나19가 제기한 자유주의와 공동체주의의 상호수용 가능성」(민유기), 「상호주관성과 시민성」(최우석), 「"사회를 보호해야 한다": 사회적 거리두기에서 사회적 연대로」(이향아) 참조.

고 궁구할 기회를, 고통스러울 정도로 강렬한 "생경하게 하기"를* 통해 코로나 팬데믹은 마련해 주고 있다.

안전한 일상이 뒤집히는 생경한 장면들 중에는 의료의 장면들도 다수 있다. 믿었던 의료체계, 방역체계가 붕괴하는 장면들은 두려울 정도로 생경하다. 첨단 의생명과학의 선진국들이, 그래프가 꺾이기만을 기다리는 속수무책의 장면들은 놀랍고, 낯설다. 생경한 의료의 장면들 중에는 백신에 관한 장면들도 있다. 아주 어릴 때부터 일상이었던 예방접종이 낯설게 여겨지기 시작한다. 백신은 몸에 항원을 혹은, 항원을 유발하는 생체물질을 주입해서 항체를 생기게 한다. 미리 생기게 하여 대비한다. 그리하여 백신은 수많은 인류를 감염병의 고통과 위험으로부터 구해 내었다. 멸종된 감염병이 있을 정도로 백신은 효과적이었다.** 백신의 효능은 미리 맞는 데 있다. 그래서 예방접종이라 한다. 에피데믹이 닥치고 팬데믹이 되었을 때 개발을 하는 것은, 원래 예방접종의 방식과 거리가 있다. 지금 상황에서 예방접종은 형용모순이다. 예방이 아니고 후방이다. 후방접종이다.

물론 백신 개발은 필수적이다. 아직 바이러스에 노출되지 않은 사람들을 위해서도, 팬데믹의 종결을 위해서도 개발되어야 한다. 하지만, 개발 기간을 최소화한다고 해도, 이것은 매우 지연된 도착일 것이다 2003년에 유행한 사스의

---

* "생경하게 하기"는 깊게 역사적이고 정치적인 "일상"을 다시 읽고자 하는 인류학의 개념이자 방법론이다. Marcus, George and Michael Fischer (1999) Anthropology as Cultural Critique: An Experimental Moment in the Human Sciences. Chicago: University of Chicago Press. 참조.
** 천연두, 홍역 등이 멸종된 감염병들에 포함된다.

백신은 아직 개발되지 않았다. 백신이 나올 때쯤이면, 이번 COVID-19 팬데믹은 이미 사그라진 이후일 수 있다. 그때 우리는 새로운 변종 바이러스에 의한 또 하나의 팬데믹 속에 있을 수도 있다. 지금 2020년 4월 말 현재 백신에 대한 논의들은, 국가들 간의 백신 개발 경쟁과 개발 기간 단축에 집중되어 있다. 백신 개발 기간을 앞당겨 1년 안에, 혹은 수개월 안에 상용화할 수 있다는 낙관론도 있다.* 하지만 이것은 개발 기간과 관련된 낙관론이다. 코로나 팬데믹의 아수라장 속, 백신 개발의 낙관론은 뭔가 우리를 불편하게 한다. 생경하게 한다.

이번 팬데믹은 많은 것을 돌아보게 한다. 자유의 이슈에 직면하여 자유주의를 고찰하듯, 의료의 장면들을 접하며 의료를 지탱하는 사유를 생각하게 한다. 사유를 사유하게 한다. "자유"의 정치와 "시장"의 경제와 같이 "백신"의 의료도 사유를 바탕으로 한다. 지식과 실천의 체계를 기저의 사유가 받치고 있다. 세계에 대한 이해와 그 이해를 바탕으로 한 지식, 실천의 체계이기 때문이다. 의료 또한 그러하다. 의료의 핵심 주제인 "몸"을 말하기 위해서는 존재론을 떠날 수 없다. 인간 몸에 영향을 주는 비인간 존재들 바이러스, 박테리아, 발암물질, 환경호르몬 등에 대한 이해 또한 존재론과 연결되어 있다. 그 몸들 인간 몸과 비인간 몸을 어떻게 알 것인가 하는 인식론의 문제는 또한 의료 진단의 방식과 연결된다. 그러므로 의료는 존재론, 인식론에 의지한다. 의료가 일

---

* 지금까지 알려진 가장 앞선 백신 개발은 영국 옥스퍼드대 제너 연구소의 경우다. 임상시험이 성공적일 경우 2020년 9월에 상용화가 가능하다고 한다. Kirkpatrick, David (2020) "In Race for a Coronavirus Vaccine, and Oxford Group Leaps Ahead" in New York Times, 2020.4.27. 참조.

상적이어서 존재론, 인식론이 부각되지 않을 뿐, 사유의 바탕 없는 지식, 실천의 체계는 없다. 지금 코로나 팬데믹은 일상적 의료를 생경하게 하면서, 그 의료가 의지하는 존재론, 인식론도 돌아보라고 권하고 있다. 몸에 영향을 주는 다른 몸들을, 예를 들면 바이러스 같은 존재들을, 인간 존재는 어떻게 아는가? 기본적으로, 바이러스는 무엇인가? 그 변종들을 어떻게 우리는 알고 이해하는가? 바이러스가 만들어 내는 감염, 증상, 혹은 죽음은 무엇인가? 어떻게 알고 대처하는가? 백신의 방법론은 이러한 앎과 존재에 대한 이해와 어떻게 연결되는가? 질문의 장을 만들어 주고 있다. 질문에 대한 궁구의 시간을 이번 팬데믹은 마련해 주고 있다.

백신의 사유는 들뢰즈의 "재인再認"을 상기시킨다. 백신은 같은 항원의 병원체가 몸으로 들어올 때를 대비하는 방식이다. 전에 인식한 항원을 다시 인식하는 재인식의 방식이다. "똑같은 것으로 가정된 어떤 대상에 대해 적용되는 모든 인식 능력들의 조화로운 일치"*를 전제하는 재인의 사유가 백신 의료 실천 아래에 존재한다. 예방주사가 예방이 되기 위해서는 재인이 가능해야 한다. 재인하는 몸에 "똑같은 것으로 가정된" 대상이 들어와야 예방이 된다. 예방접종을 형용모순이게 하면서 재인의 모델에 대해 이번 변종 바이러스 팬데믹은 문제제기를 한다. 재인의 모델을 바탕으로 한 백신과 이를 통한 "조화로운 일치"가 흔들리는 소리를 우리는 지금 듣고 있다.

---

* 들뢰즈, 김상환 역, 『차이와 반복(Difference et repetition)』, 서울: 민음사, 2004, 300쪽.

"코로나 팬데믹이 쏘아올린 조명탄은, 눈부심 속에 인류를 멈춰 세우고, "돌아보라!" 권하고 있다."

들뢰즈는 재인식과 인식을 구분한다. 재인식은 플라톤에서부터 헤겔까지 서구 철학의 근간을 이루는 공리 중 하나다. 그 공리들이 구축한 토대 위에 지은 집이 서구철학이라는 구조물이다. 특히, 재인의 모델은 서구 사유의 역사에서 "왕의 자리"에 있다. 들뢰즈는 그 모델 위의 집을 다시 짓기를 주장한다. 재건축 정도가 아니라 바닥부터 갈아엎고 다시 기초공사해야 한다는 것이 그의 논리다. 들뢰즈 식으로 다시 짓기 위해서는 이 땅 자체를 떠나야 할지도 모른다.

근현대 의료는 재인의 모델 위에 지은 지식과 실천의 체계다. 재인 모델을 철저히 사용하면서, 근대 이전의 의료와도 확연한 차이가 난다. 그리하여 미셸 푸코는 "탄생"이라는 말을 사용한다.* 서구철학의 역사에서 지속적으로 존재하던 재인의 모델은 근대에 이르러 실제 행위들, 실천들과 견고하게 연결된다. 재인의 모델은 고정된 자연과 조화로운 일치를 이룬다. 이 자연에는 인간의 몸도 포함된다. 기계적으로 움직이는 몸과 대상화할 수 있는, 파악할 수 있는 자연이 그 모델을 바탕으로 하여 정의된다. 특히, 데카르트와 뉴턴의 영향이 크다. 데카르트는 "물질을 길이, 넓이 그리고 두께 즉 연장되고, 통일되어 있으며, 비활성인 물체적 실체로 정의했다. 이것은 양화 가능하고 측정가능 한 자연에 관한 근대적 이념을 위한, 따라서 유클리드적 기하학과 뉴턴적 물리학을 위한 기초를 제공했다. 이 모델에 따르면 물질적 객체들은 '인지' 가능한 개개의 실체다."** 여기서 "인지"는 "재인再認"이다. "비활성적 물체적 실체"로 대상은 정의되어 있으므로, 고정되어 있고 재인이 용이하다.

재인 모델 위의 감염병 대처는 효과가 있었다. 비감염병에 대한 대처도 또한 재인 모델 위에서 효과를 발휘하였다. 재인에 바탕한 근현대 의료의 인식론과 존재론은 콜레라균, 장티푸스균, 에볼라바이러스뿐만 아니라 만

---

* 푸코, 미셸, 홍성민 역, 『임상의학의 탄생(Naissance de la clinique)』, 서울: 이매진, 2006. 참조. 푸코의 근대성에 대한 논의는, 근대까지의 서구 철학에 대한 들뢰즈의 비판과 훌륭하게 조응한다. 철학적 관점에서 차이를 보이지만, 근대적인 것에 대한 해체의 관점을 두 사람의 논의는 공유한다.
** Coole, Diana and Frost Samantha (2010) New Materialisms: Ontology, Agency, and Politics. Durham: Duke University Press. p. 7. 원문에 대한 번역문은 다음 웹사이트를 참조하였다. https://brunch.co.kr/@nomadia/93

성병의 영역에서도 작동하는 모델이다. 당뇨병의 글루코스, 암의 암세포, 치매의 베타-아밀로이드, 또한 우울증의 세로토닌까지 재인을 통한, "양화 가능하고 측정 가능한" 대상에 대한 통제와 개입이 지금 의료의 근간을 이룬다. 감염병의 영역에서 재인 모델이 효과를 발휘할 때는, 특히 박테리아 bacteria가 대부분의 감염병 원인일 때에 그러하였다.* 하지만, 변종이 많은 바이러스virus가 세계적 대유행의 주된 행위자가 되면서 상황은 바뀌었다.** 20세기의 스페인독감에서부터 에볼라, 사스, 메르스, 이번 코로나까지 모두 바이러스에 의한 감염병이다. 특히, 변종이 흔한 RNA 바이러스의 최근 대두는 재인 모델을 바탕으로 한 대처를 더 어렵게 하고 있다. 재인 모델 위의 의료를 돌아보게 하고 있다. 질병 원인의 실체가 고정되어 있지 않을 때, "비활성인 물체적 실체"로 정의되지 않을 때, 어떤 사유가 요구되는지 생각하게 한다. 감염병의 병원病原이 작년 그 병원이 아닐 때, 변종과 신종이 다수로 나타날 때, 질병의 원인에 대한 생각은 어떠해야 할지 사유하게 한다.

들뢰즈는, 서구철학이 의지하는 재인을 비롯한 여덟 가지 공리를*** 통해

---

* 박테리아도 변종이 나오면서 재인 모델에 의지한 대처가 어려움을 겪고 있다. 대표적으로 항생제내성결핵균을 들 수 있다. 이에 관해서는 파머, 폴, 김주연·리병도 역, 『권력의 병리학(The Pathologies of Power)』, 서울: 후마니타스, 2009. 참조.

** 이 부분의 서술에 관해서는 바이러스 전문가 경희대 정용석 교수님의 특강을 참조하였다. 통합의료인문학연구단이 주최한 이 특강은 "코로나바이러스 팬데믹, 그 시작과 현재"라는 제목으로 2020년 4월 24일에 비대면 방식으로 열렸다.

*** 들뢰즈가 지적하는 여덟 가지 공리는 "보편적 본성의 사유라는 원리," "공통감의 이상," "재인의 모델," "재현의 요소," "'부정적인 것'으로서의 오류," "지칭의 특권," "해의 양상들," "결과로서의 앎"이다. 들뢰즈, 김상환 역, 『차이와 반복(Difference et repetition)』, 서울: 민음사, 2004. 참조.

"사유의 이미지"를 비판한다. 공리들이 모여 사유는 이러해야 한다는 어떤 이미지를 이루고 있다는 것이다. 사유의 이미지는 반듯하다. 인식했던 것을 재인식하므로 이론異論을 최소화할 수 있다. 사유의 이미지는 안전하다. 세계에 대한 사유뿐만 아니라, 체제를 위해서도 안전하게 복무해 왔다. 별로 혁명적이지 않기 때문이다. 사유의 이미지는 나이브하다. 세계가 반듯하다는 믿음을 가지고 있기 때문이다. 그 믿음 위에 철학의 체계를 세웠다^{여기서} 믿음이라고 표현한 것을 들뢰즈는 "임의성"이라고 한다. 서구 철학이 의지하는 공리들은 필연성이 결여된 취약한 지지대라고 비판한다. 반듯하리라 믿었던 세계는 변종, 신종들에 의해 원래 모습을 드러내고 있다. 사유의 이미지의 취약성도 더불어 드러나고 있다.

　재인의 한계는 서구철학의 "동일성"에 대한 완고함에 의해 예상되어 있었다. 반듯한 사유의 이미지를 위해서 동일성은 필수적이지만, 출렁이는 세계를 제대로 접수하기 위해서는 충분하지 않다. 동일성에 대한 집착은 "차이"에 대한 차별을 낳았다. 기본적으로 동일성에 종속되어야 하는 차이는 존재론적 지위를 가지지 못한다. 안전한, 반듯한 동일성의 개념을 위해서는 사유의 이미지는 차이에 대한 부정적 시선을, 또한 장착한다. 변종들은 이 반듯한 사유의 이미지를 흔든다. 차이에 대한 차별을 철폐하라고 외친다. 변종 바이러스는 동일성으로 회귀하지 않는 차이다. 차이 자체다.* 들뢰즈

---

* 　들뢰즈는 동일성의 종속변수로서의 차이에 존재론적 지위를 부여하면서 "차이 자체"라는 개념을 사용한다. 동일성으로부터의 거리로 환산되는 차이가 아니라, 동일성 개념 없는 차이를 직시할 때 드러나는 세계를 그는 논하고자 하였다.

철학의 "차이"의 복권을 위한 기획*은, 이번 변종 바이러스 팬데믹과 조우하고 있다. 조우하면서 사유에 대한 사유를 권하고 있다.

세계는 변종, 신종으로 가득한 흔들리는 세계다. 사유의 이미지 위의 사유는, "동일성"의 원칙 속에서 보고 싶은 것만 보는 방식으로 안주해 왔다. 반듯한, 안전한 세계에의 이해와 인식을 통해 우리 일상은 안전하게 보였다. 생경할 것 없는 반듯한 일상이었다. 사유의 이미지 위의 일상이 더 이상 안전하지 않음을 코로나 팬데믹은 말하고 있다. 그 위의 안전은 불감증 위의 안전이었다고 말하고 있다. 들뢰즈는 안전하고 반듯한 사유의 이미지를 떠나자고 했다. 재현에 안주하지 않는 "비재현적 또는 비표상적 사유"를 주창했다. 세계는 "주체"의 생각만큼 반듯하지 않다. 들뢰즈는 재인을 통한 앎이 아닌, 기호를 통한 배움을 강조한다. 기호는, 재인으로 환원되지 않는, 우연적이고 폭력적인 세계의 현현이다 여기서 "폭력"은 우리로 하여금 사유하지 않을 수 없게 만드는, 사유를 강제하는 마주침을 강조하기 위한 들뢰즈의 표현이다. 기호의 폭력을 회피하지 않고 경험하며 우리는 배움에 이를 수 있다. 들뢰즈는 프루스트의 『잃어버린 시간을 찾아서』에 대한 철학적 논의를 통해 다음과 같이 기호를 말한다. "진리는 어떤 사물과의 마주침에 의존하는데, 이 마주침은 우리에게 사유하도록 강요하고 참된 것을 찾도록 강요한다. 마주침의 우연과 강요의 압력은 프루스트의 두 가지 근본적인 테마이다. 대상을 우연히 마주친 대상이게끔 하는

---

* 김상환, 「구조주의 이후의 차이 개념」, 『기호학연구』 22, 2007, 327-357쪽. 참조.

것, 우리에게 폭력을 행사하는 것- 이것이 바로 기호이다."*

우리는 코로나바이러스의 기호를 마주해야 한다. 재인으로 다시 돌아가지 않고, 재인 모델 위의 안전한 일상으로 돌아가지 않고, 기호의 폭력을 읽어야 한다. 여전히 우리는 관성에 젖어 이번 팬데믹의 소리를 성가신 소음이라고 생각하려 한다. 이번 팬데믹이 끝나면, 다시 안전한 일상으로 돌아갈 수 있을 것이라고 믿으려 한다. 우리의 관성이 자꾸 팬데믹의 기호보다 더 크게 말하려 한다. 코로나 바이러스는 들뢰즈에 빙의하여 다음과 같이 말하는 것 같다. "우리는 기호가 의미하는 것을 기호가 지칭하는 존재나 대상과 혼동한다. ⋯ 우리는 그 마주침들이 우리에게 내리는 명령을 피해 버린다. ⋯ 이 마주침을 더 깊이 파고들기보다는 수월한 재인식을 더 좋아한다."**

가장 저급한 생물에 혹은, 생물도 아닌 것에 의해*** 가장 고등한 영장류 인간이 겪는 이 혼란의 상황은 많은 것을 말하고 있다. 비추고 있다. 인간의 과도한 자존감과 상대적으로 심하게 격화된 비인간 존재들의 존재감 없음이 "인간의 세계"를 이루고 있었다. 그 세계에서 비인간 존재들은 진화의 나뭇가지 한쪽에서 안전하게 존재하고 있었다. 주기율표의 사각표 안에서 물질

---

* 들뢰즈, 서동욱 · 이충민 역, 『프루스트와 기호들(Proust et les signes)』, 서울: 민음사, 2004, 41쪽.
** 들뢰즈, 서동욱 · 이충민 역, 『프루스트와 기호들(Proust et les signes)』, 서울: 민음사, 2004, 55쪽.
*** 정의에 따라서는, 바이러스는 생물도 아니다.

들은 반듯하게 놓여 있었다. 변종 바이러스로 인한 팬데믹이 던지는 기호들은, 이 세계가 생각만큼 반듯하고 안전한 세계가 아니라고 말하고 있다.

"왕의 자리"에 있는 재인은 단지 의료에만 관련된 것은 아니다. "양화 가능하고 측정 가능한 자연에 관한 근대적 이념" 위의 근대성 자체와 연결되어 있다. 그러므로 재인을 재고한다는 것은 단지 다른 백신을 어떻게 만들 것인가 하는 문제뿐만 아니라, 그 너머의 좀 더 많은 문제들과 연결된다. "근대적 이념" 위의 근대성에 대해 다시 돌아보는 문제와 닿아 있다. 근대적 실천들을 떠받치는 사유를 재고하는 것과 연결되어 있다.

들뢰즈의 작업은 혼자만의 작업은 아니고, 스피노자, 니체, 베르그송의 맥락을 적극적으로 가져오고 재구성한 결과물이다. 이 계보에 우리는 한 존재를 더할 수 있을 것이다. 스피노자-니체-베르그송-들뢰즈-코로나의 라인을 생각해 볼 수도 있을 것 있다. 들뢰즈 뒤에 코로나를 연결하고, 그 계보를 비인간 존재가 인간 존재와 함께 던지는 기호를 읽으라는 촉구로 상정할 수 있을 것이다.

코로나 팬데믹은 많은 것을 비추고 있다. 저 기저의 사유에까지 그 빛은 도달하고 있다. 사유에 대한 사유를 권하고 있다. 강력하게 권하고 있다.

코로나 이후를 생각하며
── 감염병 시대의 인류가 나아갈 방향

윤은경 2020.4.30

2019년 겨울 중국 우한에서 등장한 COVID-19가 에피데믹 epidemic, 유행병을 거쳐 팬데믹 pandemic, 세계적 대유행 상황에까지 이르렀다. 그 사이 계절이 변해 맞이한 2020년의 봄 하늘은 그 어느 때보다도 화창하다. 중국과 한국에서 코로나 사태로 공장 가동이 중단되고 항공편을 비롯한 교통수단이 제한적으로 운행되면서 나타난 현상이다. 유례없는 감염병 사태로 인한 전 사회적 마비 상황에도 어김없이 봄은 찾아와 개나리와 벚꽃, 목련은 만개하고 밤에는 라일락 향기가 은은하게 공기를 채웠다. 코로나에 대한 고강도 거리두기로 인해 '코로나 블루스'*라는 신조어가 등장할 정도로 침체되어 있

---

* 코로나에 대한 방역조치로 고강도 사회적 거리두기가 지속되자 많은 이들이 외부 활동의 단절과 타인과이 교류가 없어진 상황에서 우울감을 호소하기 시작했다. 이 현상을 일컬어 우울감이라는 뜻을 가진 단어 'blues'를 'corona'에 붙여서 'corona blues'라 부른다. 우리나라에서는 '코로나 블루'라는 말로 통용되고 있다.

던 사람들도 봄기운은 이겨낼 수 없었던지 봄 나무의 꽃망울이 터지듯 삼삼
오오 거리로 나와 평소보다 맑은 하늘과 봄볕을 만끽하는 모습이다. 여전히
마스크는 쓴 채로.

코로나 사태가 비교적 일찍 시작된 우리나라의 경우 어느 정도 안정세에
접어들었지만 여전히 긴장을 늦추지 못하는 상황이다. 언제 어디에서 다시
감염이 확산될지 모르기 때문에 물리적인 거리두기는 여전히 필요하지만,
코로나 사태가 장기전에 접어들면서 '뉴 노멀' 속 노멀을 회복하려는 사람들
의 욕구 또한 무시하기 어려운 실정이다. 그리하여 상춘객들의 접촉을 우려
한 지자체나 지역 주민들은 사람들의 방문을 막기 위해서 유채꽃밭을 갈아
엎는 극단적인 조치를 취하기도 했다.*

이제 마스크 없이는 외출하는 게 어색하고, 여전히 코로나의 진행 상황을
매일 확인하는 일상이지만 하루가 다르게 확진자 수가 폭발적으로 증가하
던 1개월여 전에 비하면 코로나 이후를 상상하고 대비하는 게 어색하지 않
을 정도가 되었다. 오히려 이제는 코로나 이후를 구체적으로 대비하는 것이
가장 큰 과제가 되었다. 코로나가 변화시킨 것에는 무엇이 있을까? 코로나
이후의 세상은 어떤 모습일까? 분명한 것은 코로나 이후는 코로나 이전으

---

* "제주도 유채꽃밭 갈아엎어": 제주도 서귀포시 표선면 가시리 녹산로, 정부가 선정한 대한민국
대표 아름다운 길. 4월 9일로 예정되어 있던 유채꽃 축제(매년 16만 명씩 방문)는 취소되었고 주
민들의 동의로 대형 트랙터로 갈아엎은 꽃밭은 9만 5000㎡, 축구장 10개가 넘는 크기에 달한다.
유채꽃이 사라진 곳에 가을에 필 코스모스 심을 계획이다. 강원도 삼척 맹방 유채꽃밭을 비롯한
다른 지역들에서도 유채꽃밭은 일찌감치 갈아엎었다.

로의 복귀가 아니며, 그래서도 안 된다는 점이다.

코로나로 죽은 사람의 수가 전 세계적으로 만 명을 넘어섰다. 2020년 4월 13일 기준 전 인류적 재앙이지만 지구의 입장에선 그렇지만은 않다. 코로나로 인해 사람들의 이동이 멈추고 산업에도 제동이 걸리면서 환경오염의 주범인 이산화탄소 배출량이 급격하게 줄었기 때문이다. 작년 이맘때와 비교했을 때 뉴욕의 경우 공기오염지수가 절반가량 감소했고, 중국의 6대 공장 지역에서 석탄 소비량은 40%나 감소했다. 해수 오염으로 수질이 탁해져 물고기를 찾아볼 수 없던 베니스의 바다에선 투명한 수면 너머로 물고기가 보이기 시작했다. 다른 나라의 환경 개선 사례를 굳이 언급하지 않더라도 우리는 이처럼 맑은 봄 하늘을 본 것이 오래간만이라는 걸 체감한다. 빼앗긴 일상에도 봄은 왔고 그 어느 때보다도 아름답다.

이러한 변화를 보자면 '지구에게 있어서 인류가 재앙'이라는 말이 떠오른다. 환경 파괴의 주범인 인류는 오래전부터 환경오염의 심각성에 대해서 이야기 해 왔다. 구체적인 목표와 기한을 두기도 했지만.* 그 달성은 요원해 보였다. 하지만 코로나로 인해 이산화탄소를 배출하는 모든 활동이 일체 중단되자 이대로라면 목표치를 예상보다 빨리 달성할 수도 있을 거란 관측이 나

---

* 파리기후협약(The Paris Agreement, *L'accord de Paris*). 유엔의 기후변화협약의 일환으로서 온실가스배출 문제의 완화, 적응, 경제적 지원을 위해 2016년에 체결되었다. 여기에 참여하는 국가는 2020년 2월 기준 189개국이며, 21세기의 후반까지 평균기온을 산업시대 이전보다 2℃ 상승치 이하로 유지하고 증가치를 1.5℃로 제한하는 것을 목표로 한다. 2017년 미국 대통령 도널드 트럼프가 이 협약으로부터 탈퇴하겠다는 의사를 밝혔으며 이르면 올해(2020) 11월부터 탈퇴가 효력을 발휘하게 된다.

온다. 물론 사회가 마비되고 많은 이들이 죽음에 이르는 상황으로 인한 환경 개선은 공생과 지속 가능성을 목표로 둔 인류에게는 재앙의 한 단면으로밖에 읽힐 뿐이다. 하지만 많은 환경 전문가들은 코로나가 환경 비관주의자들에게 변화의 가능성을 보여준다는 면에서는 긍정적이라 본다.[*] 비관적인 견해도 있다. 역사적으로 인류가 장기적으로 침체기를 겪을 때 이산화탄소 배출량은 감소했다.[**] 그러나 위기 상황이 완화되면 배출량은 다시 이전의 수치를 회복하거나 정체에 대한 반작용으로 오히려 치솟기도 했기에 전문가들은 코로나 이후도 마찬가지일 거라고 전망한다.

이처럼 환경 문제를 코로나 사태의 현상 또는 결과로 접근하는 시각이 대부분인 한편, 코로나 또한 환경에서 기원하였기에 좀 더 유기적으로 바라보아야 한다는 관점도 있다. 코로나19의 기원에 대해서는 여러 설이 난무한다. 연구 중이던 바이러스가 연구소의 실수로 외부에 노출되었다는 설과 박쥐를 비롯한 각종 야생동물을 사고파는 시장에서 유래되었다는 설이 있었지만, 우리가 추적 가능한 범위 안에서 코로나바이러스의 주요 서식지가 박쥐라는 데에 대부분의 전문가들이 동의한다.[***]

---

[*] "Will Covid-19 have a lasting impact on the environment?", BBC, 2020년 3월 27일자. https://www.bbc.com/future/article/20200326-covid-19-the-impact-of-coronavirus-on-the-environment

[**] 2008년과 2009년의 경제위기 당시 산업 활동이 정체되자 이 같은 결과가 나타났다. 인간이 배출하는 총 이산화탄소 양의 18.4%가 제조나 건설과 같은 산업 활동으로부터 나온다.(Center for Climate and Energy Solutions)

[***] 사스(SARS) 감염병 사태 때부터 지난 16년간 코로나 바이러스의 숙주로서 박쥐를 연구한 우한 바이러스 연구소의 석정려(石正麗) 박사의 연구에 따르면 코로나-19 바이러스인 SARS-CoV-2가

박쥐로부터 유래한 코로나바이러스가 인간에게 감염을 일으킨 사례는 이번이 처음이 아니다. 우리에게 잘 알려진 사스SARS와 메르스MERS도 매개 동물은 달랐지만 결국 바이러스의 숙주는 박쥐로 지목되었다. 코로나바이러스는 박쥐를 숙주 삼아 오랜 시간 동안 진화를 거듭해 왔으며,* 그 결과 다양해진 코로나바이러스 가운데 또 다른 바이러스가 가까운 미래에 다시 인간에게 전염되어 많은 이들을 죽음에 이르도록 할 것이라고 전문가들은 전망한다. 코로나 공포 속에서 박쥐에 대한 혐오감이 증폭되는 이유이다. 하지만 박쥐의 박멸은 지금 감염병의 방역이나 미래 감염병의 예방에 효과적이지도 지속적이지도 않다. 바이러스는 언제 어디서나 존재하며, 인간에게 문제가 되는 바이러스를 추려서 그것의 숙주를 찾아내 제거한다 하더라도 그것은 또 변이를 거듭하며 새로운 형태로, 새로운 숙주를 찾을 것이기 때문이다.

동물이 감염병의 근원처로 인식된 것은 세균학 분야가 급격하게 발달한 19세기에 접어들면서부터이다. 그 이전까지 사람들은 비인간 동물들이 감염병의 숙주나 매개자라고 인식하지 못했다. 가령 흑사병이 돌 때에도 사람

박쥐에서 발견된 코로나바이러스와 유전자 염기서열이 96% 일치했다. 바이러스의 연구소 유출설에 대하여 그는 사람들에게 감염을 일으킨 바이러스의 염기서열이 연구소에서 보유하던 바이러스 샘플과는 일치하지 않음을 밝히기도 했다.

* Field Museum. "Coronaviruses and bats have been evolving together for millions of years: Different groups of bats have their own unique strains of coronavirus." ScienceDaily. ScienceDaily, 23 April 2020.

들은 쥐가 병의 전파에서 핵심적인 역할을 한다고 생각하지 않았다.[*] 그러나 세균학의 발달로 질병과 연결된 박테리아가 비인간 동물들에서 발견되자 사람들은 어둠 속에 있던 범인을 마침내 발견한 것처럼 이 동물들을 낙인찍고 박멸에 나섰다. 이 인식의 변화를 살펴보면 실제로는 일정하게 유지된 생각이 있는데, 바로 감염병의 배후에 범인(병의 원인)이 있다는 가정과 비인간 동물에 대한 혐오이다. 이러한 가정이 바탕에 있었기에, 과학기술 발전으로 미세한 바이러스와 박테리아가 비인간 동물에서 발견되자 그 동물이 감염병의 원인이라는 인식이 널리 수용될 수 있었고, 비인간 동물은 가해자로서 근거 있는 혐오의 대상이 되었다.

병의 원인을 혐오감이 드는 동물과 연결시킨 생각은 현실에서 무시무시한 효과를 발휘했다. 공수병을 거리의 개들이 옮긴다는 주장에 뚜렷한 근거가 없음에도 불구하고 인도에서는 1823년부터 1832년까지 9년에 걸쳐 63,000마리의 개들이 살처분 당했다.[**] 여기에는 사실에 대한 오해와 더불어 당시 영국의 지배를 받고 있던 인도의 상황, 그리고 신분제 사회였던 인도의 각 계층에서의 개의 의미 등등 사회문화적 맥락이 복잡하게 작용했으나, 병의 원인을 단정할 수 없는 상황에서 가시적이고 이질적이며 어딘지 모르

---

[*] 『Framing Animals As Epidemic Villains: Histories of Non-human Disease Vectors』, Palgrave Macmillan, 2019.

[**] Deborah Nadal, 「To Kill or Not to Kill? Negotiating Life, Death, and One Health in the Context of Dog-Mediated Rabies Control in Colonial and Independent India」, 『Framing Animals As Epidemic Villains: Histories of Non-human Disease Vectors』, Palgrave Macmillan, 2019.

쥐, 박쥐, 너구리 등이 감염병 매개로 인식되면서 혐오의 대상이 되었다.

게 '불편함'을 주는 대상을 유일한 원인으로 지목하여 그 원인을 제거함으로써 방역을 실천하고 있다고 믿었다는 점에서 감염병과 그 비인간 동물 숙주에 대한 '범인 프레임'이 큰 동력으로 작용했음을 알 수 있다. 이러한 인식의 틀은 지금까지도 유지되고 있다. 가깝게는 사스와 메르스, 에볼라의 경우에 박쥐와 영장류가 바이러스가 유래한 '진짜' 원인으로 지목되었고, 코로나19의 경우 또 다시 박쥐가 지목되었다. 가장 최근에는 독일의 감염학자인 크리스티안 드로스텐이 코로나19 바이러스의 숙주는 박쥐가 아닌 모피를 만들 때 도살되는 너구리라고 했다.*

바이러스의 숙주를 밝히는 일은 중요하다. 인간에게 치명적인 결과를 낳는 바이러스의 감염 경로를 역추적해야 이후의 감염을 예방할 수 있으며, 백신의 개발에 필요한 정보를 얻을 수 있다. 그러나 범인 위주의 탐색전이

---

* 독일 최고 감염학자 "코로나19 감염숙주, 박쥐 아닌 모피용 너구리", 《아시아투데이》, 2020년 4월 17일, http://www.asiatoday.co.kr/view.php?key=20200427010015631

재발 방지에 효과적인 방법일까? 최근 들어 감염병이 증가하는 이유로 환경 파괴를 꼽는다. 인류가 무차별적인 개발로 다른 생명체들의 자연적인 터전을 파괴하면서 인류에게 치명적인 바이러스를 지닌 생명체들과 거리두기가 힘들어졌다는 것이다. 동물을 거래하는 암시장이나 불법 도살장들도 감염병이 확산되는 곳들이다. 이런 공간들에선 동물들이 좁고 비위생적인 환경에서 서로의 오물이 뒤엉킨 채로 생활하기 때문에 종간 바이러스들이 상호작용을 하여 변종이 일어나기도 한다. 유엔 환경 프로그램의 총 감독인 잉거 앤더슨Inger Anderson은 감염병의 75%가 야생으로부터 유래된다고 말하며, 지금처럼 병원체들이 종간 이동을 하기에 수월한 때가 없었음을 지적했다.* 코로나19를 비롯한 감염병의 원인은 해당 바이러스가 아니라 동물들이 생존에 필요한 최소한의 공간을 파괴함으로써 인간과 비인간 동물 간의 거리가 지나치게 좁아졌다는 데 있다. 인류가 타생명체의 공간을 점유하고 파괴한 결과가 감염병으로 되돌아온 셈이다. 감염병이 유행할 때마다 가시화된 몇몇 비인간 동물 종들에게서 병의 원인을 찾는 일이 미봉책인 이유는, 그러한 현상을 낳는 생태학적 지형 변화가 고려되지 않기 때문이다.

인류의 자연계 전체와의 관계를 염두에 둔 통합적인 건강 개념인 'One Health' 또한 이러한 문제의식을 일정 공유한다.** 바이러스와 비인간 동물,

---

* "Coronavirus:'Nature is sending us a message', says UN environment chief", The Gurdian 2020년 3월 25일, https://www.theguardian.com/world/2020/mar/25/coronavirus-nature-is-sending-us-a-message-says-un-environment-chief
** "'One Health' is an approach to designing and implementing programmes, policies, legislation

인간 모두 하나의 생태계를 공유하므로 인류의 건강을 위해서는 전체적인 접근이 필요하다는 것이다. 좀 더 전체적인 그림을 보겠다는 인식이 고무적이기는 하나, 여전히 비대칭적인 관점을 전제로 한다.* 이러한 인식의 한계는 동물 유래 감염병의 유일한 해결책을 백신으로 본다는 점이다. 백신을 통해서 감염병을 예방할 수 있기 때문에 그 개발에 필요한 정보를 충분히 획득하는 것이 핵심 과제이다. 그러나 백신은 개발하는 데에만 최소 1~2년이 걸리고, 새로운 바이러스가 등장하면 새로운 백신을 개발해야 한다. 개발 시간이 점점 짧아진다 하더라도, 백신의 개발은 대증 조치일 뿐이다. 생명체들 간의 생존 공간이 확보되지 못하고 일방적으로 인류가 생태계를 점유하고 있다는 근본적인 문제를 해결하지 못한다면, 바이러스는 또 다른 숙주를 찾아 새로운 방식으로 생존할 방법을 찾아낼 것이다.

'One Health'를 제시한 WHO는 여전히 코로나19의 원인을 '새로 발견된 코로나 바이러스'로 지목한다.** 하지만 코로나19의 원인이 코로나바이러스라고 하는 것은 가난의 이유가 돈이 없어서라고 말하는 것과 다를 바 없다. 가난의 원인을 제대로 파악하기 위해서 역사, 사회, 경제, 정치 등 다각도의

---

and research in which multiple sectors communicate and work together to achieve better public health outcomes." WHO. One Health.

* 인플루엔자 바이러스에 대한 One Health적 접근 내용은 다음과 같다: "Information on influenza viruses circulating in animals is crucial to the selection of viruses for human vaccines for potential influenza pandemics."

** "Coronavirus disease (COVID-19) is an infectious disease caused by a newly discovered coronavirus." WHO. https://www.who.int/health-topics/coronavirus#tab=tab_1

접근이 필요한 것처럼 감염병의 원인을 제대로 파악하기 위해서는 바이러스의 정체를 밝히는 일뿐만 아니라 감염병이 인간 사회에 언제 어떤 조건 하에서 출현을 해 왔는지에 대한 총체적인 접근이 필요하다. 그리고 이 접근이 성공적이려면 현재의 인류 중심적인 사고를 벗어나야 한다. 자연과 대척점에 있는 기존의 인간중심주의를 해체하지 않는 이상 자연으로부터 유래된 각종 감염병과 그것과 연루되어 있는 비인간 동물들은 인간에게 유해한 타자로 남을 것이기 때문이다. 늘 적과 전쟁을 하고 있다는 생각만큼 나를 지치게 하는 것도 없다. 전쟁이 아닌 공생이 인류가 살아남을 길이다.

코로나19 이후 새로운 바이러스가 등장할 것이라고 한다. 새로운 바이러스가 인간사회를 엄습하는 일은 몇 년 전부터 꾸준히 일어났으며 신종 바이러스의 등장 사이의 기간은 짧아지고 있다. 코로나19가 물러가고 나면 숨돌릴 새도 없이 새로운 바이러스가 난데없이 튀어나올 수도 있고, 한 번에 두 개의 바이러스가 동시에 퍼질 가능성도 배제할 수 없다. 이를 대비해 그간 숙주로 지목되었던 모든 비인간동물들, 감염원으로 지목되는 또 다른 생물들을 모두 우리의 생활반경으로부터 격리시킬 것인가? 그들을 제거하면 우리는 감염병으로부터 안전해질까?

앞서 언급했듯이 감염병의 빈번한 등장은 인간의 과도한 생태계 점유에서 기인하며, 이러한 상황을 초래한 인류 행태의 기저에는 타 생명체를 수단으로 인식하는 인류 중심적인 사고가 뿌리 깊게 박혀 있다. 코로나19를 경험하면서 가장 효과적이었던 조치는 사람들 간의 물리적 거리두기였다. 장기적으로 감염병의 출현과 확산을 방지하기 위해서 사람 간의 물리적 거리두기만이 아닌 다양한 생명체 간에 물리적 거리두기가 필요한 시점이다.

코로나19 이후는 어떻게 될까? 인간 사회에서는 사회적 주변인과의 거리두기가 더 심화되어 사회가 더욱 계층화되고 분열될 가능성도 있고, 이번에 드러난 약한 고리들에 대한 관심과 비대칭적 사회구조에 대한 구체적인 논의를 발전시킬 기회가 될 수도 있다. 감염병의 '진짜' 원인을 알아내려는 노력 속에서 바이러스에 천착하는 대신 기존의 인간 중심적인 사고를 해체하고 보다 통합적인 관점에서 인류와 자연의 관계를 재검토 할 수도 있다. 우리는 선택의 기로에 놓여 있다. 연대를 향해 나아가든지, 각자도생의 길로 가든지. 하지만 사람들의 편 가르기에 바이러스는 관심이 없다. 국경과 지역을 넘나드는 바이러스에게 우리는 '인류'라는 하나의 종種일 뿐이다. 우리에게는 인류로서 연대해야 할 과제가 주어졌다. 결국에는 그것만이 우리가 살 길이기 때문이다. 국가와 종種을 초월하는 이 같은 요청 앞에서 아직 코로나19의 한가운데에 있는—그리하여 아직 변화의 움직임을 추동할 수 있는—우리가 어떤 실천을 할 수 있을지에 대한 고민이 필요하다.

코로나 이전 '옛날 옛적', 4차 산업혁명으로 일어날 변화가 미래에 대한 논의의 한가운데에 있었다. 기술이 이대로 발전한다면 인공지능이 사회 각 분야에서 인간을 대체할 거라는 전망이 있었으며 새로운 인류에 대한 논의가 포스트휴머니즘이라는 이름으로 활발하게 진행되었다. 그 가운데 기존의 인간 중심적인 사고를 극단적으로 밀어붙이는 트랜스휴머니스트들은 이 새로운 인류가 과학기술의 발전을 토대로 늙고 병들고 결국엔 소멸할 운명을 지닌 육체를 탈피하여 영원한 의식으로 존재하거나, 새로운 육체로 갈아타

영원히 살 것이라 했다. 이 시나리오에서 인간은 진화의 최정점에 있기 때문에 다른 생명체보다 존재의 권리에서 우위를 점하며, 타 생명체와의 관계는 고려되지 않는다. 그러나 코로나 사태가 보여주었듯, 인간은 자연의 일부로서 다른 생명체들과 생활 반경을 공유하면서 각자의 생존에 필요한 방식으로 영향력을 주고받으며 존재한다. 코로나가 잠잠해지면 정체되었던 포스트휴먼에 대한 논의는 재개될 것이다. 우리는 논의의 중심을 '인간'이 아닌 인간이 맺고 있는 '관계'들로 옮길 필요가 있다. 그렇게 했을 때 비로소 인간에 대한 총체적인 이해가 이루어질 수 있을 것이며, 생존에 필요한 포스트휴머니즘적 존재방식인 '연대'를 구체적으로 실천할 수 있을 것이다.

코로나19 이후

― 의료인문학이 나아갈 길

이은영 2020.4.13

의료인문학은 이론인가, 실천인가?

의학/의료가 그 본질상 이론이자 실천이라면 의료인문학도 이론이자 실천일 수밖에 없다. 즉 의료인문학은 의료를 인문학적·이론적으로 연구하는 것이자, 의료의 인간화를 모색하고 실현하는 실천이다. 실천의 강조는 자칫 의료인문학이 의과대학이나 의료진을 위한 연구로 자신의 영역을 축소하거나 스스로 도구화한다는 우려를 낳는다. 그러나 코로나19 이후 이러한 우려는 불식된다. 코로나19 이전 보건의료는 의료진과 환자라는 특정인을 중심으로 한 것, 생로병사와 관련된 삶의 특정 기간과 관련된 것이었지만, 코로나19 이후 보건의료는 특정인이 아니라 모든 사람과 관련된 것, 우리 삶의 중심에 놓여 있는 것이 되었기 때문이다. 감염병의 확산과 방역 상황에 따라 인간의 삶과 사회, 경제가 얼마나 빠르고 크게 요동치는지 우리는 보고 있다. 의료인문학은 이렇게 재편되어가는 인간과 삶의 모습을 성찰하는 한편, 의료를 중심으로 재편될 삶과 사회의 모습에 목소리를 내야 한다.

실천을 위한 가치 설정의 필요성

실천을 위해서는 먼저 의료인문학이 지향하는 가치가 확립되어야 한다. 한국 정부는 코로나19 발생 초기부터 대응의 3대 원칙으로 '개방성, 투명성, 민주성'을 설정했으며, WHO의 권고에 따라 인적·물적 이동의 제한을 최소화했다. 지향하는 가치와 원칙의 선명한 제시는 거시적인 대처에서부터 미시적인 대처에 이르기까지 혼란을 최소화했다.

이론적 연구 영역에서는 충돌하는 가치들, 입장들 간의 논의가 어떠한 전제도 없이 계속되어야 한다. 그러나 실천적 측면에서 의료인문학은 지향하는 가치와 원칙을 확립할 필요가 있다. 그래야 의대생의 교육, 예비 의료인의 인적성 검사, 의료진에 대한 윤리적·심리적 지원부터 환자와 시민들을 대상으로 한 실천에 이르기까지 일관성 있고 방향성 있는 실천을 할 수 있다. 이것은 본 연구단의 과제인 '인간 가치의 정립'을 실현하는 길이기도 하다. 예상치 못했던 코로나19 사태로 이 과제는 천천히 풀어나가야 할 과제가 아니라 시급한 당면 과제가 되었다. 아래에 고려할 가치, 혹은 원칙들을 제시해본다.

첫째, 전인성: 지성, 인성, 감성의 조화

의료진에게는 비판적 추론과 적절한 판단을 내릴 수 있는 지성이 필요하다. 그러나 이것만으로는 부족하다. 의료는 타인을 살리고 병을 고치는 도구가 될 수 있지만 타인을 해치는 흉기가 될 수도 있다. 그리고 이 '해침'에는 단지 의료적 과오만이 아니라 환자의 마음에 주는 상처도 포함된다. 특

경희대학교 인문학연구원 HK+통합의료인문학연구단(The HK+ Institute for Integrated Medical Humanities)의 로고는 사람을 형상화했고 의사와 환자가 손을 맞잡은 모습으로 인간성(Humanity)을 표현했다.

히 감염병의 확산으로 의료진이 감염 위험에 노출되는 상황에서 의료진의 도덕적 자질은 감염병 최전선을 지키는 방패이다. 뛰어난 지적 능력뿐만 아니라 적절한 도덕적 자질과 성품으로서의 인성*이 의료진에게 필요하다.

그러나 자칫 간과하기 쉬운 것이 감성이다. 이것은 필자가 이 책에 실린 다른 글 "저리고 쓰린 슬픔은 힘이 되고 열이 되어"에서 감성에 초점을 맞춘 이유이기도 하다. 근대의 생의학 모델은 과학적 의학을 표방하면서 감정적으로 초연한 자세를 선호했다. 그러나 그 결과 환자는 사람이 아니라 질병으로, 다시 신체의 한 부위로 환원되었고 감정을 발산하지 못한 의료진은 로봇과 같이 되도록 강요받거나 발산하지 못한 채로 쌓이는 감정에 오히려

---

* 넓은 의미에서의 '인성'은 지성과 감성까지도 포함한다 할 수 있을 것이다. 여기에서는 지성이나 감성과 구분되는 '성품'을 지칭하는 용어로 '인성'을 사용했다. 참고로 여기에서 지성, 인성, 감성의 구분은 로고스(Logos), 에토스(Ethos), 파토스(Pathos)를 염두에 둔 것이다.

번아웃이 되었다. 그러나 현재와 같은 초유의 사태에서 위험과 과로를 무릅쓰고 움직이기 위해서는 지성과 인성만으로는 부족하다. 마치 부모와 자식의 아픔을 대하듯 환자의 아픔에 슬퍼하고 공감하는 감성의 힘이 있어야 한다. 또한 그들의 회복에 기뻐하는 감성이 있어야 한다. 그리고 한편으로 감정의 발산이 피로가 되어 쌓이지 않도록 그것을 관리할 줄 알아야 한다. 따라서 의료진의 의학적 지식의 습득과 임상적 수련은 인문사회학적 지성, 인성, 감성 교육에 의해 보완되고 의료 실천의 과정에서도 지속적으로 인문사회학적 지원을 받아야 한다.

또한 보건의료가 모든 이의 문제가 된 지금, 지성-인성-감성의 조화는 의료진에게만 필요한 것이 아니다. 전 사회적으로 감염병 확산을 두려워하고 방역에 동참하고 있는 시민들, 환자이자 잠재적 환자, 간병인이며 방역에 참여하고 있는 시민 모두에게도 필요하다.

둘째, 연대성: 인류, 동물, 환경을 아우르는 전 지구적 연대와 소통

코로나19의 파도는 사신死神처럼 각국의 문을 두들겼다. 완강히 막으려 해도 결국 문은 열리기 마련이며 우리가 목도하는 현실은 온 세계가 하나의 바다로 연결되어 있어서 각자에게 닥치는 파도만 막는다 해서 사태가 마무리되지는 않는다는 것이다. 감염병은 지역과 국가, 인종, 연령, 성별이라는 사람 간의 차이를 넘어선다. 또한 이번 사태는 인간을 넘어서 인간과 동물, 환경이 공생과 공존의 관계임을 일깨워준다. 전 세계적 감염병의 확산은 세계적 교류가 많아지고 환경을 훼손한 결과이다. 인간이 자연을 함부로 파

헤치고 변형시킨 결과 야생동물과 인간의 접촉이 빈번해졌으며 이동 수단의 발달은 지구가 한 집인 것처럼 빠르게 감염이 확산되도록 만들었기 때문이다. 이러한 문제의식으로 이미 세계보건기구WHO를 비롯하여 우리나라의 복지부도 건강 정책에 대한 새로운 접근법으로 '사람과 동물, 환경 등 생태계의 건강이 모두 연계돼 있다는 인식 아래 모두에게 최적의 건강을 제공하기 위한 협력 전략'인 '원헬스One Health'를 제시했다.*

인간, 동물, 환경 모두의 최적 건강을 도모하는 방향으로 전환하기 위해 의료인문학은 전 인류적, 전 지구적 인식 전환을 꾀해야 한다. 인식 전환 없이 이루어지는 보건의료정책의 시행은 피상적인 효과밖에 못 가져올 것이다. 인문학, 특히 동양사상에는 이러한 인식 전환을 뒷받침할 사상적, 이론적 논의가 있다. 한 예로 불교의 연기 사상은 인간과 인간뿐만 아니라 인간과 동물, 환경이 상호의존적으로 관계 맺고 있음을 말한다. 이러한 상호의존적 관계를 인드라망에 빗대어 표현하기도 한다. 또한 의료인문학은 현재의 팬데믹pandemic 상황에서 전 세계적 대응과 협력의 실패를 반성하고 연대와 협력, 소통의 길을 찾아야 한다. 의료는 의료만의 문제가 아니게 되었다. 건강과 질병의 문제는 연대와 협력, 소통에 대한 인문학적, 사회학적 성찰들이 함께 해야만 해결할 수 있는 문제가 되었다.**

---

*   최은택 기자, 〈복지부, 새 건강정책 패러다임으로 '원헬스' 제시〉, 《데일리팜》, 2018. 4. 15, http://www.dailypharm.com/Users/News/NewsView.html?ID=238506
** 필자는 이 과정에서 구체적으로 의료인문학의 실천적 역할 중 하나가 코로나19를 둘러싼 다양한 입장의 다양한 말과 글 사이에서 소통의 판을 잘 짜는 것, 소통의 매개체가 되고, 소통의 방식

셋째, 존엄성: 인간으로서의 품위

여든의 붓다는 늙고 병들어 죽어 갔다. 춘다가 대접한 공양에는 상한 돼지고기혹은 독버섯이라고도 함가 있었고 그로 인해 붓다는 격심한 배앓이로 아파하면서 죽어 간다. 그런데 아픔 속에서도 붓다는 제자 아난다에게 이렇게 당부한다. "아난다여, 만약 춘다가 자신이 바친 음식을 들고 여래께서 돌아가셨다고 괴로워하거든 이렇게 말해주거라. 여래에게 마지막으로 공양한 자는 큰 이익과 과보를 받을 것이니라. 오래 살 것이고 좋은 몸과 힘을 얻고, 명예가 높아질 것이다. 살아서는 많은 재물과 보배를 얻고, 죽으면 하늘에 태어날 것이다." 신체적 고통의 순간에도 자책하며 괴로워할 타인을 배려하는 것이야말로 붓다가 붓다인 이유이다.

코로나19는 많은 국가, 많은 사람들의 민낯을 드러내주었다. 생명을 위협하는 공포와 불안 속에서 인간으로서의 품위와 배려의 자세를 지키기는 어렵다. 비록 한국은 꽤 성공적인 대처를 하고 있으나 그것을 완벽한 성공이라 말할 수는 없다. 그 수가 상대적으로 적든 많든 생명들이 스러져 갔으며

에 대해 고민하는 것이라고 생각한다. 이번 코로나19 사태에서 비교적 한국 정부와 시민들은 수준이 높았다고 생각한다. 특히 질병관리본부의 소통 방식에 주목하게 된다. 정은경 본부장을 비롯해서 브리핑을 하는 질본의 담당자들은 매일 노란색 방역복을 입고 침착한 어조로 확진자수, 사망자수, 감염병 확산 상황을 알리고 의료진, 시민들에게 권고 사항을 전달했다. 사망자수를 말할 때는 고인에 대한 명복을 잊지 않았다. 이는 정부 기관, 전문가 집단이 어떻게 시민과 소통하며 신뢰를 얻을 수 있는지를 보여주고, 시민들이 침착하게 사태에 대응하는 데 기여했다. 그러나 언론과 정치권의 소통 방식은 일반 시민들보다도 못한 경우가 많다. 언론인과 정치인이 감염병과 관련해서 다양한 의견을 제시하는 것은 결코 나쁜 일이 아니다. 그러나 우리 사회의 언론, 정치인의 글과 발언은 그것이 다른 의도나 목적에 의해 오염되었다고 의심할만한 경우가 지나치게 많다.

그것은 그들, 그리고 그들의 가족과 지인들에게는 돌이킬 수 없이 큰 고통과 상실이기 때문이다. 그래도 필자는 한국 정부와 국민이 가장 위기의 순간에도 다른 사람과 더불어 살아가는 한 인간으로서의, 다른 나라와 공존하는 한 국가로서의 품위를 잃지 않았다고 생각한다. 가장 위기의 순간에도 품격 있는 나라가 되는 것, 품격 있는 나라로 평가받는 것은 이를 통해 한국의 위상이 높아지기 때문에 중요한 것이 아니다. 죽음의 위협과 국가적 패닉 상태에서도 인간과 국가가 인간으로서의 품위와 존엄성을 잃지 않을 수 있음을 보여주기 때문에 중요한 것이다. 시간이 꽤 걸리더라도 감염병은 언젠가 지나갈 것이다. 그때 우리에게 더 상처로 남을 수 있는 것은 위기와 혼란의 상황에서 인간이 인간답지 못했다는 것이 될 수도 있다. 의료인문학은 인간의 얼굴이 품위와 존엄성을 잃지 않도록 지켜야 한다.

부록

우리 연구단의 공식 명칭은 경희대학교 인문학연구원 HK+통합의료인문학연구단입니다. 본 연구단은 2019년 5월 〈4차 산업혁명 시대 인간 가치의 정립과 통합의료인문학〉이라는 아젠다로 한국연구재단의 'HK+인문한국플러스' 사업 지원을 받으면서 본격적인 연구와 실천을 시작했습니다. 인공지능, 빅데이터로 상징되는 4차 산업혁명 시대는 한국사회의 화두가 되고 있습니다. 4차 산업혁명 시대에 대한 이해나 대응에서 아직 일치된 합의가 있는 것은 아니지만, 새롭게 나타난 변화가 인류사회에 적지 않은 충격을 주리라는 점만은 분명해 보입니다.

인공지능이 인간의 역할을 대신하고 인간이 정보로 해석되어 빅데이터로 축적되는 세상, 나아가 그 미래에 대한 전망은 쉽지 않습니다. 노동의 버거움이 사라지는 유토피아를 꿈꿀 수도 있고, 기계의 지배가 현실화되는 디스토피아를 예측할 수도 있습니다. 다만, 어느 쪽이건 인간이란 무엇인가, 인간적 가치란 무엇인가, 인간다움이란 무엇인가 등 유사 이래 지속적으로 제기되어 왔던 질문들이 더욱 의미를 지니게 된 것만은 분명해 보입니다. 우리 연구단은 인문학 고유의 질문들을 의료라는 소재를 활용하여 던지고 대답함으로써 통합의료인문학이라는 새로운 학문을 만들고자 합니다. 그 목표를 위해, 우리 연구단에는 문학, 역사학, 철학을 연구하는 인문학자들과

의학, 한의학 연구자들이 함께 모여 있습니다.

　기존의 의료인문학이 인간적인 의사의 양성이라는 의료적 목적에 집중했다면, 통합의료인문학은 의료의 활용을 통해 인문학의 지평을 확대하고자 한다는 점에서 차이가 있습니다. 생로병사로 상징되는 인간의 전 생애에서 의료는 중요한 자리를 차지하고 있습니다. 우리는 병원에서 태어나고 병원에서 죽습니다. 의료는 인간의 전 생애에 개입하고 있습니다. 인간학으로 바꾸어 말할 수 있는 인문학이 이런 의료에 대해 관심을 가지지 않는다면, 일종의 직무유기라 비판을 받아도 무방하다고 생각합니다. 우리 연구단은 연구와 실천을 통해 그 관심을 구체화하고 정리된 고민들을 제시하고자 합니다. 관심과 고민들이 축적되면서 통합의료인문학이라는 새로운 학문은 단단한 기반을 만들어 나가리라 기대합니다.

　본 연구단은 HK+통합의료인문학연구단 사업의 일환으로 지역인문학센터 〈인의예지〉를 운영하고 있습니다. 〈인의예지〉 센터는 의료인문학 지식의 대중화에 힘쓰고 지역사회의 인문학 발전에 기여한다는 목표 하에 설립되었습니다.

　〈인의예지〉 센터는 인공지능이나 빅데이터와 같은 4차 산업혁명 시대의 첨단기술이 눈앞에 다가온 세상에서 우리의 삶과 밀접한 '의료'의 문제를 인문학적인 시선에서 고민하고 풀어내 보고자 합니다. 그리고 이러한 고민과 해답을 지역사회 주민들과 소외계층, 의료인, 그리고 환자 및 가족 분들과 공유함으로써 첨단의료 시대에 인간이 기술에 의해 소외받지 않고 함께 미래로 나아갈 길을 찾아낼 수 있기를 희망합니다.

〈인의예지〉 센터는 이러한 목표를 달성하기 위하여 인人, Humanities・의醫, Medicine・예藝, Technology・지知, Intelligence의 4대 핵심가치를 설정, "인간을 위한, 의료를 통한, 첨단기술에 대한 인문학적 지성의 추구"라는 모토 하에 서울 동부지역 각 구區 지자체들의 각급 시민교육기관과 중등 교육기관, 경희의료원 및 후마니타스 암병원 등의 의료기관에서 다양한 통합의료인문학 강좌를 개설·운영하고 있습니다. 또한 경희대학교 인문학연구원 HK+ 통합의료인문학연구단을 통해 축적된 전문지식과 정보, 연구단 활동에 연계된 다양한 분야의 전문가들을 적극 활용하여 높은 수준의 인문학 지식을 대중에게 보급하는 사업을 선도하고 있습니다.

〈인의예지〉 센터는 경희대학교 인문학연구원 HK+통합의료인문학연구단이 이룩할 최신의, 그리고 양질의 연구 성과를 바탕으로 의료인문학의 대중화에 적극 노력할 것입니다.

본 연구단이 약 1년간의 연구 성과를 종합하려는 때쯤, 코로나19 감염 확산이 시작되었고 팬데믹 선언까지 이어졌습니다. 연구단의 기존 연구 활동 계획과 지역인문학 〈인의예지〉 센터의 인문학 강좌 계획에도 연기와 취소가 불가피한 차질이 빚어졌습니다. 감염병이 사회를 뒤흔들고 세계를 위협하는 바로 이 시기에, 우리 연구단은 코로나19를 바라보는 시선들을 글로 모으고, 원격 세미나를 진행했습니다. 이 책은 첫 번째 결과물입니다. 앞으로도 저희의 연구와 실천에 애정 어린 관심과 질정을 부탁드립니다.

● 김양진 : 경희대학교 국어국문학과 교수. HK+통합의료인문학연구단 일반연구원. 고려대학교 국어국문학과를 나와 동대학원에서 국어학 석사와 박사 학위를 받았다. 저서로 『우리말수첩』 등이 있고, 주요 논문으로 「한국어의 형태와 형태소」, 「한민족어와 만주어의 형태론적 동형성」 등이 있다.

● 김태우 : 경희대학교 한의과대학 부교수. HK+통합의료인문학연구단 일반연구원. 연세대학교 화학과를 졸업하고, State University of New York at Buffalo에서 문화인류학 박사 학위를 받았다. 저서로 『의료, 아시아의 근대성을 읽은 창』 공저이 있으며, 주요 논문으로 「비교불가문화연구의 인류학」 등이 있다.

● 김현수 : 경희대학교 HK+통합의료인문학연구단 HK연구교수. 동국대학교 철학과를 나와 동대학원에서 철학박사 학위를 받았다. 주요 논문으로 「莊子의 '道通爲一'에 근거한 트랜스퍼스널 마음치유 프로그램 개발의 가능성-홀리스틱 세계관에 기반한 ILP, MBSR과의 비교를 중심으로」, 「펠레그리노를 통해 본 의료인문학」 등이 있다.

● 민유기 : 경희대학교 사학과 교수. HK+통합의료인문학연구단 일반연구원 겸 지역인문학센터 〈인의예지〉 센터장. 도시사학회 회장. 고려대학교 서양사학과 학사와 석사, 파리1대학 석사, 프랑스 사회과학고등연구원에서 역사학 박사 학위를 받았다. 최근, 의료사와 여성사의 시각을 융합한 피임, 낙태, 출산에 관한 논문들을 발표했다.

● 박성호 : 경희대학교 HK+통합의료인문학연구단 HK연구교수. 고려대학교 국어국문학과를 나와 동대학원에서 문학 박사 학위를 받았다. 주요 논문으로는 「광무·융희 연간 신문의 사실 개념과 소설 위상의 상관성 연구」, 「근대 초기 소설

에 나타난 기독교의 치유의 문제」 등이 있다.

● 박윤재 : 경희대학교 사학과 교수. HK+통합의료인문학연구단장. 연세대학교 사학과에서 학사, 석사, 박사학위를 받았다. 저서로 『한국 근대의학의 기원』이 있고, 주요 논문으로 「1940년 동서의학논쟁과 의료계의 변화」, 「위생에서 청결로 - 서울의 근대적 분뇨 처리」 등이 있다.

● 박지영 : 국가생명윤리정책원 선임연구원. 전북대학교 의과대학을 졸업하고 서울대학교 과학사 및 과학철학 협동과정에서 박사 학위를 받았다. 주요 논문으로 「적색 마약과의 전쟁: 한국의 마약 정책과 반공주의, 1945-1960」, 「통계와 식민의학: 식민지 시기 조선인 결핵 실태를 둘러싼 논란을 중심으로」 등이 있다.

● 송유레 : 경희대학교 철학과 부교수. HK+통합의료인문학연구단 일반연구원. 서울대학교를 나와 독일 함부르크 대학에서 철학 박사 학위를 받았다. 저서로 『덕의 귀환-서양편』^{공저}, 역서로 아리스토텔레스의 『에우데모스 윤리학』이 있으며, 주요 논문으로 「악덕의 자발성: 아리스토텔레스의 반-소크라테스적 논증」 등이 있다.

● 염원희 : 경희대학교 HK+통합의료인문학연구단 HK연구교수. 경희대 국문과에서 학부, 석사, 박사과정을 거쳐 문학 박사 학위를 받았다. 주요 논문으로 「질병과 신화: 질병문학으로서의 손님굿 무가」, 「사회적 참사 소재 도시전설의 유형과 의미」, 「동아시아 해양신앙의 여신과 제의의 치유적 성격」 등이 있다.

● 유연실 : 목포대학교 사학과 조교수. HK+통합의료인문학연구단 일반연구원. 전남대학교 사학과를 나와 중국 상하이 푸단대학에서 역사학 박사 학위를 받았다. 주요 논문으로는 「1950년대 초기 중화인민공화국의 무통분만 담론」, 「중국 근현대 의료사 연구의 새로운 흐름과 동향」 등이 있다.

● 윤은경 : 경희대학교 HK+통합의료인문학연구단 HK연구교수. 경희대학교 한의과대학을 나와 동대학원에서 원전학을 전공했다. 주요 논문으로 「한의학적 관점에서 본 『태교신기』의 태교론」, 「한국 한의학의 치유개념에 관한 고찰 - 『동의

보감』과 『동의수세보원』을 중심으로」 등이 있다.

● 이동헌 : 영국 유니버시티 칼리지 런던 도시계획학 박사 과정. "Industrial variety and structural change in Korean regional manufacturing, 1992-2004", 「강남이라는 상상의 공동체」 등의 논문과 북챕터가 있다.

● 이상덕 : 경희대학교 HK+통합의료인문학연구단 HK연구교수. 고려대학교 서양사학과를 나와 동대학원에서 서양고대사 석사를 받았다. Oxford에서 고전고고학 석사를 받고, King's College, London에서 고전학 박사를 받았다. 주요 논문으로 "Amphiaraos, the Healer and Protector of Attika", 「영미 의료사의 연구 동향: 1990-2019」 등이 있다.

● 이은영 : 경희대학교 HK+통합의료인문학연구단 HK연구교수. 경희대학교 철학과를 나와 동대학원에서 철학 박사 학위를 받았다. 공역서로 『마인드풀니스』, 『각성, 꿈 그리고 존재』, 주요 논문으로 「의료기술을 통한 도덕적 향상은 가능한가 - 불교윤리학의 관점에서」 등이 있다.

● 이향아 : 경희대학교 HK+통합의료인문학연구단 HK연구교수. 고려대학교 사학과를 졸업하고 케임브리지 대학교 사회학과에서 석·박사 학위를 받았다. "Managing the living through the dead: colonial governmentality and the 1912 burial rules", 「강남이라는 상상의 공동체」 등의 논문과 북챕터가 있다.

● 조정은 : 경희대학교 사학과 조교수. HK+통합의료인문학연구단 일반연구원. 경희대학교 사학과에서 학부와 석사를 마치고 일본 도쿄대학에서 박사학위를 받았다. 저서로 『近代中国のプロテスタント医療伝道』가 있으며, 주요 논문으로 「근대 상하이 공공조계 우두 접종과 거주민의 반응: 지역적·문화적 비교를 중심으로」 등이 있다.

● 조태구 : 경희대학교 HK+통합의료인문학연구단 HK연구교수. 경희대학교를 나와 프랑스 파리-낭떼르 대학^{파리10대학}에서 철학 박사 학위를 받았다. 주요 논문으로는 「미셸 앙리의 구체적 주체성과 몸의 현상학」, 「반이데올로기적 이데올로

기-의철학 가능성 논쟁: 부어스와 엥겔하르트를 중심으로」 등이 있다.

● 최성민 : 경희대학교 HK+통합의료인문학연구단 HK연구교수. 문학평론가. 서강대학교 국어국문학과를 나와 동대학원에서 문학 박사 학위를 받았다. 저서로 『다매체 시대의 문학이론과 비평』, 주요논문으로 「판타지의 리얼리티 전략과 서사적 감염」, 「한국 의학드라마 연구 현황과 전망」 등이 있다.

● 최우석 : 경희대학교 HK+통합의료인문학연구단 HK연구교수. 서강대학교를 나와 경희대학교에서 철학 박사 학위를 받았다. 주요 논문으로 「'의료인'의 의무 윤리와 덕윤리의 상보적 이해: 펠레그리노를 중심으로」, 「후설의 후기 윤리학의 '인격자' 이해」 등이 있다.

경희대학교 인문학연구원 HK+통합의료인문학연구단
통합의료인문학 교양총서 01

코로나19 데카메론

등록 1994.7.1 제1-1071
1쇄 발행 2020년 6월 5일

지은이   경희대학교 인문학연구원 HK+통합의료인문학연구단
펴낸이   박길수
편집장   소경희
편 집   조영준
관 리   위현정
디자인   이주향
펴낸곳   도서출판 모시는사람들
          03147 서울시 종로구 삼일대로 457(경운동 수운회관) 1207호
전 화   02-735-7173, 02-737-7173 / 팩스 02-730-7173
홈페이지   http://www.mosinsaram.com/

인 쇄   (주)성광인쇄(031-942-4814)
배 본   문화유통북스(031-937-6100)

값은 뒤표지에 있습니다.
ISBN   979-11-88765-84-3   04000
세 트   979-11-88765-83-6   04000

이 도서의 국립중앙도서관 출판예정도서목록(CIP)은 서지정보유통지원시스템 홈페
이지(http://seoji.nl.go.kr)와 국가자료공동목록시스템(http://www.nl.go.kr/kolisnet)
에서 이용하실 수 있습니다.(CIP제어번호: CIP2020020810)

이 저서는 2019년 대한민국 교육부와 한국연구재단의 지원을 받아 수행된 연구임
NRF-2019S1A6A3A04058286